화엄의 세계

해 주

海住(全好蓮)

호거산 운문사 입산, 계룡산 동학전문강원 졸업.

동국대학교, 동 대학원 졸업, 철학박사 학위 취득.

현 동국대학교 불교대학 부교수, 대한불교조계종 제11대 중앙종회의원.

논저 : 《의상화엄사상사 연구》, 《지송한글화엄경》, 《불교교리강좌》 등 수십 편.

화엄의 세계

ⓒ 해주, 1998

1판 1쇄 발행 / 1998년 2월 20일
1판 11쇄 발행 / 2022년 7월 20일

지은이 / 해주스님
펴낸이 / 윤재승
펴낸곳 / 도서출판 민족사
등록 / 1980년 5월 9일(제1-149호)

주소 / 서울시 종로구 삼봉로 81 두산위브파빌리온 1131호
전화 / (02) 732-2403~4
팩스 / (02) 739-7565
이메일 / minjoksabook@naver.com
홈페이지 / minjoksa.org

ISBN 978-89-7009-342-0 03220

값 16,500원

* 잘못된 책은 바꾸어 드립니다.
* 저자와의 협의 하에 인지는 생략합니다.

화엄의 세계

해 주

민족사

책으로 엮으면서

　동국대학교 사회교육원과 불교텔레비전이 공동으로 개설한 '동국 TV 불교 아카데미'에서 '화엄사상의 세계'라는 대주제로 강의한 내용을 정리하면서 이 책을 발간하게 되었다. 그 내용은 불교텔레비전에서 금년 3월부터 8월에 걸쳐 48회 연속 방영될 예정이다.

　강의에서는 화엄학의 전반적인 면을 다루어 보려고 구상하였다. 인도와 서역에서 편찬된 《화엄경》과 그 내용, 중국화엄사상, 그리고 한국화엄사상에 같은 분량을 할애하였고, 화엄교의 역사보다는 사상에 역점을 두었다.

　《화엄경》은 《팔십화엄》을 중심으로 경의 전체적 구성과 칠처 구회 삼십구품의 줄거리를 요약하면서 그 속에 담겨 있는 불보살과 유심세계의 특징적인 점을 부각시켜 보았다. 그리고 《팔십화엄》에는 없으나 보현행원도 소개하였다. 중국화엄사상으로는 화엄교판과 법계연기설에 중점을 두었으며, 화엄성기사상 및 교선일치도 함께 살펴보았다.

　한국화엄사상에서는 신라 · 고려 · 조선시대로 내려오면서 형성된 화엄사상의 특징을 살폈다. 신라화엄으로는 자장과 원효의 화엄과의 인연도 간과할 수 없으나, 《일승법계도》에 나타난 의상의 화엄사상을 주로 고찰하였다. 고려화엄의 특징으로서는 화엄종의 성립

4

과 성상융회 및 선과 화엄의 교섭을 주목하였으며, 일연의 화엄사
상도 다루어 보았다. 조선시대의 화엄사상에 대해서는 별반 살피지
를 못하고 강의를 마치게 되었다.

강의에 횟수와 시간의 제약이 있어서 충분히 고찰하지 못하고
미흡한 점이 많으나 보완은 다음 기회에 미루기로 한다.

강의를 맡겨주신 사회교육원 서윤길 원장님과 촬영에 관계하신
분들께 감사드리고, 출판을 맡아주신 민족사 윤창화 사장님께도 고
마움을 전한다. 끝으로 강의를 시청해 주시고 이 책을 참고해 주실
모든 분들께 감사드리며, 눈 밝은 화엄종사의 가르침을 바란다.

불기 2542(1998)년 정월
해주 합장

차 례

제1강
화엄학의 범주와 사상 개요

1. 화엄학의 범주

화엄사상을 담고 있는 《화엄경》은 한국불교의 수행과 신앙형태에 크나큰 영향을 끼친 대표적인 경이다. 불교의식에도 화엄사상이 무르녹아 있다. 특히 한국선의 이해는 화엄사상의 공부 없이는 완전하지 못할 정도이다. 지금도 《화엄경》은 불교전문강원인 승가대학에서 이력과정의 마지막 대교과에서 배우는 과목이다. 아무튼 불교, 특히 한국불교에서 차지하는 《화엄경》의 위상은 아무리 강조해도 지나치지 아니하리라 본다.

'화엄사상의 세계'에서 앞으로 다루게 될 화엄학의 범주는 대강 다섯 분야로 나누어 볼 수 있다.

화엄사상은 《화엄경》의 중심사상이다. 《화엄경》에서는 우리 존재를 어떻게 파악하며 우리로 하여금 어떻게 살도록 교설하고 있는가 하는 것이다. 따라서 첫째로 《화엄경》에 대한 이해가 필수적이라고 하겠다.

둘째는 《화엄경》을 소의로 하여 체계화한 화엄종의 화엄사상이다. 그 가운데서도 중국 화엄종을 대성시킨 현수법장(643~712)의 화엄사상이 그 대표적인 것으로 간주되고 있다. 그리고 그 전후로 영향을 받고 준 화엄가들의 화엄사상이 있다.

셋째는 한국화엄사상이다. 한국화엄사상은 의상(625~702)과 의상의 뒤를 이은 의상계 화엄이 그 주류를 이루고 있다.

넷째는 화엄교사(華嚴敎史) 부분이다. 《화엄경》이 편찬·유통되며 화엄종과 화엄사상이 형성되어산 역사적인 점도 살펴야 할 것이다.

끝으로 화엄에 의하여 수학하고 증득해 가는 수증론(修證論) 부분도 빠뜨릴 수 없을 것이다. 이론과 실천은 뗄 수 없는 관계 속에 있으니 사상 속에 수행과 증득의 면이 함께 들어 있다.

따라서 본 '화엄사상의 세계' 강의에서는 《화엄경》을 개설하고, 화엄교사를 약설하며, 중국과 한국의 화엄사상을 고찰함과 동시에 수증의 방편을 살펴나가게 될 것이다. 그 중에서도 특히 《화엄경》과 화엄사상에 대부분의 시간을 할애할 예정이다.

이에 기존의 연구업적에 의거하여 몇 가지 측면에서 화엄사상의 개요를 먼저 소개해 두고, 앞으로 그러한 화엄사상을 구체적으로 살펴볼까 한다.

2. 화엄사상의 개요

1) 경의 사상을 이해하는 방법

경의 사상을 이해하는 데 사용된 몇 가지 방법을 먼저 보기로 한다. 우선 경전 이해의 전통적인 방법은 경의 제목을 통해서 그 내용을 파악하는 것이다.

청량징관(738~839)의《화엄현담》에서는 '대방광불화엄경' 7자에 각각 10가지씩 의미를 붙여서 총 70가지로《화엄경》의 제목을 설명하고 있다.《화엄경》은 '대방광불화엄(大方廣佛華嚴)'을 설하는 경이니, 경을 능전(能詮)이라 하고 대방광불화엄을 경에 담긴 내용, 즉 소전(所詮)이라고 한다. 다시 말해서《화엄경》은 대방광하신 부처님의 세계를 보살의 갖가지 만행화로써 장엄함을 설하고 있는 경인 것이다.

우리나라에서는 또 경의 내용을 통틀어서 그 대의가 무엇인가 하는 데 주목해 왔다. 조선시대 묵암최눌의〈화엄품목〉에는《화엄경》의 대의를 '만법을 통섭해서 일심을 밝힌다〔統萬法明一心〕'라고 하였다. 그후 전문강원에서 이 대의를 그대로 수용하여 경을 이해하는 방편으로 사용해 왔다.

화엄종에서는 종지를 세우고 있다. 의상은〈법성게〉에서 법성(法性)으로 화엄세계를 노래하였고, 법장은《탐현기》에서 '인과연기 이실법계(因果緣起 理實法界)'를 주창하고 있다. 이들 방법을 종합해서《화엄경》의 중심사상을 몇 가지로 정리해 볼 수 있다.

2) 화엄경의 중심사상

(1) 여래출현(如來出現, 如來性起)

《화엄경》의 중심사상으로서는 첫째로 '여래출현'을 들 수 있으니, 여래출현은 다른 번역으로 '여래성기'이다.《화엄경》은 '대방광불'을 설하는 경이다. 대방광이란 부처님의 체·상·용을 표현한 말이다. 범어로는 방광을 Vaipulya(바이풀리야)라 하여 하나의 붙은 말이나, 한역에서는 '방'과 '광'에 각각 따로 의미를 부여하고 있다. 부처님의 지혜와 복덕, 원력과 자비, 신통과 위신력 등이 무한히 크고 반듯하고 너르다는 것을 담고 있다.

이처럼 부처님의 자각, 깨달음의 내용을 펴고 있기에 《화엄경》을 정각의 개현경(開顯經)이라고도 한다. 부처님께서 설하신 경이라기보다 부처님을 설한 경이라 하여 《불화엄경(Buddhāvataṃsaka)》이라고도 하였다.

경전 성립사적으로 볼 때 《화엄경》은 대승보살에 의하여 대승불교운동이 한창 일어나던 시대에 편찬된 초기대승경전이다. 《대방광불화엄경》이라는 화엄대경(華嚴大經)은 서력 기원후 3,4세기경 중앙아시아 지방에서 편성된 것으로 추정되고 있다. 그럼에도 불구하고 《화엄경》 자체내에서는 경이 설해진 곳은 석가모니부처님께서 성도하신 보리수나무 아래이며, 설해진 시기는 성도하신 직후라고 설하고 있다. 이는 《화엄경》이 부처님의 깨달음의 세계를 교설한 것임을 상징한 것으로 볼 수 있다.

《화엄경》의 대방광불은 온 우주 법계에 충만한 변만불(遍滿佛)로서 모든 존재가 비로자나부처님의 화현 아님이 없다. 개개 존재가 고유한 제 가치를 평등히 다 갖고 있으니, 여래의 지혜인 여래성품이 그대로 드러난 존재인 것이다. 이를 여래성기(如來性起) 또는 여래출현(如來出現)이라고 한다.

화엄가들은 화엄교주를 융삼세간(融三世間)·십신구족(十身具足)·삼불원융(三佛圓融)의 청정법신 비로자나불이라고 부른다. 화엄세계는 법신·보신·화신이라 불리는 비로자나불·노사나불·석가모니불의 삼불이 원융한 비로자나불의 세계이다. 《화엄경》에는 처음에 마가다국 붓다가야에서 정각을 이루신 석가모니부처님이 출현하신다. 그런데 이 석가모니부처님이 바로 비로자나부처님이시며, 비로자나는 노사나로도 번역되고 있다. 이러한 부처님을 삼불원융의 청정법신 비로자나불이라 한 것이다.

또한 화엄의 비로자나부처님은 세간에 두루해 계시는 변만불(遍滿佛)이다. 화엄가들은 일체 존재를 편의상 불·보살과 같은 깨달은 존재인 지정각세간(智正覺世間)과 아직 못 깨달은 존재인 중생세간(衆生世間)과 그들 정보가 의지해 있는 기세간(器世間)의 삼종세간으로 나누고 있다. 그러나 그 삼세간은 역시 각기 다른 존재가 아니라 하여 융삼세간이라 일컫는 것이다. 《화엄경》에서는 부처와 보살, 보살과 중생, 중생과 부처가 다르지 아니함을 잘 보여 주고 있다. 뿐만 아니라 일체 존재가 비로자나 아님이 없으니, 기세간 역시 여래출현의 모습인 것이다. 이를 융삼세간불이라 한다. 의상은 이를 《일승법계도(一乘法界圖)》에서 합시일인의 반시(槃詩)로 나타내고 있다.

《화엄경》에서는 일체를 열이라는 숫자로 보이고 있으니 열은 원만수이다. 그래서 부처님도 십불(十佛)로 말씀되고 있다. 이러한 십불이 구족한 무애세계가 대방광불의 세계인 것이다. 〈법성게〉에서도 화엄세계를 '십불보현대인경'이라 읊고 있으며, 십불의 모습도 자세히 설명하고 있다.

이처럼 화엄세계는 모든 존재가 비로자나불의 화현 아님이 없다. 《화엄경》은 우리 범부 중생이 그대로 부처임을 깨우쳐주고 있다. 의상은 이를 법성성기(法性性起)로서 옛부터 부처[舊來佛]라 하였다. 《화엄경》은 불세계를 교설한 것이니, 부처님 세계는 옛부터 본래 부처인 중생의 원력에 의해 이땅에 구현됨을 밝혀준 것이다.

(2) 일승보살도(一乘菩薩道)

《화엄경》의 중심사상으로서 둘째는 일승보살도이다. 화엄이란 꽃으로 장엄하는 것이니 보살행이라는 꽃으로 불세계를 장엄하고 있는 것이다.

《화엄경》에는 부처님께서는 광명으로만 보이시고 언설을 통해서는 문수(文殊)·보현(普賢)보살을 위시한 보살들이 설하고 있다. 부처님의 지혜를 성취한 보살들이 부처님의 세계를 드러내고 있다. 부처님의 세계가 보살행을 통하여 장엄되며 우리 중생에게 펼쳐지고 있다. 보살이 설하고 있는 그 보살행을 행함으로써 우리 범부 중생이 바로 부처의 삶을 살게 됨을 보이고 있다.

범부와 보살과 부처가 다른 점은 발심에 있다. 중생이 본래 부처이지만, 그러나 중생과 부처는 또 확연히 다르다. 중생은 자기가 바로 부처인 줄을 모르기 때문이다. 스스로 부처인 줄을 자각하는 것이 바로 깨달음이다. 그래서 신심과 발심이 필요한 것이다. 신심이란 자기가 부처인 줄을 확실히 믿는 것이며, 이를 정신(淨信)이라고 한다. 이러한 청정한 신심을 성취하기 위해서는 원력이 깊어야 함을 강조하고 있다. 이 정신만 성취되면 아뇩다라삼먁삼보리심을 일으키게 되니 곧 발심(發心)하게 되는 것이다. 발심한 중생이 보살이다. 보살이란 보리살타(Boddhi Sattva)의 준말이니 깨달을 중생 또는 깨달은 중생[覺有情]이라는 뜻이다. 따라서 화엄에서는 발심만 하면 바로 정각을 이룬다고 한다. 처음 발심할 때가 바로 정각을 성취하는 때이다[初發心時便成正覺]. 그러므로 《화엄경》에서 시설하고 있는 발심보살의 보살행은 성불로 향해가는 인행(因行)이라기보다 정각후의 과행(果行)이며 부처행[佛行]인 것이다. 인·과가 둘이 아닌 인과교철(因果交徹)의 인행이며 과행이다. 다시 말해서 비로자나부처님의 세계를 구체적으로 구현시켜 나가는 것이 바로 《화엄경》에서의 보살행이다.

《화엄경》의 보살계위는 십주(十住)·십행(十行)·십회향(十廻向)·십지(十地)·등각(等覺)·묘각(妙覺)의 42위(四十二位)이다. 이는 일반적으로 보살계위를 52위 또는 53위 및 57위 등으로 설정하는 것과 다르다. 《팔십화엄》에서는 신(信)은 십신(十信)의 계위로 나타나지 아니하니, 신은 모든 보살도를 받치고 있는 기반이기 때문이다. 42계위의 맨 첫단계인 초발심주에서 발심하여 여래가에 태어난 발심보살의 보살행은 하나하나가 다음 단계로 나아가기 위한 앞단계라기보다 낱낱이 나름대로 독자적인 가치를 지닌 이타행이며 불국토를 장엄하는 일면인 것이다.

〈입법계품〉에서 선재동자가 역참한 53선지식의 낱낱 해탈문도 모두 독자적인 가치를 지닌 완전한 해탈문이며, 선재의 구법은 구체적으로 불세계를 구현시켜 나가는 여정인 것이다. 그러므로 화엄사상을 보살사상으로 규정짓고 있으며 그 가운데서도 십지행을 대표로 내세우고 있다. 따라서 보살도를 말함에 있어서 〈십지품〉을 〈입법계품〉 못지않게 중시해 왔던 것이다.

(3) 법계연기(法界緣起)

온갖 세계와 중생은 다 비로자나부처님의 현현이며, 보살행으로 불세계가 구현되고 있음을, 화엄교가들은 또한 십현육상(十玄六相)의 사사무애(事事無碍) 법계연기(法界緣起)로 설명하기도 한다. 일체의 제법은 서로서로 용납하여 받아들이고[相入] 하나 되어[相卽] 원융무애한 무진연기를 이루고 있다는 것이다.

중국 화엄종의 대성자인 현수법장은 앞에서 언급한 것처럼 화엄종의 종취로서 인과연기 이실법계를 주창하고 있다. 인과연기는 사(事)이고, 이실법계는 이(理)로서 이와 사가 둘이 아니며, 따라서 사와 사가 걸림없는 사사무애의 일진법계(一眞法界)이다. 이 일진법계의 체는 물론 일심(一心)이다.

불교를 불교이게 한 석가모니부처님의 깨달음을 한 마디로 말하면 연기의 진리를 든다. 연기에 맞으면 불교이고 연기에 어긋나면 불교가 아니라고 해도 과언이 아닐 정도로 불교는 연기의 진리를 교설하고 있는 것이다. 연기란 '연하여 함께 일어난다'라는 의미인 프라티티야삼우트파다(pratītyasamutpāda)의 역어이다. 모든 존재는 어느 것이나 그럴 만한 조건이 있어서 생긴 것, 즉 말미암아 생긴 것이니 상의상관(相依相關)의 관계에 있다는 것이다. '이것이 있으므로 저것이 있고 이것이 없으므로 저것이 없다. 이것이 일어나므로 저것이 일어나고 이것이 멸하므로 저것이 멸한다[此有故彼有 此無故彼無 此起故彼起 此滅故彼滅]'라는 연기의 이법은 모든 존재의 발생과 소멸에 적용할 수 있는 까닭에 보통 연기의 기본공식이라 일컫고 있다.

세존께서는 십이연기[無明 · 行 · 識 · 名色 · 六入 · 觸 · 受 · 愛 · 取 · 有 · 生 · 老死]의 순관과 역관을 통하여 무명을 멸하고 생사의 모든 괴로움을 탈각하셨다고 한다. 이 연기의 진리는 후에 여러 가지로 그 설명방식이 변천되어 왔다. 업감연기(業感緣起) · 뢰야연기(賴耶緣起) · 여래장연기(如來藏緣起) 그리고 법계연기(法界緣起) 등이 그것이다. 화엄의 세계는 법계 전체가 비로자나법신의 현현인 것이니, 여래성연기의 여래출현이기에 법계연기가 이루어지는 것이다.

화엄경의 편찬과 유통

1. 인도·서역의 화엄경 편찬

《화엄경》은 화엄부의 대표적인 경전으로서 '대방광불화엄경'의 준말이다. 《화엄경》의 원 범명은 알 수 없으니 원본인 범본이 Dasabhumika(다사부미카)라고 불리는 〈십지품〉과 Gaṇḍavyūha(간다뷰하)라고 불리는 〈입법계품〉 외에는 전해지지 않기 때문이다.

그래서 화엄의 제목에 대해서는 현재 크게 세 가지로 재번역되고 있다. 즉 Maha-Vaipulya-Buddha-Gaṇḍa-Vyūha Sūtra(마하 바이풀리야 붓다 간다 뷰하 수트라, 대방광불화엄경), Buddhāvataṃsaka(붓다바탐사카, 불화엄경), Avataṃsaka Sūtra(아바탐사카 수트라, 화엄경) 등이다.

현재 유통되고 있는 경의 한역본으로는 60권·80권·40권으로 된 《육십화엄》·《팔십화엄》·《사십화엄》 등 3부 《화엄경》이 있다. 이중 《사십화엄》은 〈입법계품〉만의 별역이다. 이중 《육십화엄》과 《팔십화엄》을 화엄대경(大經)이라고 부른다.

《육십화엄》은 동진시대에 불타발타라에 의해 418~420년에 번역되었고 교정을 거쳐 421년에 역출되었다. 이를 진본(晋本)이라 하고 또는 화엄대경 중 먼저 번역되었다 하여 구경(舊經)이라고도 부른다. 《팔십화엄》은 대주(大周, 695~699)시대 실차난타에 의해 역출되었으니 이를 주본(周本) 또는 신경(新經)이라 한다. 《사십화엄》은 당(唐, 795~798)의 반야다라가 역출하였으며 정원본 《화엄경》으로 불리고도 있다.

그러나 《육십화엄》이나 《팔십화엄》은 처음부터 대경으로 이루어진 것이 아니다. 《화엄경》을 구성하고 있는 각품이 별행경(別行經 또는 支分經)으로 먼저 성립되어 있었으며, 그 지분경을 모아 어떤 의도하에 조직적으로 구성한 것이 웅대한 화엄대경인 것이다.

화엄부 경전으로는 《화엄경전기》에 《도사경》 1권(지루가참 역, 178~189)·《보살본업경》(지겸 역, 222~228)·《여래흥현경》 4권(축법호 역, 291) 등을 위시하여 36부 150권의 지분경이 열거되어 있다.

이들 경은 그 역출 시기(2세기~10세기)로 보아, 용수(Nāgārjuna, 150~250) 이전까지 〈십지품〉·〈입법계품〉 등을 비롯하여 상당수가 이미 성립되어 있었음을 알 수 있다. 용수보살이 《십지경》에 대한 주석을 한 데서도 당시에 《십지경》이 크게 유통되었음을 짐작할 수 있다. 이들 품으로 구성된, 현 《화엄경》과 같은 대경의 조직은 대략 250년에서 350년대의 편성으로 간주하고 있다. 그리고 〈입법계품〉 등의 성립은 남방인도에서라고 생각되나 대경인 《화엄경》의 편성은 우전(于闐)을 중심으로 한 중앙아시아 지방일 것으로 보고 있다.

그래서 대승불설비불설 논쟁이 한동안 크게 일어나 있었다. 대승경전은 부처님께서 직접 설하신 내용이 입으로 전래되어 오다가 문자화된 아함부 경전과는 다르니, 대승경전은 모두 불설이 아니라는 것이다. 이러한 대승비불설에 대해 대승불설을 주장하기도 하였으니 대승경전이 비록 부처님께서 말씀하신 내용, 글자 그대로는 아니라 하더라도 부처님의 근본정신을 새로운 문자로 다시 편찬한 경전이기에 불설과 다름이 없다는 것이다.

화엄부 경전 자체 내에서도 경의 설처(說處)가 부처님께서 성도하신 보리도량이며, 설한 시기도 성도 직후로 되어 있다. 《팔십화엄》에는 시성정각(始成正覺)이라 하고, 《육십화엄》에도 시성정각이며 세친(世親)이 지은 《십지경론》의 저본이 된 《십지경》에는 제이칠일(第二七日)이라고 하였다. 그래서 천태교판에서도 이를 최초 삼칠일이라고 하였다. 즉, 아함경을 12년간, 방등경을 8년, 반야경을 21년, 그리고 마지막으로 법화경을 8년간 설하시고, 《화엄경》은 부처님께서 성도하신 후 최초 삼칠일, 즉 21일 동안 말씀하신 경이라는 것이다[阿含十二方等八 二十一載談般若 終說法華又八年 華嚴最初 三七日].

그러나 이것은 《화엄경》의 역사적 성립의 사실을 말하는 것이 아니라, 《화엄경》의 사상적 특징을 뜻하는 것이라고 볼 수 있다. 즉 《화엄경》은 부처님의 세계를 드러낸 것임을 의미한다고 할 것이다.

2. 화엄경의 유통과 주석 — 인도·서역

《화엄경》의 유통과정을 보면 법장의 〈화엄경전기〉에는 서역에서 전해졌다[西域相傳]고 하였고, 〈용수전〉에는 용수보살이 바다에 들어가 용궁에서 가져왔다는 용궁장래설이 있다. 즉 용수보살이 용궁에 들어가 보니 3본 《화엄경》이 있는데, 상본과 중본 《화엄경》은 그 양이 방대하여 외우기 불가능하였다고 한다. 그 상본 《화엄경》은 십삼천대천세계 미진수게송과 일사천하 미진수품이 있었다고 한다(이 내용은 우리가 아침에 예불하기 전에 치는 쇠송 염불문에도 들어 있다). 용수보살은 하본 《화엄경》 십만게 사십팔품을 외워서 세상에 유통시켰으며 지금 전해지는 한역된 삼대부는 그 중 약본 《화엄경》이라는 것이다.

이러한 전설은 용수 이전부터 있었던 《화엄경》을 용수가 비로소 크게 유통시켰음을 의미한다고 하겠다. 그리고 용궁이란 용을 토템으로 하는 종족에게서 유통되고 있었음을 뜻하기도 하고 남해지방에서 가져온 것을 의미한다고 보기도 한다.

용수보살은 《화엄경》을 주석하여 《대부사의론》 100권을 지었다고 하나 전하지 않는다. 이는 〈입법계품〉에 해당하는 《불가사의해탈경》에 대한 주석이다. 용수보살은 《십지경》에도 주석을 하였으나 남아 있지 않고 〈십지품〉의 일부인 초지와 제이지가 구마라집(鳩摩羅什) 역출의 《십주비바사론(十住毘婆娑論)》으로 유통되고 있다.

여기서 우리는 용수보살의 화엄보살도 사상을 읽을 수 있다. 용수의 화엄사상은 이외에도 그가 지은 《대지도론(大智道論)》을 비롯해 《보행왕정론(寶行王正論)》·《대승이십송론(大乘二十頌論)》·《육십송여리론(六十頌如理論)》·《보리심이상론(菩提心離相論)》 등에서 발견된다.

4세기(320~400) 혹은 5세기(400~480)경에 활약한 것으로 보이는 세친(Vasubandhu)보살은 《십지경론》을 지어 《십지경》을 크게 유통시켰다. 이 《십지론》은 중국에 전래되어 화엄종의 선구인 지론종의 소의가 되었으며, 여기서 보이는 육상설은 화엄 육상원융론의 기초가 되었다. 이렇게 용수와 세친은 《대승기신론》의 저자로 알려진 마명(Aśvaghosa, 50~150)과 함께 화엄조사로 숭앙받게 되었다.

마명보살은 용수보살보다 100년경 앞선 50~150년경에 사셨던 분으로 여겨지는데, 이때의 마명보살이 《대승기신론》을 지었다고 볼 수 없는 연구가 많이 진행되었다. 원효의 《대승기신론소》·《별기》에만 해도 이 점을 알 수 있다. 원효는 《대승기신론》의 여래장사상을 특징짓기를, 인도 대승불교사상의 양대 조류라 할 수 있는 중관과 유식의 양 사상을 회통시킨 것이라고 보았다. 중관이 파하기만 하고 세울 줄 모르며, 유식이 세울 줄만 알고 파할 줄 모르는 데 비해, 《대승기신론》의 여래장사상은 세우고 파함이 무애하고[立破無碍] 열고 닫음이 자재하다[開合自在]고 한 것이다. 그러므로 《대승기신론》의 여래장사상은 중관이나 유식사상보다 먼저 성립된 것이라고는 볼 수 없기에 세친과 용수보살보다 앞서 살았던 마명보살이 여래장사상이 담긴 《대승기신론》을 지었다고 볼 수 없다. 따라서 마명보살이 《대승기신론》의 저자였기에 후에 화엄종조로 받들어 모셨던 일은 재고해 보아야 할 것이다.

아무튼 위와 같이 《화엄경》은 역사적으로 4세기경에 현재의 대경으로 편성되었으나 각 품들의 최초 성립은 용수 이전에 이미 이루어져 있었던 초기 대승경전에 속하며, 대승적 깨달음의 세계를 개현한 경전 가운데 핵심적이고 대표적인 경에 속하는 것이다.

또, 용수보살의 저서로 되어 있는 것 중에 〈화엄경약찬게〉가 있다. 〈화엄경약찬게〉는 갖추어서는 '대방광불화엄경 용수보살약찬게'이며 줄여서 단지 '약찬게'라고만 부르고도 있다. 〈약찬게〉는 《팔십화엄》의 조직과 구성을 간략히 엮어 놓은 게송으로서 현 한국불교교단에서 널리 독송되는 대표적인 염불문 가운데 하나이기도 하다. 우리나라에서 《팔십화엄》의 유통은 이 〈화엄경약찬게〉의 수지독송에 힘입은 바도 크다고 하겠다.

그런데 이 〈약찬게〉의 저자가 용수보살로 되어 있으나 이는 몇 가지 점에서 재고할 여지가 많다.

첫째로 〈약찬게〉의 소의경전인 《팔십화엄》의 유통과 용수보살과는 연대에 차이가 있다. 〈약찬게〉가 《팔십화엄》을 소의로 한 것은 '삼십구품원만교(三十九品圓滿敎)'라든지 '육육육사급여삼 일십일일역부일(六六六四及與三 一十一一亦復一)' 등 〈약찬게〉 내용을 보면 명확하다. 《팔십화엄》은 39품으로 이루어졌으며 이를 9회에 배대한 것이 육육 등(六六 云云) 품이기 때문이다.

용수보살은 2, 3세기에 활약하였고 화엄대경은 《육십화엄》까지도 용수보살보다 후에 3, 4세기경의 편성으로 간주되고 있기 때문이다. 그러므로 《팔십화엄》은 용수보살 시대보다 뒤에 편찬된 것이다. 따라서 《팔십화엄》의 구성을 간략히 엮은 〈약찬게〉가 2, 3세기에 활약하였던 용수보살에 의해 지어진 것이라고는 볼 수 없다.

둘째로 〈약찬게〉의 저자가 용수보살이라면 번역한 이가 있어야 하는데 역자를 알 수 없다. 셋째로 〈약찬게〉가 한국에서만 그 문헌이 유통됨을 볼 수 있으며 그것도 가장 오래된 판본이 용성천오(龍星天旿)가 광서(光緖) 11년(1885)에 편찬한 《화엄법화약찬총지(華嚴法華略纂摠持)》이다. 그 가운데 〈약찬게〉가 함께 수록되어 있다.

이상으로 볼 때 〈약찬게〉는 우리나라에서 지어진 것이 용수보살에게 가탁된 것이 아닌가 한다.

3. 한역 3부화엄의 주석서

현재 유통되고 있는 한역 3부화엄에 대한 주석서를 잠시 소개해 둘까 한다.

먼저 《육십화엄》에 대한 주석서로 지엄의 《수현기(搜玄記)》와 법장의 《탐현기(探玄記)》가 대표되며, 원효의 《화엄경소》도 그 일부가 남아 있다.

《팔십화엄》에 대한 주석으로는 청량징관의 《화엄경소초》와 이통현의 《신화엄경론》이 널리 참조되고 있으며, 정법사 혜원의 《간정기(刊定記)》도 전한다.

청량은 또 《사십화엄》의 역장에 참예하였고 《정원화엄소》와 《보현행원품별행소》를 남겼으며, 규봉종밀의 《보현행원품소초》도 있다. 이러한 《화엄경》의 번역과 주석에 힘입어 화엄종이 성립되고, 화엄교학이 발달되어 갔다.

중국과 한국에서의 《화엄경》 유통과 화엄사상은 후에 살피기로 한다.

제3강

화엄경의 구성 조직

1. 경의 구성과 회처의 상징

《화엄경》의 내용을 파악하기 위해 먼저 《화엄경》의 구성 조직을 《팔십화엄》을 중심으로 살펴보기로 하겠다. 《팔십화엄》의 구성 조직을 도시하면 다음 〈표 1〉과 같다.

〈표 1〉 《팔십화엄》(7처 9회 39품의 설주와 교설내용)

9會	7處	39品	說主菩薩	敎說內容	經典區分	內容(對象)區分
1	法菩提場	6	普賢	佛自內證境	普賢經典系	佛
2	普光明殿	6	文殊	信	文殊經典系	菩薩(衆生)
3	忉利天	6	法慧	十住	十地經典系	菩薩
4	夜摩天	4	功德林	十行		
5	兜率天	3	金剛幢	十廻向		
6	他化自在天	1	金剛藏	十地		
7	(重)普光明殿	11	주로 普賢	覺(等·妙覺)	普賢經典系	佛
8	(三重)普光明殿	1	普賢	妙覺	普賢經典系	佛
9	給孤獨園	1	文殊→普賢	解脫門	總	總

여기서 처(處)란 이 경을 설한 장소를, 그리고 회(會)란 경을 설한 모임을 말한다. 경의 설처는 지상에 세 곳이고 천상에 네 곳이며, 보광법당에서는 세 번 설해지고 있으므로 7처 9회이다. 현재 사찰에서 즐겨 독송하는 〈화엄경약찬게〉에도 《팔십화엄》의 구조가 약술되어 있다. 그 가운데 '육육육사급여삼 일십일일역부일(六六六四及與三 一十一一亦復一)'이라 함은 바로 39품을 9회에 배대한 내용이다. 다시 말해서 《팔십화엄》은 일곱 장소에서 아홉 번 모임에 의해 39품이 설해지고 80권으로 이루어진 것이다.

초회 6품의 설주는 보현보살로서 삼매에 입정하고 출정한 후에 부처님 세계[佛自內證境]를 설하고 있다. 제2회는 문수보살이 설주가 되어 신(信)을 설하고 있다. 제3회는 법혜보살이 십주법문을, 제4회는 공덕림보살이 십행법문을, 제5회는 금강당보살이 십회향을, 그리고 제6회는 금강장보살이 십지법문을 설하고 있다. 이 4회는 모두 천상에서 설하고 있으므로 천궁 4회라고도 불리니, 삼현·십성(三賢十聖)의 끝없는 향상도를 보인 것으로 십지 보살행이 그 대표가 된다.

다음 제7회는 다시 보광명전에서 등각과 묘각의 계위에 해당하는 정각의 세계를 드러내고 있으니, 주로 보현보살이 설하고 있다. 보살도의 종극은 또한 정각과 일치함을 거듭 지상의 보광명전에서 보이고 있는 것이다. 제8회 역시 보현보살이 설하고 있으니, 보살도를 총괄하고 있다.

끝으로 마지막 제9회는 전편 8회와 대비하여 《화엄경》 후편으로서 따로 구분하기도 한다. 제9회의 〈입법계품〉은 그 내용상 전편에서 보인 불자내증경과 보살도 및 구경지를 선재가 출현하여 재현시키고 있다. 선재동자가 문수보살에게서 발심하고 53선지식을 역참하여 보현행에 머물게 됨을 보이고 있는 것이다.

설주와 설처 그리고 교설내용 등에 의하여 《화엄경》 전체의 내용을 보면, 보현보살이 설주가 되어 보리수 아래와 보광명전에서 부처님의 깨달음의 세계를 설하는 보현경전계, 문수보살이 설주가 되어 중생에게 신심을 일으키는 문수경전계, 천궁 4회에서 향상되는 보살도를 설하는 십지경전계로 나누어 볼 수 있다. 십주·십행·십회향의 삼현은 십지에 포섭될 수 있기 때문이다.

그래서 《화엄경》은 여래의 과해(果海)를 보현보살을 통해서 보인 보현경전계와 중생을 발심케 하는 신(信)을 설하는 문수경전계 및 보살도의 전개를 보인 천궁 4회의 십지경전계로 분류되고도 있다.

그런데 중생에게 신을 설하는 단계인 문수보살의 설법이 부처님의 깨달음을 설하는 장소인 보광명전에서 설해지고 있음을 주목하게 된다. 그것은 부처 종자이기에 부처될 수 있음을 말해 준다고 하겠으니 인과교철(因果交徹)의 화엄세계를 보여 주는 것이다. 이는 주초발심(住初發心)의 모습에서도 나타난다.

중생이 신심을 원만 성취할 때 발심하여 보살이 되는데 그 발심을 하는 자리가 십주초인 초발심주이다. 이 초발심주에서 처음 발심하여 보살이 되는 때가 곧 아뇩다라삼먁삼보리를 얻는 때라고 한다. 그러므로 이후에 펼쳐지는 보살행은 정각후의 이타행이니 인과불이(因果不二)의 불국토장엄행이다.

나아가 경에서는 부처와 중생의 체성이 다르지 않다고 한다. 이처럼 중생은 누구나 자심이 곧 불지임을 깊이 믿는 것을 정신(淨信)이라 하니 이는 《화엄경》에 보이는 특이한 신심의 양상이다. 중생이 본래 부처와 다르지 아니함을 믿고 본래의 모습대로 살고자 발심하여 보살이 되면 곧 중생의 본래모습인 부처로서 살게 되는 것이다. 경에 다양하게 펼쳐지는 보살행은 《화엄경》의 말씀이 중생들, 바로 이 '나'를 위한 것임을 깨닫게 해 준다고 하겠다.

법장과 의상이 소의로 한 《육십화엄》에서는, 《팔십화엄》과 대동소이하나 〈보왕여래성기품〉에 초점을 맞추어 여래출현의 성기(性起)를 중시한 점이 크게 다르다고 할 수 있다.

경이 설해진 회처를 보면, 《팔십화엄》처럼 지상-천상-지상으로 되어 있다. 처음 석존 성도의 장소인 적멸도량·보광법당에서 출발하여 점차 6욕천 중 도리천·야마천·도솔천·타화자재천으로 상승하였다가 다시 지상인 보광법당으로 내려오고 있다. 여기서 특히 주목되는 점은 최고의 설처인 타화자재천궁에서 맨 마지막으로 설해진 것이 〈성기품〉이라는 것이다.

설주인 보살의 상징에 의해서도 불과를 드러낸 〈성기품〉이 두드러진다. 경은 전체적으로 보현보살[佛自內證境] → 문수보살[信] → 제보살[住·行·向·地] → 보현보살[佛果行인 菩薩道]을 통하여 설해지고 있다. 보현보살은 전후 네 번에 걸쳐 설주로 등장하는데 그 중에서도 〈보현보살행품〉과 〈성기품〉에서 설주인 것은 한층 특별한 의미를 갖는다고 할 수 있다. 양품이 속해 있는 타화자재천궁회의 타품들은 금강장보살이 설한 십지경전계인 까닭이다. 십지의 구극인 불과는 보현보살을 통하여 설해짐을 의도한 것으로 볼 수 있다. 그리하여 보현보살은 불자내증경·불과·불과행용 등 통틀어 불경계를 드러내는 보현경전의 설주가 되고 있다.

따라서 여래출현(여래성기)의 사상을 가지고 문수경전과 보현경전을 결합하고 그 사이에 십지경전을 체계지운 것이 《화엄경》 구성의 의도라고 볼 수 있다. 문수와 보현에 의해서 비로자나로서의 여래의 현현임을 보인 것은 명백한데, 거기에 십지경전을 체계지운 것은 이 양자를 시종으로 하는 보살도의 체계도 여래출현의 입장에서 조직한 것이라고 하겠다. 이는 곧 《화엄경》에서의 〈성기품〉의 위치를 단적으로 말해 주는 것이다. 60권 《화엄경》이 이러한 의도로 편찬된 것을 잘 파악하여 구축한 것이 의상계 화엄가의 화엄성기사상이라 하겠다.

2. 화엄경 약찬게

이러한 《팔십화엄》의 구성 조직은 〈약찬게〉에도 담겨 있다. 약찬게문은 마지막 제목을 제하면 110구 770자이다. 《팔십화엄》을 간략히 엮고 있는 이 〈약찬게〉의 체제와 내용을 보자.

① 귀경송이다. 이는 화장세계의 비로자나 진법신과 보신 노사나불과 석가모니불 등 일체 여래와 시방삼세의 모든 대성에게 귀의한다는 것이다. 이 귀경게에서는 화엄정토가 화장세계인 것과 화엄의 주불이 법신 비로자나불인 것을 말해 준다. 그리고 이 비로자나불이 노사나불과 석가모니불과 다른 분이 아님도 시사하고 있다.

화엄교학에서는 삼불이 원융한 청정법신 비로자나불을 경주(經主)로 모시니, 〈약찬게〉에도 그러한 화엄교학에서의 불신관이 엿보이고 있는 것이다.

② 설경인연력(說經因緣力)이다. 여기서는 해인삼매력에 의하여 전법륜됨을 말하고 있다.

③ 운집대중이다. 보현보살을 위시한 모든 보살대중과 39류의 화엄성중을 열거하고 있다. 이들이 곧 세주라 불리는 분들이니 그 대표되는 세주의 이름이 보이는 것이다. 각 회의 설주보살 또한 언급

되고 있다. 그리고 〈입법계품〉의 근본법회에 모인 대중과 지말법회의 문수보살 설법처인 복성 동방 사라림에 모인 대중들도 보이며, 선재동자의 선지식들도 운집대중으로 언급되어 있다.

④ 선재의 선지식이다. 문수보살에서 비롯되어 보현보살에 이르기까지 53선지식이 출현한다.

⑤ 경의 설처와 품명이다.

⑥ 유통송이다. 이 경을 믿고 수지하면 초발심시에 문득 정각을 이루어서 화장세계에 안좌하니, 그 이름이 비로자나불이라 한다.

〈약찬게〉의 독송은 중생이 보살행을 통하여 자신의 본래 모습인 부처로 살고자 하는 마음을 일으켜 정각을 이룬다고 하는 수행의 길이 된다. 〈약찬게〉의 지송은 특히 화엄성중의 보호를 갈구하는 대중신앙의 한 모습으로 나타나게 되었다. 〈약찬게〉는 한국식 화엄지송경이자 다라니의 역할을 해온 것이라 하겠다.

* 참고로 《팔십화엄》의 39품을 7처 9회에 배대한 것(표2)과 7처 8회 34품의 《육십화엄》(표3)도 소개해 둔다.

〈표2〉 大方廣佛華嚴經(80卷 7處 9會 39品)

第1會 菩提場中說 6品
1. 世主妙嚴品
2. 如來現相品
3. 普賢三昧品
4. 世界成就品
5. 華藏世界品
6. 毘盧遮那品

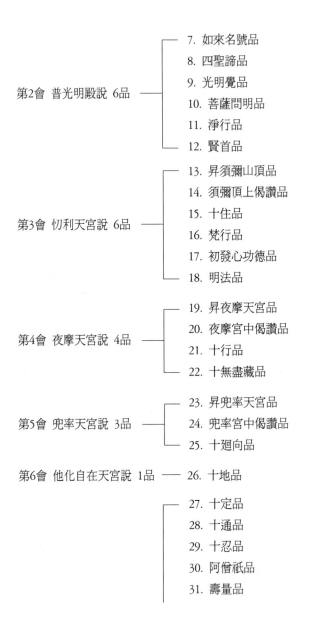

第2會 普光明殿說 6品
— 7. 如來名號品
8. 四聖諦品
9. 光明覺品
10. 菩薩問明品
11. 淨行品
— 12. 賢首品

第3會 忉利天宮說 6品
— 13. 昇須彌山頂品
14. 須彌頂上偈讚品
15. 十住品
16. 梵行品
17. 初發心功德品
— 18. 明法品

第4會 夜摩天宮說 4品
— 19. 昇夜摩天宮品
20. 夜摩宮中偈讚品
21. 十行品
— 22. 十無盡藏品

第5會 兜率天宮說 3品
— 23. 昇兜率天宮品
24. 兜率宮中偈讚品
— 25. 十廻向品

第6會 他化自在天宮說 1品 —— 26. 十地品

— 27. 十定品
28. 十通品
29. 十忍品
30. 阿僧祇品
31. 壽量品

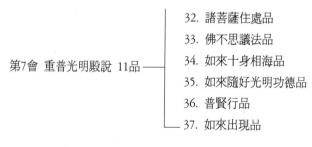

第7會 重普光明殿說 11品 ┬ 32. 諸菩薩住處品
　　　　　　　　　　　├ 33. 佛不思議法品
　　　　　　　　　　　├ 34. 如來十身相海品
　　　　　　　　　　　├ 35. 如來隨好光明功德品
　　　　　　　　　　　├ 36. 普賢行品
　　　　　　　　　　　└ 37. 如來出現品

第8會 三重普光明殿說 1品 ── 38. 離世間品
第9會 給孤獨園說 1品 ──── 39. 入法界品

〈표 3〉大方廣佛華嚴經(60卷 7處 8會 34品)

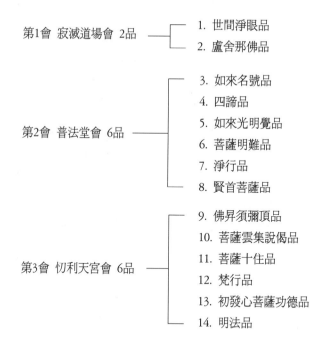

第1會 寂滅道場會 2品 ┬ 1. 世間淨眼品
　　　　　　　　　　　└ 2. 盧舍那佛品

第2會 普法堂會 6品 ┬ 3. 如來名號品
　　　　　　　　　　├ 4. 四諦品
　　　　　　　　　　├ 5. 如來光明覺品
　　　　　　　　　　├ 6. 菩薩明難品
　　　　　　　　　　├ 7. 淨行品
　　　　　　　　　　└ 8. 賢首菩薩品

第3會 忉利天宮會 6品 ┬ 9. 佛昇須彌頂品
　　　　　　　　　　　├ 10. 菩薩雲集說偈品
　　　　　　　　　　　├ 11. 菩薩十住品
　　　　　　　　　　　├ 12. 梵行品
　　　　　　　　　　　├ 13. 初發心菩薩功德品
　　　　　　　　　　　└ 14. 明法品

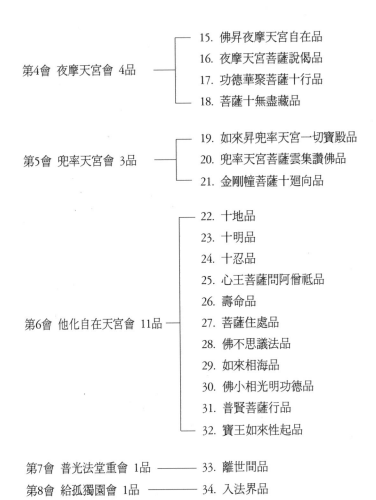

第4會 夜摩天宮會 4品
- 15. 佛昇夜摩天宮自在品
- 16. 夜摩天宮菩薩說偈品
- 17. 功德華聚菩薩十行品
- 18. 菩薩十無盡藏品

第5會 兜率天宮會 3品
- 19. 如來昇兜率天宮一切寶殿品
- 20. 兜率天宮菩薩雲集讚佛品
- 21. 金剛幢菩薩十廻向品

第6會 他化自在天宮會 11品
- 22. 十地品
- 23. 十明品
- 24. 十忍品
- 25. 心王菩薩問阿僧祇品
- 26. 壽命品
- 27. 菩薩住處品
- 28. 佛不思議法品
- 29. 如來相海品
- 30. 佛小相光明功德品
- 31. 普賢菩薩行品
- 32. 寶王如來性起品

第7會 普光法堂重會 1品 ── 33. 離世間品
第8會 給孤獨園會 1品 ── 34. 入法界品

제4강

화엄경의 내용 ①−초회 6품

초회 6품에서는 특히 다음 사항을 주목하게 한다.

① 6성취와 그 가운데 청법대중의 특징은 무엇인가?

② 《화엄경》의 교설인연, 달리 말해서 화엄교설의 내용이 무엇인가?

③ 설주는 교설할 수 있는 능력을 얻게 되는 삼매에 어떻게 들어가는가?

④ 연화장세계, 즉 화엄정토는 어떠한 세계이며 어떻게 성취되었는가?

⑤ 화엄교주인 비로자나불은 어떻게 해서 비로자나불이 되셨는가?

1. 세주묘엄품

먼저 초회 6품 중 첫품인 〈세주묘엄품〉은 처음 법보리장회의 서품이면서 《화엄경》 전체의 서분이기도 하다. 부처님께서 법보리 도량에서 정각을 이루시자 신통력으로 도량에는 모든 장엄이 조화되어 빛

났다.

보현보살을 위시한 보살대중과 집금강신을 비롯한 39류 화엄성
중 등 총 40중이 권속들과 함께 부처님 회상에 모여왔으며, 그들을
세주라고 부르고 있다. 그들은 각기 성취한 해탈문의 경계에서 본
부처님 세계를 게송으로 찬탄하여 불세계를 장엄하였으므로 첫품
을 〈세주묘엄품〉이라 하였다.

2. 여래현상품

세주들이 마음 속으로 40가지 질문을 일으키니 부처님께서 광명
을 놓으셔서 답해 주고 계신다. 이를 여래현상이라고 한다. 그 질
문 내용을 보면,

① 제불지(諸佛地) ② 제불경계 ③ 제불가지(加持) ④ 제불소행
(所行) ⑤ 제불력 ⑥ 제불무소외 ⑦ 제불삼매 ⑧ 제불신통 ⑨ 제불자
재 ⑩ 제불무능섭취(諸佛無能攝取) ⑪ 제불안(眼) ⑫ 제불이(耳) ⑬
제불비(鼻) ⑭ 제불설(舌) ⑮ 제불신(身) ⑯ 제불의(意) ⑰ 제불신
광(身光) ⑱ 제불광명 ⑲ 제불성(聲) ⑳ 제불지(智) ㉑ 세계해 ㉒
중생해 ㉓ 법계안립해 ㉔ 불해(佛海) ㉕ 불바라밀해 ㉖ 불해탈해 ㉗
불변화해 ㉘ 불연설해 ㉙ 불명호해 ㉚ 불수량해(이상은 부처님과 부
처님의 세계에 대한 질문이며, 다음은 보살경계에 대한 질문이다.) ㉛ 일
체보살서원해 ㉜ 일체보살발취해 ㉝ 일체보살조도해 ㉞ 일체보살승
해(乘海) ㉟ 일체보살행해 ㊱ 일체보살출리해 ㊲ 일체보살신통해
㊳ 일체보살바라밀해 ㊴ 일체보살지해(地海) ㊵ 일체보살지해(智
海)이다.

그러자 세존께서 그들의 생각한 바를 아시고, 입과 치아 그리고

미간백호로 광명을 놓으셨다. 광명을 입고 보살대중들이 모여오고 백호상에서 출현한 보살들이 부처님의 공덕을 게송으로 찬탄하였다. 여래의 세계를 그대로 보여 주는 게송 중에서

부처님께서 법계에 충만하시어	佛身充滿於法界
널리 모든 중생들 앞에 나타나시니	普現一切衆生前
연을 따라 나아가 두루하지 않음이 없으시되	隨緣赴感靡不周
항상 이 보리좌에 앉아 계시도다.	而恒處此菩提座

라는 게송은 법당 앞 주련에서도 쉽게 발견할 수 있다. 바로 여래 현상의 경계인 것이다.

그리고 이후《화엄경》의 교설은 전체적으로 이상의 40가지 질문에 대한 답이 되겠다. 따라서《화엄경》의 교설은 불·보살 경계임을 대방광불화엄이라 한 것을 알 수 있다.

3. 보현삼매품

《화엄경》에서는 각 회의 설주들은 제2회를 제외하고는 다 삼매에 들었다가 깨어나서 설법을 하게 된다. 그런데 그 삼매에 들어간 것은 일체 부처님의 위신력과 비로자나부처님의 본원력(本願力)과 보살 각자의 선근력(善根力) 등에 의해 가능하다고 한다. 처음 보현보살의 경우도,

선재선재라, 선남자여, 그대가 이 일체 제불 비로자나여래장신 보살삼매에 능히 들었도다. 불자여, 이것은 시방의 모든 부처님이 함

께 그대에게 가피하심이며, 비로자나여래의 본원력인 까닭이며, 역시 그대가 닦은 모든 부처님의 행원력인 까닭이니라.

라고 하여, 보현보살이 행원을 닦았기에 부처님의 가피와 서원에 힘입어서 삼매에 들 수 있었음을 설하고 있다. 보현보살은 삼매 속에서 시방의 모든 부처님들로부터 온갖 지혜를 얻는다. 그리하여 부처님의 깨달음의 세계를 설할 수 있게 되는 것이다. 그곳에 모인 대중들 역시 보현보살과 함께 삼매에 들어서 설법을 들을 수 있는 지혜를 얻게 된다.

　보현보살을 비롯한 각 보살들은 다 부처님의 위신력으로써 도량과 모인 대중들을 관찰하고 부처님 법을 설하고 있다.

　　이러한 온갖 법문을 내가 부처님의 위신력을 받들며
　　또 모든 여래의 위신력을 받들어 구족히 말하리라.

　보살들이 보살과 중생들을 위해 설법함이 다 부처님의 위신력 속에서 이루어지는 것이며, 주변의 모든 장엄도 부처님의 신통이다. 부처님과 보살의 신통은 또 비로자나부처님이 모두 나타내신 것이며, 그 한없는 신통을 볼 수 있는 것 또한 부처님의 위신력에 의해서이다.

　뿐만 아니라 경에서는 보살이 원을 일으켜 중생을 교화하는 보살행도, 그리고 그 보살행에 의하여 중생이 교화받음도 다 부처님의 힘임을 보이고 있다.

　보살은 부처님의 가피를 입어서 시방세계 중생을 위할 수 있는 것이다. 보살이 발심하여 보살이 된 것도 부처님의 힘이다. 보살이 원을 세워 지혜와 자비를 충만케하여 중생을 위하여 보살행을 한 것도 곧 비로자나부처님이 본래 세우신 서원의 힘이며 일체 부처님께서 가피해 주시는 위신력에 의한 것이다.

이처럼 보현보살이 일체 부처님의 가피력과 비로자나여래의 본원력과 보현보살 자신의 행원력으로 일체 제불 비로자나여래장신삼매에 입정하여 지혜를 얻고 출정한다. 이 보현보살의 입·출정 내용에서 우리는 《화엄경》에서 보이는 자력과 타력이 둘이 아닌 세계를 만날 수 있다. 《화엄경》은 보살의 수행과 중생의 신앙 즉 자력과 타력이 둘이 아니고, 보살의 수행 역시 자력과 타력이 둘이 아님을 보이고 있다.

4. 세계성취품

이 품은 보현보살이 세계해의 10사(十事)를 10종으로 설한 것이다.

보현보살이 대중들에게 세계해가 이루어진 인연을 위시하여 세계해의 의지하여 머무름·형상·체성·장엄·청정방편·부처님 출현·겁의 머무름·겁의 변천·차별없는 일 등, 세계해의 십사를 다시 10종으로 설하였다. 예를 들면 세계해가 이루어진 인연도 10종이 있다고 하니, 여래의 위신력과 중생의 업행과 보살의 원행 등으로 세계가 성취하였음을 말하고 있다.

5. 화장세계품

보현보살이 다시 화장세계의 장엄을 말하였다. 이 화장장엄세계

해는 비로자나부처님께서 지난 세계해의 미진수겁 동안 보살행을
닦을 때에 낱낱 겁마다 부처님을 친근하고 큰 서원을 닦아서 깨끗
하게 장엄한 것이다. 화장장엄세계해는 풍륜이 받치고 있는 향수해
의 큰 연꽃 가운데에 있다. 장엄세계의 온갖 경계는 낱낱이 세계해
티끌수의 청정한 공덕으로 장엄한 까닭이다.

6. 비로자나품

보현보살이 비로자나불의 과거생 인연을 설하고 있다.
지난 옛적 승음세계에 일체공덕산수미승운 부처님이 출현하셔서
큰 광명을 놓아 중생을 조복하시니, 그 도성의 대위광태자가 부처
님의 광명을 보고 예전에 닦은 선근의 힘으로 즉시 10종 법문을
증득하였다.
즉 일체 제불의 공덕륜삼매, 일체 불법의 보문다라니, 반야바라
밀, 대자, 대비, 대희, 대사, 대신통(방편), 대원, 변재문 등이다.
그후 대위광태자는 여러 부처님을 친견 공양하며 법문을 듣고
장차 부처되리라는 수기를 받고 비로자나여래가 되었다고 한다.

이상을 요약해서 다시 부연해 보면,
첫째, 〈세주묘엄품〉에서의 청법대중은 보현보살을 위시한 보살
대중과 화엄성중들로서 이들은 세주라고 불리고 있다. 《화엄경》에
서는 회처를 달리할 때마다 수많은 청법대중이 다시 모여온다.
둘째, 〈여래현상품〉에서는 《화엄경》이 교설되는 인연이 설해지
고 있다. 세주들이 가만히 40가지 질문을 드리고 있으니, 이를 크
게 둘로 나누면 불세계와 보살세계에 대한 질문이다. 이 질문에 답

하여 여래께서 광명으로 출현하시니 이것이 여래현상이며, 이에 대한 언설을 통한 보살들의 재설명이 화엄교설의 내용으로 이어지는 것이다.

셋째, 초회 설주인 보살의 설법 능력은 삼매를 통해서 얻어지고 있으며 이 삼매는 자타불이력(自他不二力)으로 이루어지고 있다. 즉, 제불의 위신력과 비로자나불의 본원력 그리고 보현보살 자신의 행원력에 의해서이다.

넷째, 이 세계가 성취된 인연을 비롯한 세계해의 갖가지 모습을 보이고 있다. 온갖 인연 중 부처님의 신통과 보살의 원행과 중생의 업행에 의해 일체 세계가 이루어짐을 밝히고 있다.

다섯째, 화엄정토인 연화장세계를 보이고 있다.

여섯째, 화엄교주인 비로자나불의 본생 수행법을 설하고 있다.

화엄경의 내용 ②-제2회 6품

제2회 6품에서는 신(信)에 대해서 교설하고 있다. 문수보살의 특수한 지혜에 의해서 우리 중생들로 하여금 신심을 성취케 해주는 법회인 것이다. 이 말씀을 만남에 있어서도 다음 몇 가지를 염두에 두게 한다.

① 무엇을 믿는가? 믿음의 대상, 믿음의 내용이 무엇인가?

② 어떤 의심을 떨쳐 버려야 믿음이 생기는가?

　어떤 의심이 있을 수 있는가?

③ 어떻게 믿음을 성취할 수 있는가?

　믿는 자의 태도는 어떠해야 하는가?

④ 믿으면 어떻게 되는가? 즉, 신(信)의 공용(功用)이 무엇인가?

7. 여래명호품

첫째, 무엇을 믿는가? 부처님의 신·구·의(身口意) 삼업이 한량 없음을 믿게 하고 있다. 먼저 제2회의 첫품이고 전체로서는 제7품인 〈여래명호품〉에서는 부처님의 신업 경계가 한량없음을 보이고 있다.

세존께서 보광명전에서 신통을 나투시니 시방세계의 부처님 세계에 있는 보살들이 세존께서 계신 곳으로 모여들었다. 동방 부동지불의 금색세계에 있는 문수사리보살을 비롯한 각수(覺首)·재수(財首)·보수(寶首)·덕수(德首)·목수(目首)·근수(勤首)·법수(法首)·지수(智首)·현수(賢首) 등 9수(九首)보살들이 시방세계 티끌수만큼 많은 보살들과 함께 부처님 계신 데 나아왔다.

그때 문수사리보살이 부처님의 위신력을 받들어 말씀하였다. 부처님의 국토, 부처님의 출현 등이 헤아릴 수 없으니, 부처님께서 중생의 좋아함과 욕망이 같지 아니함을 아시고 알맞게 법을 설하여 조복하시기 때문이다. 여래는 사바세계에서 중생들로 하여금 제각기 알고 보게 하시므로 여래의 명호도 헤아릴 수 없음을 자세히 설하고 있다. 부처님께서 하시는 일이 한량없어서 부처님의 명호도 한량없는 것이다.

8. 사성제품

〈사성제품〉에서는 문수보살이 사바세계를 비롯하여 시방세계에서의 고집멸도(苦集滅道) 사성제를 10가지씩 갖가지로 달리 설하니 모두 중생들의 마음에 좋아함을 따라서 그들로 하여금 조복하게 함인 것이다. 부처님의 구업(口業)세계가 한량없음을 뜻한다.

예를 들면 사바세계에서는 죄가 고성제(苦聖諦)이고 핍박·변해 달라짐[變異]·반연·모임[聚]·가시[刺]·뿌리를 의지함[依根]·허망하게 속임[虛誑]·종기자리[癰瘡處]·어리석은 행[愚夫行]이 고성제이다.

고의 집성제[苦集聖諦]는 계박(繫縛)·멸괴(滅壞)·애착[愛着義]·망령된 생각[妄覺念]·취입(趣入)·결정(決定)·그물[網]·희론(戱論)·따라다님[隨行]·전도근(顚倒根)이다.

고의 멸성제[苦滅聖諦]는 무쟁(無諍)·티끌을 여읨[離塵]·적정(寂靜)·무상(無相)·무몰(無沒)·무자성(無自性)·무장애(無障碍)·멸(滅)·체진실(體眞實)·자성에 머무름[住自性]이다.

고의 멸에 이르는 도성제[苦滅道聖諦]는 일승·취적(趣寂)·이끌어 인도함[導引]·구경무분별·평등·짐을 벗음[捨擔]·나아갈 데 없음[無所趣]·성인의 뜻을 따름[隨聖]·선인행(仙人行)·십장(十藏) 등으로 교설되고 있다.

9. 광명각품

〈광명각품〉에서는 세존께서 두 발바닥으로 광명을 내어 시방 일체 세계를 비추시니 그 가운데 있는 것들이 모두 다 분명하게 나타났다. 그리고 문수보살과 9수(九首)보살 등 시방세계 보살들이 나타나 게송으로 부처님 세계를 찬탄하였다. 부처님의 의업(意業)세계가 한량없음을 보인 것으로 풀이된다.

초회에서는 부처님께서 미간백호로 광명을 놓으셨으니 이는 깨달음의 세계를 보이기 때문이고, 여기서 발바닥으로 광명을 내시는 것은 신심이 불과에 오르는 바탕이 되기 때문으로 본다.

10. 보살문명품

〈보살문명품〉에서는 신심을 성취케 하기 위해 문수보살과 9수보살들이 문답을 통해 의심을 파하여 제하고 있다.

이 보살들의 10가지 문답은 십심심(十甚深)이라고 불리고 있다. 즉, 각수보살은 연기심심을 보이고, 재수보살은 교화심심을, 보수보살은 업과심심을 보이는 것이니, 이를 통해서 중생의 현실을 잘 파악하도록 하고 있다. 또 덕수보살은 설법심심, 목수보살은 복전심심, 근수보살은 정교(正敎)심심으로 불교화의 모양을 보이고 있다. 법수보살은 정행심심, 지수보살은 조도심심에 의해 교화에 의한 수행을 보이며, 현수보살은 일승심심, 문수보살은 불경계심심으로 구경불과의 불가사의함을 바로 알도록 설한 것이라고 해석되고 있다. 이를 통해서 청정한 신심[淨信]을 개발토록 하였다.

이러한 보살들의 문답을 몇 가지만 소개하기로 한다.

먼저 문수보살이 각수보살에게 물었다. 마음의 성품[心性]은 하나인데 어찌하여 갖가지 차별을 보는가? 각수보살이 게송으로 답하였다.

법의 성품 본래 남이 없지만   法性本無生
시현하여 남이 있으니   示現而有生
이 가운데 능히 나타냄도 없고   是中無能現
또한 나타난 물건도 없도다.   亦無所現物

부처님의 교법은 하나인데 중생들이 보고 어찌하여 즉시에 온갖 번뇌의 속박을 끊지 못하는가?

마치 나무를 비벼 불을 구함에   如鑽燧求火
불붙기 전에 자주 쉰다면   未出而數息

불기운도 따라서 없어지나니　　　　　火勢隨止滅
게으른 자 역시 그러하도다.　　　　　懈怠者亦然
　　　　　　　　　　　　　　　　　　　　　〈근수보살〉

　부처님 말씀처럼 만약 중생이 정법을 받아 지니면 일체 번뇌를
끊을 수 있을 것인데, 어찌하여 정법을 받아 지니되 끊지 못하는
자가 있는가?

어떤 사람이 남의 보물을 세어도　　　如人數他寶
스스로는 반전도 없는 것같이　　　　自無半錢分
법을 닦아 행하지 아니하면　　　　　於法不修行
많이 들은 것만도 그러하도다.　　　多聞亦如是
　　　　　　　　　　　　　　　　　　　　　〈법수보살〉

　불법 가운데는 지혜가 제일인데 여래께서는 무슨 까닭에 중생을
위하여 보시를 찬탄하고 혹은 내지 지혜를 찬탄하며 자비희사를
찬탄하시는가?

인색하면 보시를 찬탄하고　　　　　慳者爲讚施
금지함을 깨뜨리면 계를 찬탄하고　毀禁者讚戒
성 잘내면 인욕을 칭찬하고　　　　多瞋爲讚忍
나태하면 정진을 찬탄하시도다.　　好懈讚精進
　　　　　　　　　　　　　　　　　　　　　〈지수보살〉

　부처님께서는 오직 한길로써 벗어나 여읨[出離]을 얻으셨는데
지금보니 어찌하여 모든 부처님 국토에 있는 온갖 일이 여러 가지

로 같지 아니한가?

> 문수여, 법이 항상 그러하여　　　　　文殊法常爾
> 법왕은 오직 한 법뿐이니　　　　　　法王唯一法
> 일체 걸림없는 사람은　　　　　　　　一切無礙人
> 한길로 생사에서 벗어나니라.　　　　一道出生死
> 　　　　　　　　　　　　　〈현수보살〉

이 게송은 원효대사가 대중 속으로 회향하러 들어가면서 읊었다는 유명한 게송이다.

끝으로 여러 보살들이 문수보살에게 말씀하였다. 우리들이 아는 것을 말하였으니, 묘한 변재로 여래께서 소유하신 경계를 말씀해 주소서.

> 여래의 깊은 경계는　　　　　　　　如來深境界
> 그 양이 허공과 같아서　　　　　　　其量等虛空
> 일체 중생들이 들어가되　　　　　　一切衆生入
> 실로 들어간 바가 없도다.　　　　　而實無所入
> 　　　　　　　　　　　　　〈문수보살〉

11. 정행품

보살이 어떻게 하면 신(身)·구(口)·의(意) 3업이 수승하게 할 수 있는지 지수보살이 문수보살에게 질문하였다. 이에 문수보살이 답하고 있다. 보살이 마음을 잘 쓰면[善用其心] 온갖 승묘한 공덕을 얻어 부처님도에 머물며 제2도사가 될 것이라고 한다. 이에 140원

(願)을 일으키도록 권하고 있다. 그 가운데 몇 가지 원만 소개해
본다.

보살이 집에 있을 때에는 　　　　　菩薩在家
마땅히 이같이 원하라 　　　　　　　當願衆生
중생들이 집 성질이 공함을 알아 　知家性空
그 핍박을 면하여지이다. 　　　　　免其逼迫

보시를 할 때에는 　　　　　　　　　若有所施
이같이 원하라 　　　　　　　　　　　當願衆生
중생들이 모든 것을 버리고 　　　　一切能捨
마음에 애착이 없어지이다. 　　　　心無愛着

머리털과 수염을 깎을 때에는 　　　髻除鬚髮
이같이 원하라 　　　　　　　　　　　當願衆生
중생들이 번뇌를 아주 버리고 　　　永離煩惱
마침내 적멸하여지이다. 　　　　　　究竟寂滅

스스로 부처님께 귀의할 때는 　　　自歸於佛
이같이 원하라 　　　　　　　　　　　當願衆生
중생들이 불종자를 잇도록 　　　　紹隆佛種
위없는 뜻을 낼 지어다. 　　　　　發無上意

스스로 가르침에 귀의할 때는 　　　自歸於法
이같이 원하라 　　　　　　　　　　　當願衆生
중생들이 경장에 깊이 들어가 　　深入經藏

| 지혜가 바다와 같게 하여지이다. | 智慧如海 |

스스로 스님들께 귀의할 때는	自歸於僧
이같이 원하라	當願衆生
중생들이 대중을 통솔하고 다스리되	統理大衆
모든 것에 장애가 없어지이다.	一切無礙

잠에서 처음 깰 때는	睡眠始寤
이같이 원하라	當願衆生
중생들이 온갖 지혜 깨닫고서	一切智覺
시방세계를 두루 살펴지이다.	周顧十方

불자들이 이같이 마음을 쓰면 온갖 뛰어나고 묘한 공덕을 얻게 될 것이라고 한다.

12. 현수품

문수보살이 청정행의 대공덕을 말하고 나서 다시 보리심의 공덕을 보이려고 현수보살에게 수행공덕을 말하게 하였다. 이에 현수보살이 신심의 공덕과 공능을 게송으로 설하고 있다.

신심은 도의 근원이며 공덕의 어머니라	信爲道元功德母
모든 선한 법을 길러내며	長養一切諸善法
의심의 그물 끊고 애정 벗어나	斷除疑網出愛流
열반의 위없는 도 열어 보이도다.	開示涅槃無上道

믿음은 썩지 않는 공덕의 종자	信爲功德不壞種
믿음은 보리수를 생장케 하며	信能生長菩提樹
믿음은˙ 수승한 지혜 증장케 하고	信能增益最勝智
믿음은 온갖 부처 시현하도다.	信能示現一切佛

이상의 내용을 부연해 보면,

첫째, 믿음의 대상과 내용은 부처님의 신업과 구업과 의업의 경계가 한량없음이다. 이에 대해서 〈여래명호품〉과 〈사성제품〉 그리고 〈광명각품〉에서 설하고 있다.

둘째, 〈보살문명품〉에서 믿음을 성취하는 데 방해가 되는 의심을 밝히고 있다.

셋째, 믿음을 성취하기 위해 마음을 잘 쓰도록 하며, 140원을 세우도록 한다. 이 원으로 자신의 신·구·의 삼업을 잘 다스려 나가면 제2도사가 될 것이라고 한다.

넷째, 믿음의 공용이 다양하게 교설되고 있다.

이러한 믿음은 《화엄경》에서 모든 보살도를 튼튼히 받쳐주는 기초가 된다. 이 신심이 만족하면 그때가 바로 부처되는 때이므로 이를 신만성불(信滿成佛)이라 한다.

제6강

화엄경의 내용 ③-해인삼매

〈현수품〉에는 신심이 원만 성취되면 얻어지는 신심의 공능으로서 삼매가 설해져 있다. 《화엄경》의 총정인 해인삼매도 교설되어 있다.

이 해인삼매는 어떠한 삼매이며, 어떻게 모든 삼매 중 으뜸인 것으로 부각되어 갔는가. 그리고 해인삼매를 얻게 되면 어떤 덕용(德用)이 있으며, 그 삼매에 들어갈 수 있는 인연은 무엇인가.

〈현수품〉에는 신심이 원만 성취되면 얻어지는 신심의 공능으로서 10종 삼매[圓明海印三昧門 · 華嚴妙行三昧門 · 因陀羅網三昧門 · 手出廣供三昧門 · 現諸法門三昧門 · 四攝攝生三昧門 · 窮同世間三昧門 · 毛光覺照三昧門 · 主伴嚴麗三昧門 · 寂用無涯三昧門]가 보이며, 그 첫째로 《화엄경》의 총정(總定)인 해인삼매에 대하여 교설되고 있다.

석존의 깨달음은 명상을 통하여 이루어졌으며, 그 명상은 여러 가지 형태로 발전되어 왔다. 그 가운데 삼매는 대승경전의 말씀이 교설되는 주요 방편문으로 부각되었다. 원시경전에서도 4선 8정(四禪八定)이나 삼삼매 등 중시되지 않은 바 아니나 대승경전에서는 무량한 삼매가 수없이 나타난다. 특히 부처님의 깨달음을 전하고 있는 모든 교설이 삼매에 들고 나서 설해지고 있는 것이다. 그 중

해인삼매는《화엄경》의 총정(總定)으로까지 주시되고 있다. 입·출정 후에 설해지는 다른 경전과는 달리《화엄경》은 해인삼매 속에서 설해진 것으로 주지되고 있다.

삼매는 samādhi(사마디)를 음사한 것으로 삼마지(三摩地)로 음역되고도 있다. 그러나 그외에도 삼마제·삼마발제·사마타·삼마혜다·타연나·디야나·선나 등으로 음사되고 있다. 의역으로서는 흔히 심일경성(心一境性)의 상태로서 정(定)이라 번역되고 있음을 볼 수 있다. 그리고 정사(正思)·등지(等持)·지(止)·등인(等引)·정려(精慮)·사유수(思惟修)·정정(正定) 등으로 번역되는 많은 용어가 정(定)의 이름으로 사용되고 있다.

불교에서는 지혜를 얻기 위한 방편으로 여겨지기도 했으나 그 자체가 지혜까지도 포용된 의미를 지니기도 하면서, 삼학(三學)의 하나로 매우 중시되어 왔던 것이다.

그 중에서도 일체 모든 삼매의 근본이며 그 삼매를 다 포섭한다는 해인삼매는 경에서 해인삼마지(海印三摩地)·해인정(海印定)·대해인삼매(大海印三昧)라고도 불리고 있는데, 이는 Sāgaramudrā Samādhi(사가라무드라 사마디) 또는 Sāgara Samṛddhi(사가라 삼릿디)의 음사인 것으로 추정되고 있다.

그러면 경전에 나타난 해인삼매의 전반적인 모습에 대하여 살펴보기로 한다.

1. 해인삼매의 용례

해인삼매는《화엄경》이외의 다른 경전에도 물론 보인다. 예를 들면 《대집경》, 《대보적경》 등 많은 경전에 설해져 있으며 화엄가들도 이 경전들을 인용하여 해인삼매를 설명하고 있기도 하다. 그러나 해인삼매는 《화엄경》의 세계를 드러내는 대표적인 삼매로 간주되고 있다. 해인삼매는 〈현수품〉·〈십지품〉·〈여래출현품〉·〈입법계품〉 등에서 교설되고 있다.

2. 해인삼매의 의미

해인삼매는 대해(大海)에 비유하여 붙여진 삼매의 이름이다. 그러면 해인삼매를 큰 바다에 비유하여 명명한 그 구체적 비유의 내용은 무엇인가.

첫째, 바다에 모든 영상이 다 나타나는 것처럼 일체 색상이 보리심해 중에 나타나지 않음이 없으므로 해인삼매라 한다.

섬부주의 모든 유정 등 색류가 다 바다 가운데 영상을 나투므로 이름이 대해인 것과 같이, 이 같은 유정의 일체 심색(心色)과 음성 등 모든 영상이 다 보리심해 중에 나타나므로 해인삼마지라 한다

둘째, 모든 물[水]의 흐름이 다 대해에 들어가는 것처럼, 한량없는 일체 제법이 다 해인삼매 중에 들어가므로 해인이라 한다.

대해수가 무량하여 그 양을 헤아릴 수 없는 것과 같이 일체 제법도 그 양을 헤아릴 수가 없으며, 또 일체 중류(一切衆類)가 대해 가운데 다 들어가는 것에 비유한 것이다. 이처럼 일체 법을 인함이 모두 제법해인에 들어가며 이 해인 중에서 일체 법을 보게 된다.

셋째, 대해에 모든 용왕·신중이 머물며 진귀한 보배가 숨겨져 있는 것과 같이, 이 삼매도 일체 법 및 법선교(法善巧)가 갈무리된

곳이므로 해인삼매라 한다.

이러한 해인삼매는 의상뿐 아니라 법장, 징관을 위시하여 화엄가들이 매우 중시하였으니 해인삼매를 《화엄경》의 총정으로까지 부각시키고 있다. 《화엄경》 전체가 바로 해인삼매 속에서 설해진 말씀이라는 것이다.

《화엄경》이 의지하고 있는 해인삼매는 십불(十佛)의 해인이고 석가불해인이며 정각해인이고 제불여래응공등정각보리며 무상보리해(無上菩提海)이다. 그래서 해인은 진여본각이며 일체지·대지(大智)·증분내증(證分內證)·여래성기심(如來性起心)이다. 응화하되 나투는 바가 없어 보리의 무심돈현(無心頓現)이 해인삼매인 것이다.

해인삼매가 모든 삼매를 섭수하는 것처럼 《화엄경》의 해인삼매 또한 제경의 해인삼매를 섭수하게 된 것이라 하겠다.

3. 해인삼매의 대용(大用)

해인삼매를 체(體)로 하여 일어나는 해인삼매의 상(相)·용(用)은, 해인삼매를 왜 해인삼매라 하는지를 가리키는 해인삼매의 의미와 별개인 것은 아니다. 해인삼매는 여래지(如來智)로 일체 색상을 인현(印現)할 뿐만 아니라 또한 여래지를 의지하여 만상을 몰록 나투는 업용이 있다. 그러한 작용이 있어서 그 같은 의미를 부여받은 것이기 때문이다.

그러나 여기서는 보다 구체적으로 해인삼매의 수승한 묘용에 초점을 맞추어 살펴보기로 한다. 화엄부의 제 문헌에서는 해인삼매의 대용(大用)이라는 용어 대신에 업용(業用)·덕용(德用)·승용(勝

用) 등의 말도 자주 보인다.

《화엄경》에서는 보살행으로부터 한 걸음 더 나아가 제불보리의 경지에서 불행(佛行)으로 나투어지고 있다.

〈현수품〉에서는 현수보살이 10종삼매의 업용을 게송으로 찬탄하고 있는데, 처음에 해인삼매의 대용을 게송으로 찬탄하고 있다. 해인삼매의 대용을 크게 다섯으로 구분해 보기로 한다.

① 부처로 시현하고 법장을 설한다. 《화엄경》의 해인삼매는 불보리정각(佛菩提正覺)해인이다. 어디든 부처 없는 국토에 시현하여 정각을 이루고, 법을 알지 못하는 국토에서는 묘법장을 설한다.

② 일념경에 시방에 두루하여 중생을 교화한다. 달빛 그림자가 두루하지 않음이 없는 것같이 무량방편으로 군생을 교화한다. 분별도 없고 무념인지라 한 찰나에 시방세계에 두루 다녀 무공용(無功用)으로 모든 중생을 교화한다.

③ 일체시 일체처에서 8상을 나툰다. 시방세계 가운데 염념이 시현하여 성불하고 정법륜을 굴리며 열반에 들고 내지 사리를 나누어 중생 위해 보인다.

④ 성문·연각 등 삼승교를 열어 삼승문으로써 널리 중생을 제도한다. 무량겁 동안 무량중생을 제도함에 있어 근기에 따라 성문·연각 등 삼승 방편문을 시설하기도 한다.

⑤ 중생들의 좋아함을 따라 모든 모습으로 다 시현한다. 혹은 남자로 혹은 여자로 나타나고 갖가지 몸을 그 좋아함을 따라서 다 보게 한다.

⑥ 중생의 형상, 행업과 음성도 한량없어서 이를 따라 일체를 다 나툰다. 이러한 모든 불사가 곧 해인삼매의 위신력이다. 제불보리가 널리 일체 중생의 심념(心念)과 근성(根性)과 욕락을 나투되 나

투는 바가 없으니 정각이 되는 것이다.

이처럼 찰나찰나마다 중중무진세계에 일체 모습으로 시현하여 끝없는 중생을 다 제도하는 것이 바로 해인삼매의 위신력에 의한 해인삼매의 수승한 덕용이라는 것이다. 《화엄경》에서는 한 세계에 한 부처로 시현하는 것이 아니라, 중중무진으로 응현하는 것이다. 만법이 다 해인병현(海印炳現)이요, 해인돈현(海印頓現)이 다 불현(佛現)이나. 시현해도 시현함이 없는 무심논현이요, 응화해도 응화함이 없는 무공용행이다. 무량방편으로 중생을 교화함에 있어 법설함을 시설한 것은 사바세계에서의 교화방편은 음성 설법이 중요함을 보여 주는 것이라 하겠다.

4. 해인삼매에 드는 인연

해인삼매가 불가사의한 경계인 만큼, 해인삼매에 들어갈 수 있는 인연 또한 헤아리기 어려우리란 것은 짐작이 가고도 남을 일이다. 그래서인지 경에서 명확하게 해인삼매를 얻을 수 있는 방법이라고 두드러지게 제시한 곳은 오히려 드문 것 같다.

《대집경》에서는 제일 먼저 다문(多聞)을 강조하고 있다. 만약 보살이 많이 듣기를 바다와 같이 하면 지혜를 성취하여 항상 부지런히 법을 구하리라고 한다. 다문을 성취한 후 중생을 위하여 설법하며 그 설법선근으로 해인삼매에 회향한다는 것이다. 그러기 위해서 정진을 전제로 하고 있음을 볼 수 있다.

《대보적경》에서도 모든 법문을 잘 수행함으로써 해인삼매를 얻는다고 함은 같다. 이처럼 법문을 듣고 설법함이 해인삼매를 얻는 주된 방편으로 강조되어 있는데, 이는 화엄에서도 마찬가지다. 《대방광총지보광명경》에서는 해인삼매가 입으로 좇아 나온다[海印三昧口中生]고까지 역설되고 있다.

《화엄경》에서는 각 회마다 설주보살이 삼매에 들어 지혜를 얻고는 출정한 후에 설법하고 있다. 그리고 그 삼매력으로 설법한 모든 것이 해인삼매 속에서 이루어진 것으로 이해되고 있다. 그러므로 설주보살들의 입정인연도 간과할 수 없다고 하겠으니, 보현보살을 위시하여 설주되는 보살이 삼매에 들 수 있음은 3종인연에 의한 것으로 되어 있다.

첫째는 시방 일체 제불의 가지력(가피력), 둘째는 비로자나여래의 본원력(위신력), 셋째는 보살이 일체 제불의 행원력을 닦은 선근공덕력 또는 지혜력에 의해서이다. 보살들이 닦은 행원(선근공덕력)은 입정의 인(因)이며, 주불과 제불의 본원력 가피력은 연이 된다고 할 것이다. 따라서 항상 제불보살을 친근해야 해인삼매를 구족 성취하게 됨도 경에서는 보이고 있다.

〈현수품〉에서는 해인삼매 등 10삼매의 대용은 발심수행한 수승한 덕의 하나로서 설해진 것이다. 그런데 발심은 신심에 의해서 가능하니 발심성불은 신만성불인 것이다. 그 신심은 〈정행품〉의 140원을 성취한 정신(淨信)을 말한다. 따라서 입정은 행원의 광대한 공덕행인 보현행덕으로 가능하며, 그 보현행덕은 무방대용인 과(果)와 둘이 아닌 인행(因行)인 것이다.

〈현수품〉에는 해인삼매 외에 아홉 삼매에 대한 설명도 보인다. 그 중 화엄삼매와 방망삼매(方網三昧)에 대해서만 잠깐 언급해 보면, 우선 화엄삼매이다. 해인삼매가 만상이 다 나타나는 진여본각으로 설명되었다면 화엄삼매는 널리 보살만행을 닦아서 보리를 증득하는 것이다. 해인삼매가 불과무애라면 화엄삼매는 보살만행으로서의 바라밀행이다.

다음 방망삼매(方網三昧)는 동서 등의 방위나 육근과 육경, 남녀노소, 비구 비구니, 중생과 부처, 미진과 일체처 등을 막론하고 온갖 곳에서 입정 출정함이 걸림없음을 말하고 있다.

그래서 〈현수품〉에서는 동방에서 바른 정에 들어가 서방에서 정으로 좇아 나오며, 서방에서 바른 정에 입정하여 동방에서 정으로 좇아 나온다고 한다. 뿐만 아니라 안근에서 입정하여 색진에서 출정하며, 색진에서 입정하여 안식에서 출정한다.

또 동자신에서 입정하여 장년신에서 출정하며, 장년신에서 입정하여 노년신에서 출정하며, 노년신에서 입정하여 선녀신에서 출정하며, 선녀신에서 입정하여 선남신에서 출정하며, 선남신에서 입정하여 비구니신에서 출정하며, 비구니신에서 입정하여 비구신에서 출정하며, 비구신에서 입정하여 학무학에서 출정하며, 학무학에서 입정하여 벽지불에서 출정하며, 벽지불에서 입정하여 여래신에서 출정한다고 한다.

이와 같은 많은 삼매가 신심의 덕용으로 교설되어 있는 것이다.

화엄경의 내용④ — 제3회 6품

제3회 6품은 수미산정의 제석천궁전에서 법혜보살에 의하여 십주법문이 설해지고 있다. 이곳에서 주목하게 하는 점으로서는

첫째, 보살의 주처이다.

십주의 자리는 어디이며 십주보살행은 어떠한 것인가?

둘째, 발심의 인과 연은 무엇이며,

초발심시변정각의 경계는 무엇인가?

셋째, 무엇이 범행인가? 화엄의 관행법이 무엇인가?

하는 것 등을 들 수 있다.

13. 승수미산정품

먼저 제3회 첫품인 〈승수미산정품〉은 세존께서 보리수 아래를 떠나지 아니하시고 수미산에 오르셔서 제석천의 궁전으로 향하신 것으로 시작된다. 제석천왕이 멀리서 보고 궁전을 장엄하고 사자좌를 놓고 부처님을 맞이하였다. 부처님께서 결가부좌하시니 시방세계에서도 그와 같았다. 이는 하나가 곧 일체[一卽一切]인 경계를 보

여 주는 것이기도 하다.

14. 수미정상게찬품

부처님의 신력으로 법혜(法慧)보살을 비롯한 일체혜·승혜·공
덕혜·정진혜·선혜(善慧)·지혜(智慧)·진실혜·무상혜·견고혜
보살 등 10혜보살이 십불세계에서 부처님 계신 데 이르렀다.

보살의 돌림자가 모두 지혜 혜(慧)인 것은 지혜가 보살행의 바
탕이 됨을 의미한다. 지혜가 없으면 보살이 아니라고 하겠다.

그때 세존께서 두 발가락으로 광명을 놓아 수미산 꼭대기를 비
추시니 제석천 궁전안의 부처님과 대중들이 그 속에 나타나지 않
은 이가 없었다. 법혜보살을 위시한 모든 보살들이 그 경계를 게송
으로 찬탄하였다.

우리들은 지금 부처님께서 　　　我等今見佛
수미산정에 계심을 보며 　　　　住於須彌頂
시방에서도 모두 그러하니 　　　十方悉亦然
여래의 자재한 힘이로다. 　　　　如來自在力

온갖 법이 나지도 않고 　　　　　一切法無生
온갖 법이 멸하지도 않나니 　　　一切法無滅
만약 능히 이같이 알면 　　　　　若能如是解
부처님께서 항상 현전하시리라. 　諸佛常現前

온갖 법들이 　　　　　　　　　　了知一切法
자성이 없는 줄 알지니 　　　　　自性無所有

이렇게 법의 성품 안다면　　　　　　如是解法性
곧 노사나불을 뵈오리라.　　　　　　卽見盧舍那

이 게송은 자장법사가 중국 오대산에서 문수보살에게 기도하고
받은 게송이다.

15. 십주품

법혜보살이 부처님의 위신력을 받들어 보살무량방편삼매에 들었
다가 일어나서 보살이 머무는 주처를 설하였다. 보살이 머무는 곳
이 넓고 커서 법계와 허공과 같다. 보살은 삼세의 여러 부처님 집
에 머물며[住三世諸佛家], 이 보살이 머무는 곳에 10가지[十住]가
있다고 한다. 10주는 초발심주(初發心住)·치지주(治地住)·수행주
(修行住)·생귀주(生貴住)·구족방편주(具足方便住)·정심주(正心
住)·불퇴주(不退住)·동진주(童眞住)·법왕자주(法王子住)·관정
주(灌頂住)이다.

(1) 초발심주(初發心住)는 보살이 처음 발심하는 자리이다. 발심
의 인이 되는 10법과 발심의 연, 그리고 초발심주에서 닦는 10법을
차례로 교설하고 있다.
먼저 발심의 10인은 보살이 부처님의 형모가 단엄하심을 보고
발심하며, 내지는 중생들이 심한 고통 받음을 보거나, 혹은 부처님
의 광대한 불법을 듣고 보리심을 내어 온갖 지혜를 구한다.
초발심주의 소연(所緣)인 여래의 10가지 수승한 지혜는 일체지
로서 10지 또는 10력을 가리키는 10종지력(十種智力)이다.

① 처비처지(處非處智)이니, 옳고 그른 도리가 무엇인지 분명히 아는 지혜의 힘이다.

② 선악업보지(善惡業報智)이니, 과거·현재·미래에 선업과 악업으로 받는 과보가 무엇인지 분명히 아는 지혜의 힘이다.

③ 제근승열지(諸根勝劣智)이니, 근기가 예리하고 둔함을 아는 지혜이다.

④ 종종해차별지(種種解差別智)이니, 갖가지 이해를 아는 지혜이다.

⑤ 종종계차별지(種種界差別智)이니, 여러 가지 경계를 아는 지혜이다.

⑥ 일체지처도지(一切至處道智)이니, 온갖 곳에 이르러 갈길을 아는 지혜이다.

⑦ 제선해탈삼매지(諸禪解脫三昧智)이니, 모든 선정·해탈·삼매의 때묻고 깨끗함이 일어나는 시기와 시기 아님을 아는 지혜이다.

⑧ 숙명무애지(宿命無碍智)이니, 온갖 세계에서 지난 세상에 머물던 일을 기억하는 지혜이다.

⑨ 천안무애지(天眼無碍智)이니, 천안통의 지혜이다.

⑩ 삼세누보진지(三世漏普盡智)이니, 누진통의 지혜이다. 모든 번뇌가 다한 자리를 말하고 있다.

그리고 보살이 부처님의 공덕을 배우며, 중생의 귀의할 곳이 되는 등 10가지 법 배우기를 권하고 있다.

(2) 치지주(治地住)는 심지(心地)를 다스리는 자리이다. 10심으로 자기 마음자리를 다스리니, 보살이 중생들에게 10가지 마음을 낸다. 이른바 이익심·대비심·안락심·안주심·연민심·섭수심·

수호심·동기심(同己心)·사심(師心)·도사심(導師心) 등이다.

(3) 수행주(修行住)에서는 10가지 행으로 일체 법을 관찰하여
수행한다. 즉 온갖 법이 무상·고·공·무아·무작(無作)·무미(無
味)·이름 같지 않음[不如名]·처소가 없음[無處所]·분별을 여읨
[離分別]·견실하지 않음[無堅實]을 관한다.

(4) 생귀주(生貴住)는 부처님 교법으로부터 나서 귀한 자리이다.
보살이 성인의 교법으로부터 나서 10가지 법을 성취하여 마음이
평등함을 얻는다. 10가지 법이란 영원히 부처님의 처소에서 퇴전하
지 아니하며, 깊이 청정한 신심을 내며, 법을 잘 관찰하며, 중생과
국토와 세계와 업행과 과보와 생사와 열반을 잘 아는 것이다.

(5) 구족방편주(具足方便住)는 보살이 선근을 닦아 방편을 구족
하는 자리이다. 보살이 닦는 선근은 모두 온갖 중생을 구호하며 내
지 열반을 증득하게 하려는 것이다.

(6) 정심주(正心住)는 마음이 안정하여 움직이지 않는 자리이다.
보살이 부처님을 찬탄하거나 훼방하는 등 10가지 법을 듣고도 마
음이 결정되어 흔들리지 아니한다.

(7) 불퇴주(不退住)는 보살이 부처님이 있다거나 없다는 등 10
가지 법을 듣고도 마음이 견고하여 퇴전하지 아니하는 자리이다.

(8) 동진주(童眞住)란 동자와 같이 순진한 자리이다. 보살이 10

가지 업에 머무는 자리이다. 즉 몸의 행[身行]과 말의 행[語行]과 뜻의 행[意行]이 잘못됨이 없고, 마음대로 태어나고, 중생의 갖가지 하고자 함[欲]과 해(解)와 계(界)와 업(業)과 세계의 성괴를 알고, 신통이 자재하고 다니는 데 걸림이 없다.

(9) 법왕자주(法王子住)는 법왕의 소행을 아는 왕자의 자리이다. 10가지 법을 잘 아니, 중생의 수생(受生)과 번뇌의 일어남과 습기가 상속함과 행하는 방편과 무량법과 위의와 세세차별과 전·후세(前後際)의 일과 세제(世諦)를 연설함과 제일의제 연설함을 잘 아는 것이다.

(10) 관정주(灌頂住)는 왕자가 관정식에서 왕위에 취임하는 것 같이 보살이 10가지 지혜, 즉 일체종지를 얻어 주(住)의 최고 자리에 앉는다.

이러한 십주행은 십지행과 크게 다르지 않으며, 다 십지에 포섭된다. 별행경에서는 《십주경》, 《십지경》은 함께 번역되어 쓰이고도 있다.

16. 범행품

〈범행품〉에서는 특히 염의 출가자를 위한 보살행으로서 10종의 관행법이 설해지고 있다.
정념천자가 법혜보살에게 말하였다.
"불자여, 온 세계의 모든 보살들이 여래의 가르침을 의지하여 물든 옷을 입고 출가하였으면 어떻게 해야 범행이 청정하여 보살의 지위로부터 위없는 보리의 도에 이르리이까?"

법혜보살이 이러한 정념천자의 질문을 받고 출가자가 범행을 닦아 위없는 보리도에 이르는 10가지 법을 설하고 있다. 즉 보살이 범행을 닦을 때에 10가지 법으로 반연을 삼고 뜻을 내어 관찰하여야 한다는 것이다. 그 10가지 법이란 몸[身]과 몸의 업[身業] · 말[語] · 말의 업[語業] · 뜻[意] · 뜻의 업[意業] · 불(佛) · 법(法) · 승(僧) · 계(戒)이다. 이에 대하여 무엇이 범행인가 관찰하도록 한다.

예를 들면 만일 몸이 범행이라면 범행이란 냄새나는 것이며, 부정한 것이며, 내지 송장일 것이다. 만일 신업이 범행이라면 범행이란 앉는 것, 눕는 것, 가는 것 등일 것이다. 만일 말이 범행이라면 범행이란 음성 · 입술 · 고저 등일 것이며, 만일 말의 업이 범행이라면 범행이란 인사 · 칭찬 · 헐뜯는 것일 것이며, 내지 만일 계가 범행이라면 범행이란 계단 아사리 삭발 걸식 등일 것이다.

이렇게 관찰하면 몸에 취할 것이 없고 닦는 데 집착할 것이 없고 법에 머무를 것이 없으며 업을 짓는 이도 과보를 받는 이도 없을 것이다.

이 가운데 어느 것이 범행인가? 범행은 어디서 왔으며, 누구의 소유인가? 이렇게 관찰하면 범행이란 법은 얻을 수 없으며, 삼세의 법이 다 공적하며, 뜻에 집착이 없으며, 내지 부처님 법이 평등함을 아는 까닭에 청정한 범행이라 한다.

만일 보살들이 이렇게 관행하여 모든 법에 두 가지 견해[二解]를 내지 아니하면 온갖 부처님 법이 빨리 현전해서 처음 발심할 때에 아뇩다라삼먁삼보리를 얻으며, 온갖 법이 마음의 성품임을 알며 지혜의 몸을 성취하되 다른 이를 말미암아 깨닫지 아니하리라고 한다.

여기서도 부처님의 처비처지(處非處智) 등 10법을 닦아야 함을 역설하고 있다.

17. 초발심공덕품

보살이 처음 보리심을 일으킨 공덕은 헤아릴 수 없어 부처님만이 아실 것이니, 발심함으로써 마땅히 부처가 될 것이기 때문임을 법혜보살이 제석천왕의 질문에 따라 점증적으로 실하고 있다.

18. 명법품

십바라밀(十波羅蜜)로 보살행을 청정하게 하고 있다.

법혜보살이 정진혜보살의 질문에 의해 보살로 하여금 10가지 바라밀법으로 행하는 일이 청정케 함을 설하고 있다.

십바라밀은 이 명법품에서만 설한 것이 아니라 《화엄경》의 보살행 전체를 십바라밀로 포섭할 수 있다. 따라서 화엄보살행을 다 포섭하는 십지보살행도 역시 십바라밀로 묶어 말할 수 있다. 이 점은 10행에서 다시 한 번 언급하기로 한다.

화엄경의 내용⑤–제4회 4품

제4회 4품에서는 《화엄경》의 유심설과 보살의 십바라밀행에 특히 주목하게 된다.

19. 승야마천궁품

세존께서 보리수 아래와 수미산 꼭대기를 떠나지 아니하시고 야마천궁으로 향하셨다. 야마천왕이 멀리서 보고 즉시 보연화장 사자좌를 만들고 맞이하였다. 천왕은 지난 세상 부처님 계신 데서 선근 심은 것을 생각하고 불공덕과 야마천궁의 길상함을 게송으로 찬탄하였다.

20. 야마궁중게찬품

상주안불 친혜(親慧)세계의 공덕림(功德林)보살을 위시하여 시방불세계의 수많은 보살들이 부처님 계신 곳에 모여들자, 세존께서 두 발등으로 광명을 놓아 시방세계를 비추셨다. 여기에 모여든 보살이 수풀 림(林)자가 돌림자가 된 것은 보살의 공덕행이 하나가 아니라 수없이 쌓임을 말해 준다고 하겠다.

공덕림보살을 위시한 열 분의 보살이 부처님의 위신력을 받들어 게찬하였다. 이중에 정진림보살이 부처님의 차별없는 평등한 대지혜를 말씀하는 내용 가운데 수를 헤아리는 비유가 나온다. 이는 후에 화엄교학에서 상입상즉을 설명하는 '수십전유(數十錢喩)'로 체계화되었다. 이 점에 대해서는 법계연기설에서 살피기로 한다.

그보다 여기서는 각림보살의 게송을 살펴보겠다. 그 10게송은 유심게(唯心偈)로 널리 알려져 있다. 각림보살은 《육십화엄》에서는 여래림보살로 번역되어 있다.

유심게에서는 마치 그림그리는 화가가 자기의 마음을 알지 못하지만 마음으로 그림을 그리듯이 모든 법의 성품도 그러하다고 하여, 마음을 화가에 비유하고 있다. 후반부 다섯 게송만 보면 다음과 같다.

마음이 화가와 같아서	心如工畫師
모든 세간을 그려내나니	能畫諸世間
오온이 마음 따라 생기어서	五蘊實從生
무슨 법이든 짓지 못함이 없도다.	無法而不造
마음과 같아 부처도 그러하고	如心佛亦爾
부처와 같아 중생도 그러하니	如佛衆生然
마땅히 알라, 부처와 마음이	應知佛與心
그 체성 모두 다함이 없도다.	體性皆無盡

마음이 모든 세간 짓는 줄을	若人知心行
아는 이가 있다면	普造諸世間
이 사람 부처를 보아	是人卽見佛
부처의 참성품 알게 되도다.	了佛眞實性
마음이 몸에 있지 않고	心不住於身
몸도 마음에 있지 않으나	身亦不住心
불사를 능히 지어	而能作佛事
자재함이 미증유로다.	自在未曾有
만일 어떤 사람이	若人欲了知
삼세 일체 부처님을 알고자 한다면	三世一切佛
마땅히 법계의 성품을 관하라	應觀法界性
모든 것 오직 마음이 지어냄이로다.	一切唯心造

《화엄경》의 대의를 '통만법 명일심'이라고 이해한 데서도 짐작할 수 있듯이 일심 또는 유심사상은 《화엄경》의 핵심 내용의 하나가 된다. 《화엄경》의 일심사상은 이 유심게와 〈십지품〉의 제6현전지 그리고 〈여래출현품〉의 10종 성기심(性起心)이 그 주요 소의처가 된다.

〈십지품〉에서는 삼계에 있는 것이 오직 한마음[三界所有 唯是一心]이라 하고 있다. 〈여래출현품〉에서의 마음은 여래심이며 여래성기심이다. 여래심은 10종으로 교설되어 있다.

이곳 〈야마궁중게찬품〉의 유심게에 보이는 일심은 오온과 세간을 만들어내는 일심이다. 위의 두 번째 게송은 《육십화엄》에서는 다음과 같이 되어 있다.

마음과 같아 부처도 그러하고	如心佛亦爾
부처와 같아 중생도 그러하니	如佛衆生然
마음과 부처와 중생	心佛及衆生
이 셋이 차별이 없다.	是三無差別

그리고 마지막 게송의 응관법계성 일체유심조(應觀法界性 一切唯心造)는 '마땅히 마음이 모든 여래를 짓는 줄 관하라[應當如是觀 心造諸如來]'고 되어 있다. 여기서의 일심온 부치를 만드는 마음이므로 진심이다. 따라서 〈야마궁중게찬품〉에서의 마음은 표면적으로는 진(眞)과 망(妄)에 통한다.

《화엄경》은 마음을 내세우는 모든 종파의 소의경전이 되어왔다. 마음을 망심으로 이해한 유식의 제8아뢰야식에 의한 뢰야연기와 진망화합심(眞妄和合心)인 여래장심에 의한 여래장연기의 소의경전도 되고 있다. 그러나 화엄종에서는 《화엄경》의 일심을 여래장 자성청정심과 여래성기심으로 이해하여 여래성기심인 진여심이 그 체성이 되는 법계연기를 체계화시켰다.

그리하여 화엄가들은 이 일심을 연기해서 나타난 일체 존재인 일진법계의 체로 보고, 만덕을 구족한 일심이며 원융한 일심이며 만유를 다 포섭하는 일심으로 보았다. '심불급중생 시삼무차별(心佛及衆生 是三無差別)'의 일심은 무애평등의 일심인 것이다.

마지막 게송인 '일체유심조'는 우리나라에서 《화엄경》의 수많은 게송 가운데 제일 으뜸가는 게송으로 수지되어 왔다. 아침 쇠송에 '화엄경제일게 약인욕료지 삼세일체불 응관법계성 일체유심조(華嚴經第一偈 若人欲了知 三世一切佛 應觀法界性 一切唯心造)'로 되어 있는 것이다. 이어서 이 게송은 지옥고를 타파한다는 뜻에서 쇠송에서는 파지옥진언으로 이어지고 있다.

중국에서도 《청량소초》에 의하면 《찬령기》에 소개되어 있는 전설적인 얘기와 함께 잠시 수지하여도 능히 지옥고를 파한다고 하였다. 즉, 문명(文明) 원년에 왕명간(王明幹)이라는 사람이 있었는데, 평소에 착한 일을 한 것 없이 병환으로 죽게 되어 두 사람에게 인도되어 지옥문 앞에 끌려갔다. 지옥문 앞에 한 스님이 있음을 보았는데 지장보살이라 하였다. 그 스님이 왕씨에게 게송 하나를 외우게 하였는데 바로 이 일체유심조 게송이었다. 그리고 이 게송을 외우면 지옥고까지 배제할 수 있다고 하였다. 왕씨가 이 게송을 외우고 들어가 염라왕을 만나보니 염라왕이 묻기를 무슨 공덕이 있었느냐고 물었다. 왕씨가 답하기를 오직 한 사구게만 수지하였다고 하고 좀전에 있었던 일을 말하니 염라왕이 더 살다오라고 내보냈다. 왕씨가 이 게송을 외울 때 외우는 소리가 들리는 곳에 있었던 사람이 모두 고통에서 벗어나 해탈을 얻었다고 한다. 왕씨가 3일 만에 소생하여 이 게송을 기억해서 외웠다. 그리고 공관사(空觀寺)의 승정(僧定)법사에게 이 일을 말하니 법사가 그 게송이 바로 《화엄경》의 〈야마궁중게찬품〉에 나오는 이 게송임을 밝혀주었다고 한다. 이처럼 이 일체유심조 게송은 《화엄경》 신앙의 한 형태로 나타나기도 한다.

이 〈야마궁중게찬품〉에 이어서 〈십행품〉이 나온다. 그러므로 〈십행품〉의 10행은 일체유심조의 경계임을 추정할 수 있다.

21. 십행품

공덕림보살이 선사유삼매에 들었다가 깨어나 보살의 10가지 행을 말씀하였다. 즉 즐거운 행[歡喜行]·이로운 행[饒益行]·어김이 없는 행[無違逆行]·굽힘이 없는 행[無屈撓行]·어리석거나 어지러움이 없는 행[無痴亂行]·잘 나타나는 행[善現行]·집착이 없는 행[無着行]·얻기 어려운 행[難得行]·법을 잘 설하는 행[善法行]·진실한 행[眞實行] 등 십행(十行)이다.

이 십행에서는 특히 보살의 십바라밀행을 차례로 교설하고 있다. 십주에 머무른 보살이 자타를 이롭게 하는 만행을 일으키니 십행이 교설되고 있다. 이 보살행은 일체유심조의 경계이면서, 십비리밀이 근본이 되어 모든 행을 포섭하고 있다. 이처럼 공덕림보살이 말씀하고 있는 것은 보살행은 바로 공덕을 쌓아가는 공덕행임을 알 수 있게 한다.

화엄의 보살도는 십바라밀에 다 포섭된다. 십주의 갖가지 보살행은 십바라밀을 체로 하며, 십행은 십바라밀 그 자체이며, 십회향역시 초회향이 바라밀행이며 다른 회향에서도 바라밀행이 그 기저가 되고 있다. 십지는 회삼귀일(會三歸一)의 토대 위에 일불승(一佛乘)적 보살도가 가장 잘 시설되면서 십바라밀행이 펼쳐지며, 아울러 각지에 십바라밀을 차례로 치우쳐 닦도록 역설한 것이다.

뿐만 아니라 화엄대경 전편의 내용을 선재라는 구법자를 등장시켜 다시 한 번 재현한 형태를 취하고 있는 〈입법계품〉의 보살도역시 예외가 아니다. 선재동자가 구법한 선지식의 해탈법문도 십바라밀에 배대시킬 수 있다는 것이다.

모든 보살계위에서의 보살행과 선재의 구법행은 십바라밀로 포섭할 수 있다고 하였는데 그 십바라밀은 《팔십화엄》에서는 단나바라밀(檀那波羅蜜, Danaparamita)·시라바라밀(尸羅波羅蜜, Silaparamita)·찬제바라밀(羼提波羅蜜, Ksantiparamita)·비리야바라밀(毘梨耶波羅蜜,

Viryaparamita)·선나바라밀(禪那波羅蜜, Dhyanaparamita)·반야바라밀(般若波羅蜜, Prajnaparamita)·방편바라밀(方便波羅蜜, Upāyaparamita)·원바라밀(願波羅蜜, Praṇidhānaparamita)·역바라밀(力波羅蜜, Balaparamita)·지바라밀(智波羅蜜, Jñānaparamita)로 언급되어 있다. 이는 또 단바라밀(檀波羅蜜)·시바라밀(尸波羅蜜)·인바라밀(忍波羅蜜, 羼提波羅蜜)·정진바라밀(精進波羅蜜)·선바라밀(禪波羅蜜)·반야바라밀(般若波羅蜜)·방편바라밀(方便波羅蜜)·원바라밀(願波羅蜜)·역바라밀(力波羅蜜)·지바라밀(智波羅蜜)로 표기되고도 있다.

그리고 이는 보시·지계·인욕·정진·선정·지혜·방편·원·력·지바라밀로 번역되어 상용되고 있다. 대승의 육바라밀에 중생교화의 입장에서 사종의 바라밀을 더하여 10이라는 원만수로 모든 보살행을 나타낸 것으로 보인다.

《화엄경》에서는 이 십바라밀에 대해서는 총설하기도 하고 따로 구체적이고 세밀하게 교설하기도 한다. 따라서 이에 대해서 〈십지품〉에서 다시 언급되겠으나, 여기서는 우선 십행계위에 있는 보살들의 십바라밀설을 중심으로 살펴보도록 하겠다. 〈십행품〉에서는 십행계위에 있는 보살들이 닦아가는 주 수행법으로서 십바라밀이 설해지고 있는 것이다. 십주위에 해당되는 〈명법품〉에서도 보살들로 하여금 행하는 일이 청정케 하는 10가지 법으로서 십바라밀을 설하였다.

제9강

화엄경의 내용 ⑥ - 십바라밀

보살의 십행은 일체유심조의 경계이므로 중생이 본성대로 사는 것이 십행이다. 그 구체적 내용이 십바라밀로 전개되고 있다.

(1) 환희행(歡喜行)에서는 보시바라밀을 구족하여 중생을 즐겁게 한다. 보시행은 곧 즐거운 행이니 보살이 이 행을 닦을 때 일체 중생으로 하여금 환희하고 즐겁게 하려고 하기 때문이다. 이를 경문에서는 다음과 같이 설하고 있다.

> 무엇이 보살마하살의 즐거운 행인가.
> 불자들이여, 보살이 큰 시주가 되어서 가진 것을 모두 베풀되 그 마음이 평등하여 뉘우치거나 아낌이 없으며, 과보를 바라지 않으며, 이름이 남을 구하지 않으며, 이양을 탐하지도 않는다. 다만 일체 중생을 요익되게 하며, 제불의 본래 수행하신 바를 학습하고 청정케 하며 증장하여, 중생들로 하여금 괴로움을 여의고 즐거움을 얻게 하기 위함이다. 불자들이여, 보살이 이 행을 닦을 때 일체 중생으로 하여금 환희하고 애락하게 한다.

그래서 빈궁한 곳이 있으면 원력으로써 부호의 집에 왕생하여 시여해서 가난한 이들을 기쁘고 만족하게 한다. 수없는 중생들이 와서 구걸하더라도 보살은 물러나거나 겁내지 않고 더욱 자비심을 증장시킨다. 중생들이 와서 구걸하는 것을 보고 더욱 기뻐하며 생각하기를, "나는 좋은 이익을 얻고 있다. 이 중생들은 나의 복전이고 나의 좋은 벗이다. 구하지 않고 청하지 않았으되 찾아와 나를 불법 가운데 들게 하니, 내가 이제 마땅히 이와 같이 배우고 닦아서 일체 중생의 마음을 어기지 아니하리라" 한다.

이처럼 보살은 중생들을 자신의 복밭[福田]이라 생각하고, 찾아와서 구하면 기뻐하며 시여하라는 것이다. 복전에 여러 가지가 있는데 특히 비전(悲田)과 은전(恩田)과 경전(敬田)을 들 수 있다.

보살은 만약 한 중생이라도 만족하지 않으면 마침내 아뇩다라삼먁삼보리를 증득하지 않겠다고 원한다. 그리고 보시함에 있어서 분별상이 없다. 보살은 이처럼 중생을 이롭게 하지만 '나[我]'라는 생각 등 4상이 전혀 없다. 자기 몸도 보지 않고, 보시하는 물건도 보지 않고, 받는 이의 복밭도 보지 않으니 삼륜이 청정하다.

이와 같이 보살은 중생들의 마음을 만족하게 해주기 위하여 자기에게 있는 선근과 모든 재물을 다 회사하되 집착함이 없는 것이다. 자기도 환희롭고 중생들도 환희롭게 일체를 베푸는 것이 보시며, 보시함에 집착이 없는 행이 바라밀인 것으로 보여지고 있다.

이상에서 보시가 무슨 의미이며, 무엇을 보시하며, 어떻게 보시하며, 왜 보시하며, 보시하면 어떻게 되는가라는 보시바라밀의 여러 모습을 볼 수 있다. 즉, 보시란 다른 이에게 베풀어주는 것이다. 뭘 베푸는가 하면 선근과 재물 등 자기에게 있는 모든 것을 베푼다. 환희까지도 베푼다. 어떻게 베푸느냐면 무집착으로 베푼다. 분별심이 없이 사상이 없이 베풀기 때문에 삼륜이 청정한 것이다. 왜 베푸느냐면 자신도 기쁘고 남도 즐겁게 하기 위해서이다. 언제까지 인가 하면 만약 한 중생이라도 만족하지 않으면 그만두지 않겠다고 한다. 그래서 마침내 함께 아뇩다라삼먁삼보리를 증득하게 됨을 보이고 있다.

(2) 요익행(饒益行)에서는 지계바라밀로 중생을 이롭게 한다. 경에서는 이에 대하여 다음과 같이 교설하고 있다.

불자들이여, 무엇이 보살마하살을 이롭게 하는 행인가. 보살은 청정한 계율을 지니어 빛과 소리와 냄새와 맛과 감촉에 대해서 집착하지 않는다. 어떤 위세를 구하지도 않는다. 다만 청정한 계율을 굳게 지녀서 부처님께서 찬탄하시는 평등한 정법을 얻으려고 한다. 보살은 욕심으로 인해 한 중생도 괴롭히지 않는다. 차라리 자신의 목숨을 버릴지언정 끝내 중생을 괴롭히는 일은 하지 않는다.

요익행의 보살은 중생들이 오욕에 탐착하며 거기서 헤매느라고 자유롭지 못하므로 중생들로 하여금 위없는 계율에 머물도록 하며, 그리하여 일체지에서 물러나지 않아 아뇩다라삼먁삼보리를 얻고 무여열반에 들게 한다. 그래서 스스로를 제도하고 남도 제도하며, 스스로 해탈하고 남도 해탈케 하며, 스스로 열반에 들고 남도 열반에 들게 한다.

이 지계바라밀 역시 중생들이 본성대로 사는 중생의 바람직한 삶의 모습이다.

이처럼 보살은 자신만 제도해서는 보살이 아니다. 다른 중생들로 하여금 보시하고 계를 지니도록 해주어야 보살이다. 그래서 그 중생들도 다시 다른 중생들로 하여금 보시하고 계를 지니도록 해 주어야 바라밀행이 되는 것이다. 십바라밀 모두 자신만을 위해서가 아니라 중생을 위해서 중생들이 십바라밀행을 할 수 있도록까지 하여야 바라밀행이 됨을 잘 보여 주고 있다.

(3) 무위역행(無違逆行)에서는 인욕바라밀로 중생을 어기지 않는다. 사물의 이치를 수순하고 인내하여 중생을 어김이 없음이다.

보살은 항상 참는 법을 닦아 겸손하고 공경하여, 스스로를 해치지 않고 남도 해치지 않는다. 중생에게 법을 말하여 그들이 모든 나쁜 것을 여의고 항상 참고 견디며 화평하게 살도록 한다.

보살은 이와 같이 참는 법을 성취할 때 남으로부터 온갖 나쁜 말을 듣거나 심지어 생명이 위태롭게 될지라도, 마음이 흔들리지 않는다. 왜냐면, 보살은 생각하기를, 이 몸은 공적(空寂)하여 나도 없고 내 것도 없으며, 괴롭고 즐거움이 모두 없는 줄 알기 때문이다.

모든 것이 공한 것을 내가 이해하고 남들에게 널리 말하여 중생들을 이롭게 하고 나아가게 한다.

(4) 무굴요행(無屈撓行)에서는 정진바라밀로 도에 정진하여 퇴굴함이 없어 굽히지 않는다. 보살은 성품이 스스로 부끄러워할 줄 알므로, 한 중생이라도 괴롭게 하지 않으려고 정진을 한다.

오로지 모든 번뇌를 끊기 위해 정진을 하고, 모든 의혹의 근본을 뽑기 위해 정진을 하며, 익힌 버릇들을 제거하기 위해 정진하며, 모든 중생계를 알기 위해 정진한다.

보살은 자신의 힘으로써 중생들을 영원히 온갖 고통에서 벗어나게 할 것이며, 모든 세계에서 일체 중생에게 끝까지 무여열반을 얻게 한다. 이것이 네번째의 굽히지 않는 행이다.

(5) 무치란행(無痴亂行)에서는 선정바라밀로 정혜가 바르고 밝아서 어리석음과 어지러움이 없다. 보살은 바른 생각을 성취하여 마음이 산란하지 않고 견고하여 흔들리지 않으며 미혹이 없다. 생각이 바르므로 세간의 모든 언어를 잘 알고 출세간법의 말을 할 수 있다. 보살은 수많은 세월을 지내도 정법을 잊지 않고 항상 기억한다.

보살은 잠깐 동안에 수없는 삼매를 얻어 갖가지 소리를 듣더라도 마음이 산란치 않고, 삼매가 점점 더 깊어지게 한다. 예를 들면 사람을 몹시 두렵게 하는 소리, 마음을 기쁘게 하는 소리, 마음을 기쁘지 않게 하는 소리, 귀를 시끄럽게 하는 소리 등도 보살의 마음을 흔들리게 하지 못한다. 모든 음성을 사유 관찰하여 그 성질을 잘 안다.

그리고 이와 같이 생각한다. '내가 마땅히 일체 중생으로 하여금 위없는 청정한 생각에 편안히 머물러 일체지에서 물러나지 않고 마침내 무여열반을 성취하게 하리라.' 이것이 다섯째의 어리석음과 어지러움을 떠난 행이다.

(6) 선현행(善現行)에서는 반야바라밀로 경계와 지혜가 훤출히 밝아 잘 나타난다. 보살은 몸으로 짓는 업이 청정하고, 말로 짓는 업이 청정하고, 생각으로 짓는 업이 청정하여, 얻을 것 없는 데에 머물러서 얻을 것 없는 몸과 말과 생각의 업을 보인다. 이 세 가지

업이 모두 없는 것인 줄 알며, 허망함이 없으므로 얽매임도 없다.

실제와 같은 마음에 의지하여 한량없는 마음의 바탕을 알며, 세간을 초월하여 의지할 데가 없다. 분별을 떠나 속박이 없는 법에 들어갔고, 가장 뛰어난 지혜의 진실한 법에 들어갔고, 세간에서는 알 수 없는 출세간법에 들어갔으니 이것이 보살의 선교방편으로 생기는 모양을 나타내는 것이다.

보살은 또 이렇게 생각한다. '이 중생이 성숙되지 못하고 조복되지 못했는데 그냥 버려두고 나만 위없는 보리를 증득한다는 것은 차마 못할 일이다. 그러니 내가 먼저 중생을 교화하면서 무량겁을 두고 보살행을 닦아, 성숙하지 못한 이를 먼저 조복하게 하리라.' 이것이 여섯째의 잘 나타내는 행이다.

(7) 무착행(無着行)에서는 방편바라밀로 중생을 포섭하되 집착이 없다. 보살은 집착이 없는 마음으로 순간마다 무수한 세계를 청정하게 장엄하면서도 그 세계에 집착하는 마음이 없다.

순간순간 많은 부처님을 뵙지만 부처님께 집착하는 마음이 없고, 보살행을 행하면서도 부처님 법에 집착하지 않는다.

보살은 법계에 깊이 들어가 중생을 교화하면서도 중생에게 집착하지 않는다. 보살은 이와 같이 집착이 없기 때문에 부처님의 법 안에 있으면서도 마음에 장애가 없어 부처님의 보리를 알고, 법의 계율을 증득하고, 부처님의 바른 가르침에 머문다. 보살행을 닦고, 보살의 마음에 머물고, 보살의 해탈법을 생각하면서도 보살이 머무는 데에 물들지 않고 보살의 행하는 데에 집착하지 않고, 보살도를 청정하게 하여 보살의 수기를 받는다.

보살은 중생을 위해서 시방세계의 낱낱 국토에서 무량겁을 지내면서 교화하고 성숙하게 할 것이며, 이 한 중생을 위해서 하듯이 일체 중생을 위해서도 그와 같이 할 것이다. 끝까지 이 일을 위해 싫어하거나 고달픈 생각을 내어 그냥 버려두고 떠나지 않을 것이다.

(8) 난득행(難得行)에서는 원바라밀(願波羅蜜)로 대원을 성취하여 얻는다.

보살은 얻기 어려운 선근 내지 부처님과 성격이 같은 선근 등을 성취하였다. 보살이 모든 행을 닦을 때 불법 중에서 가장 뛰어난 이해를 얻고, 부처님 보리에서 가장 넓고 큰 이해를 얻는다. 보살의 서원에는 조금도 휴식이 없고, 모든 겁이 다하여도 지치거나 게으름이 없으며, 온갖 고통에도 싫은 생각을 내지 않으며, 대승의 소원을 항상 버리지 않는다.

보살은 중생이 있는 것 아닌 줄 알지만 일체 중생을 버리지 않으며 중생의 수효에 집착하지 않는다. 한 중생을 버리고 많은 중생에게 집착하지도 않고, 많은 중생을 버리고 한 중생에게 집착하지도 않는다. 중생계가 늘지도 않고 줄지도 않으며, 나지도 않고 멸하지도 않으며, 다하지도 않고 자라지도 않으며, 중생계를 분별하지도 않고 둘로 하지도 않는다. 왜냐하면, 보살은 중생계와 법계가 같은 데에 깊이 들어가 중생계와 법계가 둘이 없는 것을 알기 때문이다.

다만 중생을 위해 보살도를 닦으면서 그들로 하여금 안온한 피안에 이르러 위없는 보리를 이루게 하려는 것이다. 이것이 여덟째의 얻기 어려운 행이다.

(9) 선법행(善法行)에서는 역바라밀(力波羅蜜)의 힘으로 법을 설

한다. 보살은 모든 중생들을 위하여 시원한 법의 못이 되어 바른 법을 거두어 지녀 부처 종자가 끊어지지 않게 한다.

보살은 일체 중생의 집이 되니 모든 선근을 기르기 때문이며, 일체 중생의 돌아갈 곳이 되니 큰 의지처를 주기 때문이며, 일체 중생의 스승이 되니 진실한 법에 들어가도록 하기 때문이며, 일체 중생의 등불이 되니 그들에게 업보를 환히 보게 하기 때문이다.

이것이 아홉째의 법을 잘 말하는 행이니, 보살이 이 행에 머무르면 일체 중생을 위해 시원한 못이 되어 모든 불법의 근원을 다하게 된다.

(10) 진실행(眞實行)에서는 지바라밀(智波羅蜜)로 진실한 행을 이룬다.

보살은 진실하고 참된 말을 성취하여 말한 대로 행하고 행한 대로 말한다. 보살은 삼세 부처님들의 진실한 말을 배우고, 부처님들의 종성에 들어가고, 부처님들과 선근이 같고, 여래를 따라 배워서 부처님과 같은 지혜가 성취되어 보살행을 버리지 않는다. 일체 중생을 교화하여 모두 청정하게 하기 위해서다.

보살은 이와 같은 증상심을 다시 일으킨다.

내가 만약 일체 중생에게 무상 해탈도에 이르게 하지 못하고 먼저 위없는 보리를 이룬다면, 이것은 내 본래 소원을 어기는 일이니 마땅치 않다. 그러니 반드시 일체 중생에게 위없는 보리와 무여열반을 먼저 얻게 한 후에 성불할 것이다. 왜냐하면 중생들이 내게 청하여 발심한 것이 아니고, 내가 중생에게 불청객이 되어 일체 중생에게 선근을 쌓아 일체지를 이루게 하고자 했기 때문이다.

이상의 십행위에서 보살이 십바라밀을 행하는 것은 그 바탕에 제법존재가 무상하고 공임을 철저히 인식하기 때문이다. 보살은 모든 부처님도 그림자 같으며, 보살행이 꿈과 같고, 부처님의 설법은 메아리 같은 줄 관하기 때문이다.

22. 십무진장품

〈십무진장품〉에서는 믿음의 무진장 [信藏]을 비롯하여 계장(戒藏)·참장(懺藏)·괴장(愧藏)·문장(聞藏)·시장(施藏)·혜장(慧藏)·염장(念藏)·지장(持藏)·변장(辯藏) 등 10가지 다함없는 무진장행을 설하여 보살들로 하여금 필경에 무상보리를 성취케 한다.

장(藏)은 출생과 함장의 뜻이 있으니 만덕을 포섭함과 묘용을 출생함이 무진함을 나타낸다.

이 십무진장행으로써 앞에서 말한 10행의 법을 이루어 무진케 하고, 다음에 올 십회향의 법을 이뤄서 나아가게 한다.

화엄경의 내용 ⑦ - 제5회 3품

제5회의 주요 내용은 10회향법문이다.

23. 승도솔천궁품

세존께서는 다시 위신력으로 보리수 아래 내지 야마천궁을 떠나지 않고서 도솔천으로 향하셨고, 도솔천왕에 의해 설법처가 마련되었다.

24. 도솔궁중게찬품

부처님의 위신력으로 금강당보살을 위시하여 당(幢)자가 돌림자인 견고당·용맹당·광명당·지당·보당·정진당·이구당·성수당·법당보살 등 10보살들이 수많은 보살들과 함께 부처님 계신 데이르렀다. 이 제5회의 설주는 금강당보살이니 금강은 지혜를, 당은 지혜를 바탕으로 한 자비의 기치를 말한다.

그때 세존께서 두 무릎으로 광명을 놓아 시방법계를 두루 비추며 신통을 나투셨다. 10대보살이 차례로 게송으로 부처님 세계를 찬탄하였다. 아래 게송은 금강당보살이 찬탄한 게송 가운데 하나이다.

색신이 부처 아니며   色身非是佛
음성 또한 그러하나   音聲亦復然
색신과 음성을 떠나서   亦不離色聲
부처님 신통력을 보는 것도 아니다. 見佛神通力

《금강경》에서는

만약 색으로 나를 보거나   若以色見我
음성으로 나를 구하면   以音聲求我
이 사람은 삿된 도를 행하는 것이요 是人行邪道
여래를 볼 수 없다.   不能見如來

라고 하였으나, 《화엄경》에서는 법신이 색신을 통해서 중생 앞에 나타나시는 것이다.

《금강경》 오가해의 종경송에 보면, "보신(報身) 화신(化身)은 참 되지 않고 마침내 허망한 인연이요, 법신이 청정하여 광대함이 끝이 없다. 천강에 물이 있으면 천강의 달이요, 만리에 구름없음에 만리의 하늘이다"라고 하였다. 법신이 응·화신으로 나타나시는 것이다. 보살이 중생들에게 회향하는 모습은 헤아릴 수 없이 많은 몸으로 나투어진다고 하겠다. 우리는 석가모니불도 천백억화신 석가모니불로 모시고 있다.

25. 십회향품

금강당보살이 보살지광삼매에서 일어나 보살로 하여금 부처님의
회향을 닦아 배우도록 하였다. '회'는 돌리는 것[轉]이고 '향'은 나
아가는 것[趣]이다. 십회향은 다음과 같다.

(1) 일체 중생을 구호하면서도 중생이라는 생각을 떠난 회향(救護 一切
   衆生離衆生相廻向)〈回自向他〉

이는 자신을 돌려서 타인에게로 향하게 한다는 회자향타(回自向
他)로 요약되고 있다. 보살에게 선근이 있을지라도 만일 일체 중생
을 요익되게 하고자 하지 않으면 회향이라 할 수 없다.

여기서 보살이 보시바라밀을 행하고, 지계바라밀을 맑히고, 인욕
바라밀을 닦고, 정진바라밀을 일으키고, 선정바라밀에 들어가고, 반
야바라밀에 머물러 대자·대비·대희·대사 등 사무량심으로 무량
선근을 닦아 두루 중생을 이롭게 하고 일체지를 얻게 한다. 보살마
하살이 선근을 닦을 때, '이 선근으로 일체 중생을 두루 이롭게 하
여 모두 청정케 해서 마침내는 영원히 고통을 떠나게 하여지이다'
라고 회향한다.

보살마하살은 모든 선근으로 이와 같이 회향하여, 일체 중생에게
평등하게 이익을 주며 마침내 모두 일체지를 얻게 한다.

(2) 깨뜨릴 수 없는 회향(不壞廻向)〈回小向大〉

불괴회향은 깨뜨릴 수 없는 믿음을 얻어 안주하여 그 선근을 중
생에게 광대히 회향하는 것이다. 비록 선근이 적으나 널리 중생을
포섭하여 환희심으로써 광대히 회향한다.

보살은 부처님 계신 데서 깨뜨릴 수 없는 믿음을 얻으니 모든 부처님을 다 받들어 섬기기 때문이다. 보살들과 내지 처음 한 생각을 내어 일체지를 구하는 이에게서까지 깨뜨릴 수 없는 믿음을 얻으니 모든 보살의 선근을 서원하고 닦으면서 지칠 줄을 모르기 때문이다. 모든 불법에서 깨뜨릴 수 없는 믿음을 얻으니 수호하고 머물러 지니기 때문이며, 일체 중생에게 깨뜨릴 수 없는 믿음을 얻으니 인자한 눈으로 평등하게 보고 선근으로 회향하여 널리 이롭게 하기 때문이다.

보살이 이와 같은 깨뜨릴 수 없는 믿음에 안주할 때 보리심을 더욱더 자라게 하며, 부처님들의 지으신 일을 따라 배운다.

(3) 모든 부처님과 동등한 회향(等一切諸佛廻向)〈回自己因行 向他因行〉

모든 부처님께서 회향하시는 도를 따라 배워 중생을 이롭게 하는 회향이다. 보살이 모든 선근으로써 부처님께 회향해 마치고 다시 이 선근으로써 일체 보살에게 회향하고 내지 중생에게 회향한다.

보살은 모든 부처님께서 회향하는 도를 배울 때 모든 색과 내지 법의 육진경계가 아름답거나 추함을 보더라도 애증을 내지 않아 마음이 자재하며, 허물이 없어 청정하며, 기쁘고 즐거워서 근심 걱정이 없으며, 마음이 부드러워 여러 감관이 상쾌하다.

보살이 이와 같은 안락을 얻었을 때 또다시 발심하여 부처님들께 회향한다. 즉, '내가 지금 심은 선근으로 부처님의 낙이 더욱 늘어나게 하여지이다' 한다. 이런 선근으로 부처님께 회향하고 다시 이 선근으로 보살에게 회향한다. 즉, 원이 채워지지 않는 이는 가득 채워지게 하고, 마음이 맑지 못한 이는 청정하게 한다.

보살이 선근으로써 이같이 보살에게 회향하고는 다시 일체 중생에게 회향한다. 일체 중생이 심은 선근이 아무리 적더라도 한 순간에 부처님을 보고 법을 듣고 스님들을 공경하여지이다고 원한다.

따라서 이상의 셋을 중생회향이라 한다.

(4) 모든 곳에 이르는 회향(至一切處廻向) 〈回因向果〉

보살이 선근 공덕의 힘으로 모든 곳에 이르는 회향이다. 보살이 선근을 닦을 때 선근 공덕의 힘으로 모든 곳에 이르러지이다고 한다. 이 선근이 모든 여래의 처소에 두루 이르러 삼세의 모든 부처님께 공양하고 내지 온갖 공양거리로 공양하여 한량없고 끝이 없는 세계에 충만하여지이다고 한다.

(5) 다함이 없는 공덕장 회향(無盡功德藏廻向) 〈回劣向勝〉

보살이 모든 선근을 회향하여 불국토를 장엄하는 회향이다. 범부와 이승의 복을 수희하여 무상보리에 회향한다.

보살은 모든 업장을 참회하고 일으킨 선근과, 삼세 모든 부처님께 예경하고 일으킨 선근, 모든 부처님께 설법해 주시기를 청하여 일으킨 선근, 부처님의 설법을 듣고 부지런히 수행하여 광대한 경계를 깨닫고 일으킨 선근, 모든 부처님과 중생의 선근을 모두 따라 기뻐해서 일으킨 선근들이 있다. 보살은 이와 같은 선근 등을 모두 회향하여 모든 부처님의 국토를 장엄한다.

(6) 모두 평등한 선근에 들어가는 회향(入一切平等善根廻向) 〈回比向證〉

온갖 보시 등을 통하여 견고한 일체 선근에 수순하는 회향이다. 보살의 견고한 일체 선근을 따르는 회향이란 보살의 그 위덕이 널리 퍼지어 중생을 구제함을 말한다. 그리하여 많은 권속이 있어 다른 이들이 저해할 수 없다.

왜냐하면 온갖 보시를 구족하게 행하며, 부처님의 정법을 보호·유지하기 위해서라면 어떤 고초라도 달게 받으며, 법을 구할 때 한 글자를 위해서라도 모든 소유를 죄다 버리며, 항상 바른 법으로 중생들을 교화하여 선행을 닦고 악행을 버리게 하며, 중생들이 남을 해롭게 하는 것을 보면 자비심으로 구원하여 죄업을 버리게 한다.

보살마하살이 이와 같이 보시할 때 잘 거두는 마음을 내어 회향한다. 이른바 색을 잘 거두어 견고한 일체 선근에 수순하며, 수·상·행·식을 잘 거두어 견고한 일체 선근에 수순한다.

따라서 이 셋을 보리회향으로 묶을 수 있다. 이하는 실제회향이다.

(7) 일체 중생을 평등하게 따라주는 회향(等隨順一切衆生廻向)〈回事向理〉

이는 보시 등의 선근을 쌓아 모아서 평등하게 일체 중생을 수순하는 회향이다. 보살은 가는 데마다 모든 선근을 쌓아 모은다. 크고 작은 선근을 비롯하여, 모든 보시·지계·인욕·정진·선정·지혜 등을 기르는 선근이다.

보살마하살은 모든 선근으로 일체 중생이 모든 험난한 곳을 떠나 일체지를 얻어지이다고 회향한다. 보살이 이와 같이 회향할 때 모든 공덕이 청정하고 부처님의 평등을 얻는다.

(8) 진여인 모양의 회향(眞如相廻向)〈回差別行向圓融行〉

진여상과 같이 보살이 항상 선한 마음으로 선근을 회향하는 것이다. 선근으로 항상 원만하고 걸림없는 신(身)·구(口)·의(意) 삼업을 성취하여 대승에 안주하고 보살행을 맑게 닦아지이다고 원한다. 보살이 항상 선한 마음으로 회향하기를 진여가 모든 곳에 두루하여 끝이 없듯이, 선근의 회향도 모든 곳에 두루하여 끝이 없고자 한다.

진여가 끝까지 청정하여 온갖 번뇌와 함께 하지 않듯이, 선근의 회향도 일체 중생의 번뇌를 없애고 청정한 지혜를 원만케 한다.

(9) 집착도 속박도 없는 해탈회향(無縛無著解脫廻向)〈回世向出世〉

집착과 속박이 없는 해탈한 마음으로 회향하는 것이다. 보살은 모든 선근을 존중한다. 부처님께 예경하고, 합장 공양하고, 탑에 정례하고, 부처님의 설법을 청하는 데 마음으로 존중하나니, 이런 여러 가지 선근에 모두 존중하여 수순한다.

보살은 여러 선근으로 집착과 속박이 없는 해탈한 마음으로 보현의 광대한 정진을 일으킨다. 부처님들이 보살로 계실 때 닦으시던 회향과 같이 회향한다. 모든 부처님들의 회향을 배우며, 모든 부처님들의 회향하시는 길을 따른다. 세간과 세간법을 분별하지 않으며, 중생을 조복하거나 조복하지 않음을 분별하지 않으며, 자신과 타인을 분별하지 않는다.

(10) 법계와 평등한 무량회향(等法界無量廻向)〈回順理事向所成事〉

이는 법보시를 비롯하여 모든 청정한 법으로 법계와 평등한 한량없는 회향을 말한다. 보살마하살은 법사의 자리에 있으면서 법보시를 널리 행한다. 큰 자비심을 일으켜 중생들을 보리심에 편히 있게 하며, 중생들을 위해 깨뜨릴 수 없는 견고한 선지식이 되어 선근이 자라서 성취하게 한다.

법보시한 선근으로써 회향하여 보현의 한량없고 끝없는 보살의 행과 원을 원만하게 성취하며, 허공과 법계의 모든 부처님 세계를 청정하게 장엄하며, 일체 중생들에게도 이와 같이 끝없는 지혜를 두루 성취하여 모든 법을 알게 한다.

이상과 같이 10종회향은 십바라밀이 체가 된다. 그리고 삼처회향 (三處廻向)으로 묶을 수 있으니 중생회향·보리회향·실제회향이다. 자기만행을 돌이켜서 삼처에 향하는 것이다. 사찰에서는 상단을 향하여 항상 '삼처에 회향하여 다 원만하여지이다[廻向三處悉圓滿]'이라 축원하고 있다.

원효대사는 《화엄경》을 이 〈십회향품〉까지만 주석한 후 절필하고는 회향하러 중생 속으로 뛰어들었다고 한다. 원효가 주석한 《화엄경》은 물론 《육십화엄》일 것이다. 《육십화엄》은 〈십회향품〉이 〈금강당보살십회향품〉으로 되어 있다. 이 십회향은 원의 성격이 강하여 십회향원으로 일컬어지고도 있다.

화엄경의 내용 8 - 제6회 십지품

제6회는 십지법문을 설하는 〈십지품〉 한 품이다. 따라서 이 〈십지품〉은 다른 회에서 설법좌가 마련되는 부분까지 〈십지품〉 내에 함께 교설되어 있다.

26. 십지품

십지사상은 인도 대승불교사상사의 전개과정에서 뺄 수 없는 주맥이 되고 있는 사상이 아닌가 여겨지고도 있다.

십지사상이 마하바스투의 십지에서 《대품반야경》의 십지로, 이것이 다시 《보살본업경》의 십지를 거쳐 《십지경》의 십지로 완성되며, 그것이 유가행자에 의해 보살행으로 실천화되는 것으로 전개한다는 것이다. 그리하여 이 십지사상을 본생십지·반야십지·본업십지·화엄십지·유가행십지로 크게 나누어 보기도 한다.

《화엄경》의 〈십지품〉에서는 앞에서 제3회 4회 5회 등에서 살펴본 십주와 십행과 십회향을 통틀어 포섭하는 십지보살행이 시설된다. 이 십지보살행은 화엄이 일승임을 잘 보여 주고 있다.

이 십지법문은 타화자재천궁에서 이루어진다. 금강장보살이 보살대지혜광명삼매에 들었다가 십지를 설했으니 여기서 지(地)란 지혜의 지이다. 십지의 이름은 다음과 같다.

환희지(歡喜地 : 기쁨에 넘치는 지위)

이구지(離垢地 : 번뇌의 때를 벗은 지위)

발광지(發光地 : 지혜의 광명이 나타나는 지위)

염혜지(焰慧地 : 지혜가 매우 치성한 지위)

난승지(難勝地 : 진제와 속제를 조화하여 매우 이기기 이려운 지위)

현전지(現前地 : 지혜로 진여를 나타내는 지위)

원행지(遠行地 : 광대한 진리의 세계에 이르는 지위)

부동지(不動地 : 다시 동요하지 않는 지위)

선혜지(善慧地 : 바른 지혜로 설법하는 지위)

법운지(法雲地 : 대법우를 비내리는 지위)

(1) 환희지(歡喜地)

환희지는 10가지 원을 성취하며, 보시섭(布施攝)과 보시바라밀로 기쁨에 넘치는 지위이다.

만약 보살이 선근을 깊이 심고 모든 행을 잘 닦고 내지 광대한 지혜를 내면 자비가 앞에 나타나서 범부의 처지를 뛰어넘어 보살의 지위에 들어가서 여래의 집에 태어난다. 이때가 환희지에 머무는 때이다.

여래의 집에 태어난다[生如來家]는 말씀은 《화엄경》에서 여러 번 보인다. 그것은 앞의 초발심주와 이곳 초지, 그리고 제4지에서도 보이고 있다. 이것은 비심(悲心)이 점점 증대됨에 그 차이가 보인다.

보살이 환희지에 머물면 모든 두려움이 다 사라지며 10가지 큰 원을 성취한다. 그 십대원은 ① 일체 부처님께 공양하는 원 ② 불법을 수호하는 원 ③ 법륜 굴리기를 청하는 원 ④ 모든 바라밀을 수행하는 원 ⑤ 중생을 교화하는 원 ⑥ 세계를 잘 분별하는 원 ⑦ 불토를 청정히 하는 원 ⑧ 항상 보살행을 떠나지 않는 원 ⑨ 보살도를 행하여 이익을 주는 원 ⑩ 아뇩다라삼먁삼보리를 이루는 원이다.

이를 청량징관은 공양원(供養願)·수지원(受持願)·전법륜원(轉法輪願)·수행이리원(修行二利願)·성숙중생원(成熟衆生願)·승사원(承事願)·정토원(淨土願)·불리원(不離願)·이익원(利益願)·성정각원(成正覺願)으로 이름하고 있다.

보살이 환희지에 머물러 이렇게 큰 서원을 내니, 만일 중생계가 끝나면 이 원도 끝나려니와 중생계가 다할 수 없으니 이 원의 선근도 다함이 없다고 한다.

《화엄경》의 원으로서는 앞에서 140원, 10회향원을 보았고, 이곳 초지에서 10대원을 만났는데 앞으로 〈여래출현품〉에서도 여래성기원이 설해지고 있다. 의상은 이러한 원을 들면서 원에 의해 부처가 된다고 해서 10불 중에 원불을 말씀하고도 있다. 이외에도 《사십화엄》에서는 보현보살의 10대행원을 설하고 있다.

이 십대원 중 제7원에서는 '일체 국토가 한 국토에 들어가고 한 국토가 일체 국토에 들어간다'는 상입(相入)으로 체계화되고도 있다.

그런데 특히 제4원이 화엄교학에서 대단히 중시되고 있다. 모든 바라밀을 수행하는데 있어서 총상(總相)·별상(別相)·동상(同相)·이상(異相)·성상(成相)·괴상(壞相)으로 닦기를 원하는 이 원은 후에 육상원융설로 체계화되기 때문이다. 다음은 제4원의 내용이다.

또 원을 일으키되 일체 보살행이 넓고 크고 한량없어서 무너지지 않고 잡되지 않으며 모든 바라밀을 거두어서 모든 지를 깨끗이 다스리며, 총상·별상·동상·이상·성상·괴상의 있는바 보살행을 다 여실히 설하여 일체를 교화해서 그로 하여금 받아 행하여 마음이 증장함을 얻게 하여지이다.

보살이 육상으로 모든 바라밀행을 설해서 중생으로 하여금 닦아 마음이 증장케 하는 원을 일으킨다. 이는 후에 육상원융설로 체계화되면서 화엄교학의 골격이 되고 있다. 육상원융에 대해서는 후에 살펴보기로 한다.

그런데 이 환희지에서는 또 보시섭과 보시바라밀로 기쁨에 넘치는 지위로 되어 있으니, 여기서는 단지 보시바라밀을 중심으로 한 제바라밀을 동상 내지 괴상으로 닦아지이다고 발원한 것을 간단히 살펴보겠다.

화엄보실도는 총성이며, 보시바라밀 내지 지바라밀 각각은 별상이다. 십바라밀의 모든 연이 서로 위배되지 아니하여 보살도의 전체 모습이 되는 것이 동상이며, 보시바라밀 등 각 바라밀이 각기 다른 양상을 띠고 있음은 이상이다. 성상은 모든 바라밀에 의해 보살도의 공용이 이루어지며, 괴상은 보시바라밀은 보시바라밀의 공덕이 있고 내지 지바라밀은 지바라밀의 공덕이 있는 것이다.

그러므로 육상원융적으로 볼 때 보시바라밀이 곧 화엄보살도이다. 보시바라밀이 없으면 온전한 보살도가 이루어지지 않기 때문이다. 보시바라밀이 지계바라밀 내지 지바라밀과 다르며 주(住)·행(行)·향(向)·지(地) 각위에 보시바라밀부터 차제로 닦아가도록 시설되어 있기는 하나, 또 반드시 보시바라밀을 다 닦아 마친 후에 지계바라밀을 닦고 보시와 지계를 다 닦아 마친 후에 다시 인욕바라밀 내지 지바라밀을 닦아가서 보살도가 완성되는 것은 아니다. 십바라밀이 각각 차별하여 하나가 아니면서도 무애원융하다. 보시바라밀이 자기 자리를 움직이지 않고 모든 바라밀을 포섭하여 보살도가 이루어진다.

따라서 원융수행법이 이루어지기에 초발심 때에 정각을 이룰 수 있는 것이다. 처음 발심을 하는 자리인 초발심주에서는 보시바라밀을 치우쳐 닦도록 시설하고 있다. 보시바라밀이 주(主)가 되고 여타바라밀은 반(伴)이 되는 것이다. 그런데 그 초발심주에서 또한 초발심시에 곧 아뇩다라삼먁삼보리를 얻는다. 《육십화엄》에서는 초발심시변정각이라고 하였다. 이는 보시바라밀로 정각을 이루고 일체 중생으로 하여금 불종성을 이어가게 한다고도 간주될 수 있을 것이다. 이후 전개되는 모든 보살계위에서의 제바라밀행은 화엄보살도가 그러하듯이 부처님 세계의 갖가지 장엄이라 하겠다.

(2) 이구지(離垢地)

이구지는 십선업도(十善業道)를 행하고 애어섭(愛語攝)과 지계바라밀로 모든 번뇌의 때를 여의는 지위이다. 10가지 깊은 마음을 일으켜 제2지에 들어간다. 즉, 정직한 마음[正直心]·부드러운 마음[柔軟心]·참을성 있는 마음[堪能心]·조복한 마음[調伏心]·고요한 마음[寂靜心]·순일하게 선한 마음[純善心]·잡되지 않는 마음[不雜心]·그리움 없는 마음[無顧戀心]·넓은 마음[廣心]·큰 마음[大心]이다.

이구지보살은 성품이 일체 악업을 멀리 여읜다.

①성품이 저절로 일체 살생을 멀리 여의어서, 칼 등의 살생도구를 두지 아니하고, 원한을 품지 아니하고, 일체 중생에게 항상 이익하고 사랑하는 마음을 낸다. 보살은 중생이라는 생각을 내면서 거치른 마음으로 살해하는 일이 없다.

②성품이 훔치지 않는다. 보살이 자기의 재산에 만족함을 알고 다른 이에게는 인자하고, 다른 이에게 소속한 물건에는 남의 것이라는 생각을 내어 훔치려는 마음이 없고, 풀잎 하나라도 주지 않는 것은 가지지 않는다.

③성품이 사음하지 않는다. 보살이 자기의 아내에 만족함을 알고 다른 처를 구하지 않는다. 다른 이의 처첩이나, 다른 이가 보호하는 여자에게 탐하는 마음도 내지 않는다.

④성품이 거짓말하지 않는다. 보살이 항상 진실한 말과 참된 말과 시기에 맞는 말을 하고, 꿈에서라도 거짓말 하려는 마음이 없다.

⑤성품이 이간하는 말을 하지 않는다. 보살이 이간하는 마음이 없고 해치려는 마음도 없다. 이간하는 말은 실제거나 실제가 아니거나 말하지 아니한다.

⑥성품이 나쁜 말을 하지 않는다. 이른바 해롭게 하는 말, 거치른 말, 남을 괴롭히는 말, 남을 성내게 하는 말 등은 모두 버린다. 항상 윤택한 말, 부드러운 말, 뜻에 맞는 말, 여러 사람이 기뻐하는 말, 몸과 마음이 희열한 말을 한다.

⑦성품이 번드르한 말을 하지 않는다. 보살은 언제나 잘 생각하고 하는 말, 시기에 맞는 말, 진실한 말, 의로운 말, 법에 맞는 말을 좋아한다. 보살은 웃음거리로라도 항상 생각하고 말한다.

⑧성품이 탐욕부리지 않는다. 보살이 남의 재물이나 다른 이의 생활용품에 탐심을 내지 않고 원하지 않고 구하지 않는다.

⑨ 성품이 성내지 않는다. 보살이 일체 중생에게 항상 자비한 마음을 낸다.

⑩ 또 성품에 삿된 소견이 없다. 보살이 바른 길에 머물러서 불·법·승 삼보에 결정한 신심을 낸다.

보살이 이와 같이 10가지 선한 법[十善業道]을 행하여 항상 끊임이 없다.

이 보살이 4가지로 거두어 주는 법[四攝法] 중에서는 사랑스러운 말[愛語]이 치우쳐 많고, 십바라밀 중에서는 지계바라밀이 치우쳐 많으니, 다른 것을 행하지 않는 것은 아니지만 힘을 따르고 분수를 따를 뿐이다.

소승계와 대승보살계, 또는 사계(事戒)와 이계(理戒)는 차이가 있다. 소승계인 사계는 표업만 범계가 되나 대승보살계는 무표업 또한 범계가 된다. 예를 들면 소승계는 직접 살생을 하지 않으면 죄가 성립되지 않는다. 그러나 보살계는 마음으로 생각만 해도 파계가 된다. 그것은 보살은 성품 자체가 살생과는 전혀 거리가 멀기 때문이다. 또 보살은 일체 중생이 살생을 하지 않도록까지 해 주어야 살생계를 지키는 것이 된다.

(3) 발광지(發光地)

발광지는 10법, 특히 삼법인을 관하고 이행섭(利行攝)과 인욕바라밀로 지혜의 광명이 나타나는 지위이다.

보살이 제3지에 머물고는 모든 유위법의 실상을 관찰한다. 즉 유위법은 무상하고, 괴롭고, 부정하고, 안온하지 못하고, 파괴하고, 오래 머물지 못하고, 찰나에 났다 없어지고, 과거에 생한 것도 아니고, 미래로 가는 것도 아니고, 현재에 있는 것도 아니다.

이 법을 관찰하면 모든 유위법에 대하여 싫어함이 배나 더하여 부처님 지혜로 나아간다. 보살은 이와 같이 여래의 지혜가 한량없이 이익함을 보고, 모든 유위법은 한량없이 걱정되는 줄을 보므로, 일체 중생에게 10가지 불쌍히 여기는 마음을 낸다.

보살이 발광지에 머물면 4선과 4무색정에 머물고 한량없는 신통력을 얻는다. 사섭법 중에는 이행섭이 수승하고 십바라밀 중에는 인욕바라밀이 수승하니, 다른 것을 닦지 아니함은 아니지만, 힘을 따르고 분수를 따를 뿐이다.

제12강

화엄경의 내용 9 - 십지보살행

(4) 염혜지(焰慧地)

염혜지는 삼십칠조도품(三十七助道品)을 닦고 동사섭(同事攝)과
정진바라밀로 지혜가 매우 치성하는 지위이다. 보살이 이 염혜지에
머물면, 지혜로써 여래의 가문에 태어난다. 삼십칠조도품은 다음과
같다.

사념처(四念處) : 관신부정(觀身不淨) · 관수시고(觀受是苦) · 관심
무상(觀心無常) · 관법무아(觀法無我)

사정근(四正勤 혹은 四正斷) : 이생악령단(已生惡令斷) · 미생악령
불생(未生惡令不生) · 이생선령증장(已生善令增長) · 미생선령생
(未生善令生)

사여의족(四如意足, 四神足) : 욕(欲) · 정진(精進) · 심(心) · 사유
(思惟)

오근(五根) : 신(信) · 진(進) · 염(念) · 정(定) · 혜(慧)

오력(五力) : 신(信) · 진(進) · 염(念) · 정(定) · 혜(慧)

칠각분(七覺分) : 택법(擇法) · 정진(精進) · 희(喜) · 의(猗) · 사(捨)

·정(定)·염(念)

팔정도(八正道)：정견(正見)·정사유(正思惟)·정어(正語)·정업
(正業)·정명(正命)·정정진(正精進)·정념(正念)·정정(正定)

(5) 난승지(難勝地)

난승지는 진제와 속제를 조화하여 이기기 어려운 지위이니, 고집
멸도(苦集滅道) 사성제(四聖諦)와 선정바라밀을 주로 닦는다.

난승지에서는 또 보살이 중생을 이익되게 하기 위하여 세간의
기예를 모두 익힌다. 중생을 이익되게 하는 일이면 모두 열어 보여
서 점점 위없는 불법에 머물게 한다. 중생을 이익되게 하기 위하여
문자와 산수와 약방문과 글씨와 시와 노래와 춤과 풍악과 연예와
웃음거리와 재담 등을 다 잘하며, 나무와 꽃과 약초들을 계획하고
가꾸는 데 묘리가 있고, 금·은·마니·진주·유리·보배·옥·보
석·산호 등의 있는 데를 다 알아 파내어 사람들에게 보이며, 산수
가 좋고 나쁜 것을 잘 관찰하여 조금도 틀리지 아니한다.

(6) 현전지(現前地)

현전지는 세간 출세간의 일체 지혜가 다 나타나는 지위이니, 십
이연기[無明·行·識·名色·六入·觸·受·愛·取·有·生·老死]를
10중으로 관하고 반야바라밀을 성취한다.

이상에서 시설된 수행법의 구체적인 내용에 대해서는 설명을 생
략하겠다. 근본불교시대부터 소승불교시대까지 시설된 기본적이고
중요한 수행방편이었던 것이다. 이곳 〈십지품〉에서는 일심에 입각
하여 일승적으로 재해석되어 십지보살도의 내용으로 들어와 있는
것이다.

(7) 원행지(遠行地)

원행지는 광대한 진리세계에 이르는 지위이니 십바라밀[布施・持戒・忍辱・精進・禪定・智慧・方便・願・力・智]을 구족하고 특히 방편바라밀을 치우쳐 닦는다. 십바라밀을 그 주된 수행덕목으로 삼고 있는 제7원행지에서는 다음과 같이 설하고 있다.

이 보살은 생각마다 항상 능히 10가지 바라밀을 구족한다. 왜냐하면 생각마다 대비로 으뜸을 삼고 부처님 법을 수행하여 부처님 지혜에 향하는 까닭이다.

있는바 선근을 부처님 지혜를 구하기 위하여 중생에게 베풀어 줌이 단나바라밀(檀那波羅蜜)이요, 일체 번뇌의 열을 멸함이 시라바라밀(尸羅波羅蜜)이요, 자비로 으뜸을 삼아 중생을 해롭히지 않음이 찬제바라밀(羼提波羅蜜)이요, 수승하고 선한 법을 구하여 만족해 싫어함이 없는 것이 비리야바라밀(毘梨耶波羅蜜)이요, 온갖 지혜의 길이 항상 앞에 나타나서 일찍이 산란하지 않음이 선나바라밀(禪那波羅蜜)이요, 모든 법이 나지도 않고 멸하지도 않음을 능히 인정하는 것이 반야바라밀(般若波羅蜜)이요, 한량없는 지혜를 능히 출생함이 방편바라밀(方便波羅蜜)이요, 상상품의 수승한 지혜를 구함이 원바라밀(願波羅蜜)이요, 모든 마군들이 능히 무너뜨릴 수 없는 것이 역바라밀(力波羅蜜)이요, 일체 법을 실제와 같이 요달해 아는 것이 지바라밀(智波羅蜜)이다. 불자여, 이 십바라밀은 보살이 생각마다 모두 구족하니라.

(8) 부동지(不動地)

부동지는 무생법인(無生法忍)을 얻어 동요하지 않는 지위이니 원바라밀을 치우쳐 닦는다. 마음과 뜻과 식으로 분별하는 생각을 여의어서 집착할 바가 없음이 마치 허공과 같으며, 일체 법의 성품이 허공과 같음에 들어서 다시는 남이 없는 법에 들게 된다.

이 부동지에서는 무공용각혜(無功用覺慧)로 일체지지의 경계를 관하며, 중생의 좋아함을 따라서 갖가지 몸을 나타내어 중생을 교화한다. 이렇게 해서 나타내 보이는 부처님 몸은 《화엄경》의 다른 품에서 보이는 십불설과 함께 후에 화엄교학에서는 이종십불설로 나타나게 된다. 이 점도 다음에 고찰하기로 한다.

(9) 선혜지(善慧地)

사무애지[法·義·辭·樂說]를 얻어 대법사가 되어 설법하는 지위이니 역바라밀이 가장 수승하다.

(10) 법운지(法雲地)

대법우를 비내리는 지위이니, 지혜바라밀이 가장 수승하다.

경에서는 이상의 십지경계를 바다의 10종 이익에 배대하여 다시 한 번 보이고 있다. 큰 바다의 10가지 이익은 다음과 같이 설해지고 있다.

① 차례로 점점 깊어진다.

② 송장을 받아두지 않는다.

③ 다른 물이 그 가운데 들어가면 모두 본래의 이름을 잃는다.

④ 모두 다 한맛이다.

⑤ 한량없는 보물이 있다.

⑥ 바닥까지 이를 수 없다.

⑦ 넓고 커서 한량이 없다.

⑧ 큰 짐승들이 사는 곳이다.
⑨ 조수가 기한을 넘기지 않는다.
⑩ 큰 비를 모두 받아도 넘치지 않는다.

십지보살의 행도 그와 같다.
① 환희지는 큰 서원을 내어 점점 깊어지는 까닭이다(십대원).
② 이구지는 모든 파계한 송장을 받지 않는 까닭이다(십선업).
이구지에서는 보살이 성품 자체에 일체 나쁜 것이 없어서 나쁜
업은 일체 지을 생각조차 없으므로 십선업도를 닦는 자리이다. 그
러므로 바다가 송장이나 나쁜 오물을 속에 담겨 두지 않고 밖으로
내보내는 공덕에 비유하고 있다. 우리도 우리의 마음 속에 일체 번
뇌를 담고 있지 않아야 할 것이다. 예를 들어서 화가 날 때 속으로
화를 참고 있다면 이는 속에 번뇌를 담고 있는 것이 되겠다. 그렇
다고 남에게 화풀이를 해서 화를 해소시키라는 것은 아니다. 화 자
체에 자성이 없어서 아예 화낼 것이 없음을 알아야 한다. 만약 그
이치가 터득이 안 돼서 그래도 화가 난다면 자비관을 닦아가도록
경에서 교설하고 있다.
③ 발광지는 세간에서 붙인 이름을 여의는 까닭이다(삼법인).
세간의 유위법을 잘 관찰하면 그 유위법이 좋아할 것이 아닌 줄
알게 되므로 가치관이 달라질 수밖에 없다.
④ 염혜지는 부처님의 공덕과 맛이 같은 까닭이다(삼십칠조도법).
보리를 돕는 수행법은 어떤 것을 닦든지 다 부처님 세계에 도달
되는 일승 수행법이 된다.
⑤ 난승지는 한량없는 방편과 신통과 세간의 보배들을 내는 까닭
이다(사성제). 이 난승지는 이기기 어려운 단계를 넘어서는 자리이

다. 세간지와 출세간지가 하나 되어서 중생을 위해 갖가지 방편을 시설하고 있는 자리이다. 모든 고통을 여의고 열반세계로 인도하는 자리이기 때문이다.

⑥ 현전지는 인연으로 생기는 깊은 이치를 관찰하는 까닭이다(12 연기). 우리 존재는 모두 상의상관의 인연 속에 있다. 이 연기의 진리는 불교의 근본진리로서 그 순역관을 통해서 생사의 고통을 해결하고 지혜를 증득하게 된다. 이 또한 다 마음에 의해서 생겨나는 깊은 도리를 관찰하는 자리이므로 바다가 깊고 깊어서 바다까지 다다를 수 없는 데 비유되고 있다.

⑦ 원행지는 넓고 큰 깨달음에 이르는 지혜를 잘 관찰하는 까닭이다(10바라밀). 모든 바라밀로 부처님의 광대한 세계에 도달하기 때문이다.

⑧ 부동지는 광대하게 장엄하는 일을 나타내는 까닭이다(무생법인).

⑨ 선혜지는 깊은 해탈을 얻고 세간으로 다니면서 사실대로 알아서 기한을 어기지 않는 까닭이다(사무애변).

⑩ 법운지는 모든 부처님 여래의 큰 법의 비를 받으면서 만족함이 없는 까닭이다(대법우).

그래서 끝없는 원행으로 이어지게 된다.

경에서는 이상의 십지보살 행과로서 〈십정품〉 내지 〈이세간품〉의 11품에서 등각과 묘각의 경계를 설하고 있다.

이상과 같은 보살도는 《화엄경》이 일승보살도를 펼치고 있음을 확연히 알 수 있게 한다. 십지보살도는 회삼귀일에 바탕한 일승보살도로서 보살도의 정화로 간주되어 왔던 까닭이 보이기 때문이다.

우선 초지는 원을 세우는 자리이니 대승보살은 원이 없으면 보살이 될 수 없었기 때문에 원을 세우는 것은 기본적인 보살의 모습이라 할 수 있다.

제2지에서의 십선업도(十善業道)는 근본교설에서는 십선업으로서 재가불자의 윤리 도덕에 해당하는 항목으로 여겨졌던 것이, 대승불교도들이 지키는 십선계(十善戒)로서 대승적 의미가 부여되었고, 다시 《화엄경》에서는 제2지 보살이 닦는 수행덕목으로 들어오고 있다.

제3지에서는 삼법인에 해당하는 일체 법을 관찰한다.

제4지에서 닦는 삼십칠조도품은 소승불교시대에 종합된 수행덕목이다. 대승은 소승을 비판하고 일어났던 것임을 볼 때 《화엄경》이 일승설이기에 이 37조도품 역시 보살의 수행방편으로 다시 해석되어 수용된 것이라 하겠다.

제5지에서 닦는 사성제는 처음 대승불교가 일어났을 때는 대승에서 자리매김하기를, 성문승이 주로 닦아가는 수행법이고 이 사성제를 통해서 아라한과를 증득하게 되는 수행법이다.

제6지의 십이연기를 관하는 것은 소승에서 연각이 닦아가는 수행법으로서 역시 아라한과까지 도달된다고 한 실천법이다.

다시 말해서 삼승(三乘)이라고 할 때 성문승·연각승·보살승을 말하는데, 성문승·연각승은 소승이고 보살승은 대승이다. 처음 대승불교가 일어날 때는 보살은 성문·연각과는 다르다고 하고, 대승은 소승을 비판함으로써 일어났던 것이다. 성문·연각은 아라한 정도의 깨달음밖에 성취할 수 없고 보살은 6바라밀행을 닦아서 부처가 될 수 있는 자로 보았다. 그때 성문과 연각이 닦는 대표적인 수행법이 사성제와 십이연기법이었던 것이다. 그런데 《화엄경》에서는 이 두 수행법이 제5지와 제6지 계위의 보살이 닦는 수행법으로 인정되고 있다.

그리고 보살의 바라밀행은 다음 제7지 보살이 닦는 대표적인 수행법으로 10바라밀이 교설되고 있다.

이런 점에서 《화엄경》 십지보살도는 회삼귀일에 바탕한 일승보살도로서 보살도의 정화로 간주되어 왔던 것이다.

여기서 이상의 모든 바라밀에 관한 교실을 총합해 보자. 다음과 같이 십바라밀을 약설할 수 있지 않을까 한다.

① 자기에게 있는 선근과 내외의 모든 가진 것을 중생에게 베풀어 주어 마음이 만족하게 하되 집착하는 바가 없음이 단나바라밀이다.

② 일체 번뇌의 열을 멸하고, 부처님의 계법을 청정하게 지니어 범계하지 아니하면서도 집착하지 아니하고 아만을 영원히 여의는 것이 시라바라밀이다.

③ 부처님 인욕에 머물러 자비를 으뜸으로 삼아 중생을 해롭게 하지 않으며 온갖 나쁜 것을 모두 참으면서 여러 중생에게 마음이 평등하여 흔들리지 않음이 찬제바라밀이다.

④ 수승하고 선한 법을 항상 닦아서 게으르지 아니하고 퇴전치 아니하며 용맹한 세력을 제어할 이 없고 모든 공덕에 만족함이 없는 것이 비리야바라밀이다.

⑤ 온갖 지혜의 길이 항상 앞에 나타나서 바르게 생각하는 힘으로 마음이 산란하지 않고 한 경계를 생각하고 온갖 삼매문에 들어가는 것이 선나바라밀이다.

⑥ 한량없는 모든 법이 나지도 않고 멸하지도 않음을 사실대로

관찰하고 분별하여 실상인을 얻으며 온갖 지혜의 지혜문에 들어가서 영원히 휴식함을 얻음이 반야바라밀이다.

⑦ 한량없는 지혜를 능히 출생하여 중생을 교화함에 그들의 즐겨함을 따라 몸을 나타내며 일체 행하는 법에 물들지 아니하고 탐착하지 아니함이 방편바라밀이다.

⑧ 끝까지 일체 중생을 성취하며, 일체 세계를 장엄하며, 일체 부처님께 공양하며, 장애없는 법을 통달하며, 법계에 가득한 행을 수행하며, 여래의 지혜를 증득하니 보현의 큰 서원을 만족하여 마음이 동요하지 아니함이 원바라밀이다.

⑨ 온갖 자재한 신통을 나타내는 심심력(深心力)·심신력(深信力)·대비력·대자력·총지력·변재력·바라밀력·대원력·신통력·가지력 등 갖가지 힘을 갖추어 중생들을 널리 제도함에 모든 이론(異論)과 마군들이 능히 깨뜨릴 수 없는 것이 역바라밀이다.

⑩ 일체 법을 실제와 같이 알며 모든 중생이 여래와 더불어 성품이 같은 줄 알아 모든 부처님 법에 두루 들어가는 것이 지바라밀이다.

이러한 십바라밀을 구족하여 대비를 으뜸으로 삼고 부처님 지혜에 향하는 것이다.

화엄경의 내용⑩─제7회 11품

제7회 11품에서는 십지보살행을 지나 깨달음의 경계를 펼쳐 보이고 있다. 《화엄경》에 보이는 깨달음은 등각과 묘각을 시설해 놓은 것으로 파악된다. 마지막의 〈여래출현품〉과 제8회 설법의 〈이세간품〉이 묘각의 경계이고 그 이전은 등각의 경계이다. 보살인행을 거쳐 과위로서의 단계를 등각이라고 한다면, 인행에 상대한 과위가 아니라 부처님의 본래의 깨달음의 세계를 묘각이라 한다.

보살이 깨달음을 얻으면 나타나는 경계는 품명에서 그 내용을 대체로 짐작할 수 있다.

27. 십정품

10가지 삼매를 설하고 있다. 삼매에 의해서 보살이 모든 세계에 두루 들어가되 세계에 집착하지 아니하며, 모든 중생계에 두루 들어가되 중생에 취하는 것이 없다.

28. 십통품

타심통이나 누진통과 같은 10가지 신통을 보이고 있다.

29. 십인품

무생인을 비롯하여 10가지 지혜의 경계인 10가지 인(忍)을 말한다. 이 무생법인은 앞에서 제8 부동지보살이 증득한 경계이기도 하다. 제8지에 오르면 불과에 오른 것과 같은 경계로 간주함은 앞에서 본 대로이다. 그러면 무엇이 무생법인인가? 〈십인품〉에서는 아래와 같이 말한다.

보살이 조그만 법의 남도 보지 않고 사라짐도 보지 않는다.
왜냐하면, 나지 않으면 사라짐이 없고, 사라짐이 없으면 다함이 없고, 다함이 없으면 때를 여의고, 때를 여의면 차별이 없고, 차별이 없으면 처소가 없고, 처소가 없으면 적정하고, 적정하면 탐욕을 여의고, 탐욕을 여의면 지을 것이 없고, 지을 것이 없으면 원함이 없고, 원함이 없으면 머무를 것이 없고, 머무를 것이 없으면 가고 옴이 없기 때문이다.

남이 없는 법은 불생불멸의 깨달음의 지혜 경계임을 알 수 있다.

30. 아승지품

세존께서 일백낙차라는 수에서 불가설불가설전(말할 수 없이 말할 수 없는 제곱)을 극수로 하는 큰 수에 대해서 말씀하셨다. 아승지도 그 큰 수의 이름 중에 하나로 나온다.

불보살의 덕용은 광대무변하여 이 큰 수와 같이 크거나, 그보다도 더 크다는 것을 보이고 있다.

31. 여래수량품

심왕보살이 부처님 세계의 수명을 말씀하고 있다. 석가모니불이 계시는 사바세계의 한 겁이 아미다불이 계시는 극락세계에서는 낮 하루 밤하루라고 하며 이렇게 수많은 부처님 세계의 수명이 다 다름을 보인다.

이 부처님들의 수명은 그 세계의 근기에 따라서 장단이 자재한 불덕을 나타내 보이는 것이라 하겠다. 이는 시간적으로 일즉다(一卽多)의 상즉(相卽)경계라 할 수 있다.

32. 보살주처품

시방의 보살주처를 말하였다. 예를 들면 동북방에 청량산이 있으니 지금은 문수사리보살이 그의 권속 일만보살과 함께 그 가운데 있으면서 법을 연설한다는 것이다.

이 〈보살주처품〉에 보이는 보살과 그 주처는 우리 주변에 산재해 있는 화엄신앙도량을 추정케 하는 경증(經證)이 되고 있다.

33. 불부사의법품

연화장보살이 부처님의 국토 등 부처님 과덕이 불가사의함에 대하여 말씀하였다.

34. 여래십신상해품

여래께서 가지신 32가지의 거룩한 모습 내지 티끌 수만큼 거룩한 모습을 보이고 있다.

35. 여래수호광명공덕품

여래에게 갖추어져 있는 잘생긴 모습을 세존께서 말씀하시고 있다. 여기서는 화엄수행의 특징적인 모습의 하나인 일단일체단(一斷一切斷)의 내용도 담겨 있다. 이 점 또한 화엄교학을 살필 때 언급하겠다.

36. 보현행품

보현보살의 평등한 인행을 말하였다.
화엄에서는 부처님 세계를 중생 앞에 펼쳐 보이는, 인과가 둘이 아닌 인행이며 과행을 보현행으로 대표짓고 있다.

그 동안 살펴온 말씀 중에 보현보살이 설주가 된 교설이 많았는데, 이곳 제7회 11품도 주로 보현보살이 설하고 있다. 이 11품 중에는 다른 모임에서와 달리 세존과 심왕보살과 연화장보살이 설하시는 품도 있다. 그러나 주로 보현보살에 의해 설해지고 있다.
보현보살의 보현은 덕이 법계에 두루 미치어 중생을 이롭게 하는 보편행을 의미한다. 그런데 이 〈보현행품〉에서는 특히 성내는 마음을 배격하고 있다.

불자여, 나는 어떤 법의 허물이라도 보살들이 다른 보살에게 성내는 마음을 일으키는 것보다 큰 것을 보지 못하였다. 왜냐하면 만약 보살이 다른 보살에게 성내는 마음을 일으키면 100만 가지 장애되는 문을 이루게 되는 까닭이다.

보살이 성내는 마음을 일으키면 100만 가지 장애되는 문을 일으킨다고 하니 일장일체장(一障一切障)의 도리이다. 화내는 것은 대부분 자기자신에 집착하기 때문이다. 이 화냄에 의해서, 따라 일어나는 장애의 첫째로 보리를 보지 못한다고 한다.

그러므로 보살행을 빨리 만족하려면 10가지 법을 부지런히 닦아야 하며, 그래서 청정함을 구족하며, 지혜를 구족하며, 두루 들어감에 들어가야 한다고 한다. 그런데 두루 들어감에 있어서 "일체 세계가 한 모공에 들어가고 한 모공이 일체 세계에 들어간다", "일체 중생의 몸이 한 몸에 들어가고 한 몸이 일체 몸에 들어간다" 하는 등, 일입일체(一入一切) 일체입일(一切入一)의 상입(相入)세계가 두드러지게 교설되고 있다. 후에 화엄가들은 이 도리에 대해 그 까닭을 밝히는 등 깊이 고심한 흔적이 보인다.

이 〈보현행품〉은 다음의 〈여래출현품〉과 함께 화엄가들에 의하여 법계연기를 설명하는 대표적인 전거로 사용되기도 하였다. 이 점도 다음에 살피기로 한다.

37. 여래출현품

〈여래출현품〉은 여래의 과덕을 보이고 있으니,《육십화엄》에서는 〈보왕여래성기품〉으로 번역되어 있다. 이는 여래출현, 즉 여래성기의 화엄세계를 드러낸 것이다. 화엄성기사상은 법계연기와 함께 화엄사상의 2대 측면으로 간주되고 있다. 법계연기가 연기의 측면에서 볼 때 화엄세계를 드러내는 대표격인 사상이라면, 화엄성기는 타 종파나 교학과 대비되는 측면에서 화엄을 대표하는 사상이기도 하다. 이는 특히 선과의 교섭에서 선과 화엄의 통로가 되고 있다. 그래서 후에 선과 교를 회통시키는 교선일치나 선교일치를 주창하는 데 있어서 교 전체를 대표하는 사상이기도 하다.

성기(性起)의 의미는 ① 여래출현 출생 ② 생여래가 ③ 여래성의 시현, 여래종 등을 뜻하는 말로 쓰이고 있다.

경에서는 성기묘덕보살, 즉 문수보살이 여래께서 출현하시는 10가지 상(여래의 출현하는 법·여래의 몸·음성·마음·경계·행·성정각·전법륜·반열반·견문 친근 선근)을 질문하고, 보현보살이 답하고 있다.

(1) 여래출현법

첫째, 여래출현법은 헤아릴 수 없으니 한 가지 인연이 아니라 무량법으로 출현하시기 때문이라고 한다. 보현보살이 거듭 이 뜻을 밝히기 위해 게송을 읊고 있다. 그 중에 우리 불교교단에 널리 회자되고 있는 게송 하나를 보자.

만약 부처경계 알고자 하면   若有欲知佛境界

그 뜻을 맑히기 허공과 같이하며	當淨其意如虛空
망상과 모든 집착 멀리 여의고	遠離妄想及諸取
마음이 향하는 바가 걸림없도록 하라.	令心所向皆無礙

조선시대 설잠은《화엄석제》에서 이 게송을 선적으로 해석하고
있다.

(2) 여래신

여래의 법신 역시 10가지 비유로 교설하고 있다. 그 중 여래법신
의 2대 특징으로는 허공과 광명의 비유이다. 허공으로는 여래의 존
재양상을 보이고, 광명으로는 법신의 작용과 덕상을 보인 것으로
해석된다. 그것을 성(性)과 기(起)로 보고도 있다. 이 여래신의 모
습 중에 다섯번째 생맹(生盲)의 비유는 특히 주목되는 경계이다.

여래의 지혜 해는 날 때부터 신심의 눈이 없는 생맹 중생까지도
이롭게 하여 선근을 길러 성취케 하니, 지혜 햇빛을 보지는 못하더
라도 그 이익은 얻는다.

이 말씀은 화엄세계가 다 비로자나법신의 출현이라는 것을 믿기
어려워하는 이들을 깨우쳐 주는 말씀이기도 하다.

(3) 여래의 음성

여래의 음성은 중생들의 좋아하는 마음을 따라 환희케 한다는
말씀과 더불어 10종으로 교설되고 있다.

화엄경의 내용[11]─여래출현·제8회 이세간품

여래출현의 10종법 가운데 이어서 네번째 여래심부터 살펴보기로 한다.

(4) 여래심

여래심은 바로 여래성기심으로서 여래출현에 있어서 특히 중요시되어온 교설 부분이다. 이 역시 10종심이 있음을 보이며 이 마음은 지혜와 같이 쓰이고 있다. 여래의 마음을 모두 볼 수는 없으나 다만 지혜가 한량없음을 알아야 한다고 한다.

여래의 마음 또한 10가지로 교설되어 있는데 그 첫째는 여래의 지혜는 의지가 없다는 것이다.

마치 허공이 모든 물건의 의지가 되지만 허공은 의지한 데가 없으니, 여래의 지혜도 그와 같아서 모든 세간지와 출세간지의 의지가 되지만 여래의 지혜는 의지한 데가 없다.

이렇게 비유로 여래의 지혜를 차례로 설하고 있다.

그 중에 열번째 마음은 특히 주목되어온 여래의 지혜이다. 그것은 여래의 지혜는 이르지 못하는 데가 없다는 무처부지(無處不至)의 여래심이다.

여래의 지혜는 이르지 못하는 데가 없다. 왜냐하면 한 중생도 여래의 지혜를 갖추어 가지지 않는 이가 없기 때문이다. 다만 허망한 생각과 뒤바뀐 집착으로 증득하지 못하니, 만일 허망한 생각을 여의면 온갖 지혜가 곧 앞에 나타나게 되리라는 것이다. 이에 대한 비유로서 큰 경책을 들고 있다. 이를 미신경권유(微塵經卷喩) 또는 진함경권유(塵含經卷喩)라 부르고 있다.

이 미진경권유는 분량이 삼천대천세계와 같은 경권이 있어 삼천세계에 있는 일이 모두 쓰여 있으나, 이 큰 경책이 한 티끌 속에 있어서 중생들에게 이익을 주지 못하며, 한 작은 티끌속과 같이 모든 작은 티끌 속도 역시 그러하다는 것이다.

그래서 어떤 지혜가 밝은 사람이 청정한 천안을 구족하여 이 경책이 작은 티끌 속에 있어 이익이 되지 못함을 보고 꾸준히 노력하는 힘으로 저 티끌을 깨뜨리고 이 경책을 내어서 모든 중생을 이익되게 하리라고 생각하였다. 그리고 즉시 방편을 내어서 작은 티끌을 깨뜨리고 이 큰 경책을 꺼내어 모든 중생으로 하여금 모두 이익을 얻게 하였으며, 한 티끌과 같이 모든 티끌을 그렇게 하였다는 것이다.

여래의 지혜도 그와 같아서 한량이 없고 걸림이 없어서 일체 중생을 두루 이익되게 하는 것이 중생들의 몸속에 갖추어 있지만, 어리석은 이의 허망한 생각과 집착으로 알지 못하고 깨닫지 못하여 이익을 얻지 못한다.

여래께서 청정한 지혜눈으로 법계의 모든 중생을 두루 관찰하고 말씀하시기를 "이상하고 이상하다. 중생들이 여래의 지혜를 구족하고 있으면서도 어째서 어리석고 미혹하여 알지 못하고 보지도 못하는가. 내가 마땅히 성인의 도를 가르쳐서 허망한 생각과 집착을 영원히 여의고 자기의 몸속에서 여래의 광대한 지혜가 부처와 같아서 다름이 없음을 보게 하리라" 하시고, 곧 저 중생들로 하여금 성인의 도를 닦아서 허망한 생각을 여의게 하며 허망한 생각을 여의고는 여래의 한량없는 지혜를 얻어서 일체 중생을 이익되게 하고 안락하게 한다.

이처럼 보살은 마땅히 여래의 마음을 알아야 한다는 것이다.

이 무처부지의 여래심은 화엄가들에게 매우 중요시되어 왔던 부분이다. 우선 티끌 속에 경권이 들어 있다고 해서 여래장사상의 전거가 되었다. 그런가하면 여래장사상을 바탕으로 한 법계연기사상의 전거도 된다. 특히 미진을 깨뜨리고 경권을 꺼내어 이익을 준다는 측면에서 이는 여래성기의 출처가 되어, 매우 주목을 받은 여래출현의 경계인 것이다.

고려시대의 보조국사 지눌도 〈여래출현품〉의 이 대목을 보고 불심(佛心)과 불어(佛語)가 하나인 줄을 깨닫고 너무 기뻐서 《화엄경》을 머리에 이고 눈물을 흘렸다고 자술하고 있다. 이 여래심의 여래출현상은 선교일치의 경증이 되고 있는 것이다.

(5) 여래경계

여래의 경계란 여래의 지혜가 활동하는 경계이니, 곧 중생계를 떠나 있지 않다. 그래서 모든 세간의 경계가 여래의 경계이다.

보살은 마땅히 마음의 경계가 여래의 경계임을 알며, 마음의 경계가 그지없고 한량없고 속박도 없고 해탈도 없음을 알아야 한다. 왜냐하면 이러이러하게 생각하고 분별함으로써 이러이러하게 한량없이 나타나는 까닭이다[如是如是思惟分別 如是如是無量顯現]. 이 경계 역시 일체유심조의 화엄세계를 보여 주는 것이라고 하겠다.

(6) 여래의 행

여래의 지혜가 중생에게 응하는 것은 행에 의하여 가능하게 된다. 중생을 이롭게 하는 여래행은 보살의 공덕행으로 나타난다. 여래행은 걸림없는 행이며, 진여의 행이 여래의 행이다.

그러나 진여가 생하지도 움직이지도 일어나지도 않듯이, 여래행 또한 불생(不生)·부동(不動)·불기(不起)이다. 불기이기(不起而起)인 것이다. 여래행은 시간의 범주를 초월하므로 현재에 활동하되 불기(不起)이니 불기이기(不起而起)인 것이다. 이것이 성기(性起)이다.

(7) 여래의 성정각

여래의 지혜와 행의 근거가 곧 보리(菩提)이다. 부처님의 보리는 바다와 같아서 모든 중생의 마음과 근성과 욕망을 두루 나타내면서도 나타내는 것이 없다. 부처님의 보리는 모든 글자로도 표현할 수 없으며, 모든 음성으로도 미칠 수 없으며, 모든 말로도 나타낼 수 없으나 마땅함을 따라서 방편으로 열어 보인다.

부처님의 보리는 허공과 같아서 바른 깨달음을 이루거나 이루지 못하거나 늘어나고 줄어듦이 없다. 보리는 모양도 없고 모양 아님도 없으며 하나도 없고 여러 가지도 없는 까닭이다.

보살마하살은 자기의 마음에 생각생각마다 항상 부처가 있어 바른 깨달음을 이루는 것을 알아야 한다.

(8) 여래의 전법륜

여래는 마음의 자유자재한 힘으로써 일어남도 없고 굴림도 없이 법륜을 굴리니, 모든 법이 항상 일어남이 없음을 아는 까닭이다. 그러나 글자와 온갖 말로써 법륜을 굴리니, 여래의 음성은 이르지 않는 곳이 없는 까닭이다.

일체 중생의 갖가지 말이 다 여래의 법륜을 떠나지 않았으니, 왜 냐하면 말과 음성의 실상이 곧 법륜이기 때문이다.

(9) 여래의 반열반

보살이 여래의 열반을 알고자 하면 마땅히 근본 성품을 알아야 한다. 진여의 열반처럼 여래의 열반도 그러하여, 열반은 생겨나는 일도 없고 벗어나는 일도 없기 때문이다. 만일 법이 생겨남도 없고 벗어남도 없으면 멸함이 없다. 경에서는 다음과 같이 여래의 열반을 보이고 있다.

여래는 중생들로 하여금 즐거움을 내게 하려고 세상에 출현하시며 중생으로 하여금 사모함을 내게 하려고 열반함을 보이신다. 그러나 여래는 참으로 세상에 출현하심도 없고 열반하심도 없다. 왜냐하면 여래는 청정한 법계에 항상 계시면서 중생의 마음을 따라서 열반함을 나타내시기 때문이다.

비유하면 해가 떠서 세간에 두루 비치되, 깨끗한 물이 있는 그릇에는 그림자가 나타나서 여러 곳에 두루하지만 오거나 가는 일이 없으며, 그릇이 깨지면 그림자가 나타나지 않는 것과 같다.

(10) 견문 · 친근 · 선근

경에서는 보살이 여래의 정등각을 보고, 듣고, 친근하여 심은 선근이 모두 헛되지 않은 줄을 알아야 함을 강조하고 있다. 그것은 깨달음의 지혜를 내는 까닭이며, 내지 온갖 훌륭한 행을 이루는 까닭이라고 한다. 그러면서 여러 좋은 비유로 부처님을 뵙고 말씀을 듣고 가까이 모신 선근공덕이 다함이 없음을 보이고 있다.

먼저 금강 비유를 들고 있다. 장부가 금강을 조금만 삼켜도 소화가 되지 않고 몸을 뚫고서 밖으로 나오니, 금강은 육신에 섞여서 함께 있지 않는 까닭이라고 한다. 이처럼 여래께 조그만 선근을 심어도, 모든 유위행과 번뇌의 몸을 뚫고 지나가서 무위의 가장 높은 지혜에 이르니, 이 선근은 유위행과 번뇌와 함께 머물지 않는 까닭이다.

또, 가령 마른 풀을 수미산처럼 쌓았더라도 그 가운데 겨자씨만한 불을 던지면 모두 다 타고 마니, 불은 능히 태우기 때문이다. 그처럼 여래에게 조그만 선근을 심어도 모든 번뇌를 태워 버리고 필경에 무여열반을 얻는다.

그리고 설산에 있다는 진귀한 선견이란 약나무의 비유를 들어서 여래도 약왕이라 일컫고 모든 중생을 이익되게 함을 말하고 있다. 여래의 육신을 보는 이는 눈이 깨끗하고, 여래의 이름을 듣는 이는 귀가 깨끗하고, 여래의 계행 향기를 맡는 이는 코가 깨끗하고, 여래의 법을 맛본 이는 혀가 깨끗하여 광장설을 갖추어 말하는 법을 알고, 여래의 광명에 닿은 이는 몸이 깨끗하여 필경에 위없는 법신을 얻고, 여래를 생각하는 이는 염불하는 삼매가 청정하여진다.

뿐만 아니라 만일 중생이 여래께서 지나가신 땅이나 탑에 공양하더라도 역시 선근을 갖추어서 모든 번뇌와 근심을 멸하고 성현의 즐거움을 얻는다.

그리고 가령 어떤 중생이 부처님을 보거나 들으면서도 업에 덮여서 믿고 좋아함을 내지 못하더라도, 역시 선근을 심게 되어 헛되지 않을 것이며, 내지 필경에는 열반에 들게 된다고까지 말하고 있다.

그러므로 보살은 마땅히 이같이 여래께서 계신 데서 보고 듣고 친근하면 그 선근으로 모든 나쁜 법을 여의고 착한 법을 구족하리라 원하고, 견문 친근하여 선근을 쌓도록 강조하고 있다.

38. 이세간품

제8회는 〈이세간품〉 한 품으로 보광명전 부처님 처소에서 보현보살이 불화엄삼매에 들었다가 일어나 보혜보살의 200가지 질문을 받고 한 물음에 10가지씩 모두 2,000가지의 대답을 한 것이다. 즉, 신·십주·십행·십회향·십지·등각·묘각 등 모든 지위를 포섭한 일체 보살행을 다시 한 번 총괄적으로 보이고 있다.

여기서는 무엇이 보살마하살의 의지(依支)인가로 시작해서 무엇이 보살의 행이며, 선지식이며, 내지는 어찌하여 여래 응공 정등각께서 반열반하심을 보이셨는지를 설하고 있다. 모든 보살도를 총괄하면서 이것이 부처님의 깨달음의 경계임을 보이고 있는 것이다.

이세간이라는 의미는 세간을 떠난다, 세간을 여읜다는 것이다. 여기서는 우선 세간이 무엇이며 여읜다는 것은 어떠한 경계인가 하는 것을 짚어보게 한다. 그에 대해서 화엄가들은 여러 가지로 해석하고 있다. 그것을 종합해서 한 마디로 말하면 이세간이란 처럼상정(處染常淨)을 말하니 동사섭으로 중생계에 있으나 물들지 않는

경계이다. '처세간여허공 여연화불착수(處世間如虛空 如蓮花不着水)'
라고 한 연꽃경계로 해석할 수 있겠다.

그러므로 이 〈이세간품〉 다음에 오는, 《화엄경》의 마지막 품인
〈입법계품〉에서 법계(法界)에 들어간다고 함도 다시 들어갈 법계
가 따로 있는 것은 아님을 짐작하게 한다.

화엄경의 내용⑫-제9회 입법계품

　　제9회 역시 한 품인 〈입법계품〉으로 이루어져 있다. 〈입법계품〉
은 《화엄경》의 마지막 품으로서 품수는 39품 중 한 품이지만, 그
분량은 권수(60~80)로나 페이지수(대정장 10, pp. 319~444)로 볼 때
총 《화엄경》 분량 중 약 4분의 1에 해당되는 방대한 양이다.

　　〈입법계품〉의 별행경은 다른 대부분의 화엄부 경전보다 일찍 성
립된 품이다. 그런데 그 내용은 선재동자의 구법을 통해 전편의 내
용이 재현되는 형식이 취해지고 있다. 문수보살에게서 발심한 선재
동자가 보살의 가르침대로 선지식을 역참하여 보살도를 배우고, 보
현보살의 원과 행을 성취함으로써 법계에 들어간다는 줄거리이다.
선재의 구법 여정이나 선지식의 해탈법문은 화엄의 보살도를 말해
주는 주요 자료가 된다.

　　〈입법계품〉도 근본법회와 지말법회로 나눌 수 있다. 근본법회에
서는 세존께서 사위국 기수급고독원 대장엄중각에서 사자빈신삼매
에 드신 후 설법하시는 내용이다. 그 자리에 보현의 행과 원을 성
취한 보살과 성문들과 세주와 함께 계시는데 보현보살과 문수사리
보살이 우두머리가 되었다. 《화엄경》 청법대중 가운데 성문들이

보이는 곳은 이 근본법회뿐이다.

지말법회는 그 자리에 있던 문수사리동자가 부처님께 공양올리고는 남쪽으로 인간세계를 향함에서부터 시작된다. 문수보살이 복성의 동쪽 장엄당 사라숲에 머물며 법계를 두루 비추는 수다라를 말씀하니 복성 사람들이 그곳으로 모여들었다. 그 중에 선재동자도 함께 있었다.

문수보살은 선재가 어머니 태에 들 때부터 집안에 금은보화가 가득 쌓이기 시작하였으므로 부모와 친척들이 선재라는 이름을 지어줄 만큼 복많은 이였음을 알았다. 또 이 동자가 과거의 여러 부처님께 공양하며 선근을 많이 심었고 선지식을 항상 친근하였으며 삼업에 허물이 없고 지혜로 불법을 깨달을 수 있는 근기임을 알았다.

문수보살이 이렇게 선재를 관찰하고는 선재와 대중들을 위하여 모든 부처님 법을 연설하였다. 선재는 자재한 지혜와 변재로 부처님법을 설하는 문수보살의 법문을 듣고 발심을 하게 된다.

선재는 자신의 모습이 부처님과는 너무나 다른 점을 발견하고 반성을 하였다. 선재가 생각하기를, 자신은 어리석고 교만하며 탐내고 성내는 마음이 많아서 생사 고통의 성 속에 갇혀 있음을 깨닫고 해탈의 문을 찾는 길을 걷기로 결심을 하였다. 그리고 그 길을 가르쳐 주길 문수보살에게 청하였다.

문수보살은 선재가 과거에 심은 선근이 있어서 아뇩다라삼먁삼보리심을 일으켜 보살의 길을 가고자 한다고 칭찬하며, 온갖 지혜를 구족하는 첫째 인연은 선지식을 친근하고 공양하는 것이니, 그 일에 고달픈 생각을 내지 말라고 하였다.

선재동자가 문수보살에게 여쭈었다.

보살은 어떻게 보살행을 배우며, 어떻게 보살행을 닦으며, 어떻게 보살행에 나아가며, 어떻게 보살행을 행하며, 어떻게 보살행을 깨끗이 하며, 어떻게 보살행에 들어가며, 어떻게 보살행을 성취하며, 어떻게 보살행을 따라가며, 어떻게 보살행을 생각하며, 어떻게 보살행을 더 넓히며, 어떻게 보현의 행을 빨리 원만케 합니까?

이에 문수보살이 한량없는 부처님을 뵙고 원력을 성취하면 보살행을 구족하게 되며, 모든 세계 모든 겁 동안 보현행을 닦아 행하면 보리도를 성취하리라고 한다. 그러려면 지혜가 있어야 하고, 온갖 지혜를 성취하기 위해서는 반드시 선지식을 찾아가서 법문을 들어야 한다고 하면서 선지식의 여러 방편에 허물을 보지 말라고 당부하였다.

그리고는 남쪽으로 승낙국을 찾아가 묘봉산에 있는 덕운비구를 만나 보살이 어떻게 보살행을 배우고 닦으며 내지 보현행을 빨리 원만히 할 수 있는지 묻도록 가르쳐 주었다.

그리하여 선재동자는 문수보살의 가르침에 따라 선지식을 찾아 길을 떠난다. 여기서 선지식을 찾아나서는 선재는 세간의 복이 많은 이로서 선근과 신심이 있었기에 문수보살을 만났고, 강한 의지로 발심하여 해탈도를 구하는 수행자로서의 보살이 되어 선지식을 친견하게 되었음을 알 수 있다.

선재는 덕운비구 선지식을 만나 해탈법문을 들었다. 덕운비구는 모든 부처님의 경계를 생각하여 지혜의 광명으로 두루 보는 법문〔憶念一切諸佛境界 智慧光明普見法門〕을 얻었다고 하였다.

그러나 덕운비구 선지식은 대보살들의 지혜로 청정하게 수행하는 문이야 어떻게 알겠는가 하며, 남쪽 해문국에 있는 해운비구를 찾아가서 보살행을 물으라고 한다. 해운비구는 광대한 선근을 일으키는 인연을 분별하여 말해 줄 것이라고 하였다.

선재동자는 덕운비구 선지식으로부터 염불(念佛)해탈문을 얻고는 덕운비구의 가르침대로 다시 해운비구를 찾아 길을 떠난다. 이렇게 해서 보현보살에 이르기까지 차례로 선지식을 친견하여 해탈문을 성취하게 된다. 문수보살로부터 보현보살에 이르기까지 선재가 찾아간 선지식을 우리는 53선지식이라고 한다. 그러나 실제로 선재는 선지식을 54번 만나며, 만난 신지식 수도 54분이다. 그런데 문수보살을 두 번 만나고 한 곳에서는 두 선지식을 함께 만나기 때문에 53선지식이라 일컫고 있다.

이렇게 선재가 역참한 선지식을 보면 우선 보살이 다섯(문수·관음·정취·미륵·보현보살)이다. 그리고 비구 5(덕운·해운·선주·해당·선견비구), 비구니 1(사자빈신비구니), 우바이 4, 장자 9, 거사 2, 천신 1, 여신 10, 천녀 1, 바라문 2, 선인 1, 왕 2, 선생 1, 동자 3, 동녀 2, 뱃사공[船師] 1, 외도 1, 유녀(婬女) 1, 싯닫타 태자비 1, 태자모 1 등으로 나누어 볼 수 있다.

선재가 선지식과 만남으로 해서 도달되는 지위는 《화엄경》 전편에서 말하는 42계위와 대비된다. 처음 문수보살은 신위에 해당하며, 덕운비구는 10주초의 초발심주이며 차례로 배대하여 태자비였던 구바녀가 제10지에 배대된다. 그리고 등각에 10분이 해당되고 미륵보살은 묘각위에 해당된다. 그리고 마지막 제53 보현보살은 전보살도와 불과행위를 총망라하는 자리이다.

법장은 《탐현기》에서 문수가 선재로 하여금 여러 곳을 순력하여 선우(善友)를 구하게 한 것에 다음과 같은 8가지 뜻이 있음을 들고 있다.

① 궤범이 되기 때문이다. 선재는 법을 구하는 묘한 모범을 이루고, 선지식은 법을 설하는 좋은 규범을 보여서 모든 중생으로 하여금 이러한 자취를 모범으로 삼아서 행하게 하는 것이다.

② 행연(行緣)이 수승하기 때문이다. 범행을 이루는 데는 선지식이 우선이기 때문이다.

③ 견만(見慢)을 타파하기 때문이다. 신학(新學)보살인 선재로 하여금 법을 구하는데 여러 부류의 선지식을 만남으로 해서 스스로의 교만을 깨뜨리게 하기 위해서이다.

④ 세마(細魔)를 여의기 때문이다. 만약 사람에 매여 하나만 고수한다면 후행(後行)이 증가하지 않을 뿐 아니라 집착하는 허물도 있는 까닭이다.

⑤ 행(行)을 이루기 때문이다. 선재가 한 법문을 얻어서도 수행할 수 있는데 그렇게 널리 구하는 것은 보살행과 선우의 행과 법을 구하는 행 등을 성취하는 것이다.

⑥ 지위를 나타내기 때문이다. 선지식에 의탁함으로써 신(信) 등의 다섯 가지 지위의 차별된 모습을 나타내기 때문이다. 선재의 지위는 신위의 선지식을 만나면 신위이며, 주(住)에 있으면 주위이니 한 몸으로 오위(五位)를 거친다. 있는 곳에 따라서 곧 그 지위가 일체에 두루하기 때문에 보현의 지위와 같은 것이라고 한다.

⑦ 불법이 깊고 넓음을 나타내기 때문이다. 모든 선지식은 비록 지위가 법운지에 이르렀다고 하더라도 '나는 오직 이러한 하나의 법문만 알고 있을 뿐이다. 어찌 모든 보살의 한량없는 보살의 경계를 요달하겠는가'라고 하며 다른 선지식을 찾아가 보살도를 배우도록 일러주고 있다. 선재 또한 비록 지위가 등각에 이르렀다고 하더라도 오히려 '나는 아뇩다라삼먁삼보리심을 내었사오나 어떤 것이

보살행이며 보살도인지 알지 못합니다'라고 하며 선지식에게 보살
도를 묻는 것도 같은 이치이다.

⑧연기를 나타내기 때문이다. 선재는 선지식과 더불어 하나의
연기를 이루니 능입과 소입이 두 가지 모습이 아니기 때문이다. 그
러므로 선지식 외에 선재가 없으므로 하나가 곧 일체임을 드러내
서 선재가 모든 지위를 거침을 밝힌다. 또 선재 외에 선지식이 없
으므로 일체가 곧 하나임을 나타내어서 여러 지위가 선재에게서
이루어짐을 밝히고 있다. 따라서 거둠과 펼침이 자재하며 서로 원
융하여 걸림이 없다는 것이다.

이상을 종합해서 그 특기할 만한 점을 화엄의 만수인 10가지만
찾아보려 한다.

(1) 선재가 선지식을 만나 발심할 수 있었던 것은 선근이 있었
기 때문이며, 주체적인 자각이 배제될 수 없다.

선재가 문수보살을 만났을 때 그 자리에는 복성에 사는 수많은
우바새·우바이, 동남·동녀들이 있었다. 그러나 선재가 가장 선근
이 깊었기에 문수보살이 부처님 세계를 말씀하실 때 당시의 자신
의 모습이 부처님과 너무나 다름을 느끼고 참회를 하며 부처님을
닮고자 발원하였던 것이다.

(2) 선지식들의 해탈법문은 그들의 이름, 처소, 신분 등과 밀접
하게 연계됨을 발견할 수 있다.

(3) 총 54분의 선지식 가운데 여성이 21분(비구니, 우바이, 여신,
천녀, 동녀, 유녀, 태자비, 태자모)이나 되는 것이다. 이는 비남비녀(非
男非女) 역남역녀(亦男亦女)라 할 수 있는 보살은 여성 선지식에
넣지 않은 숫자이다.

그리고 십지 계위는 모두 여성 선지식에 해당되고 있음을 볼 수 있다. 십지는 《화엄경》에서 화엄보살도를 총괄하며 화엄의 일승보살도를 대표하는 계위이다. 그 자리는 특히 비심(悲心)이 증대된 자리이다. 따라서 여성이라는 특징적인 모습을 통해 화엄의 일승보살도를 보여 주고 있다고 하겠다.

이같이 화엄세계에서는 숫자적으로나 해탈경계로나 남녀의 차별적인 모습은 전혀 보이지 않으며, 여성에게 자비·청정·수순중생의 덕이 수승하며, 생불(生佛)하는 특징적인 장점까지 있음을 오히려 부각시키고 있다. 그것은 《화엄경》에서의 여성 선지식은 여래의 행덕을 드러내는 여성이기 때문이다.

(4) 선재가 선지식과 만남으로 해서 도달되는 지위는 《화엄경》 전편에서 말하는 화엄보살도의 계위인 42계위와 그 속에서 수행하는 10바라밀에 차례로 배대되어 있다.

처음 문수보살은 신위에 해당하며, 덕운비구는 10주초의 초발심주이며, 차례로 배대하여 태자비였던 구바녀가 제10지에 배대된다. 그리고 등각에 10분, 미륵보살은 묘각위에 해당한다. 그리고 마지막 제53 보현보살은 전보살도와 불과행위를 총망라하는 자리이다.

(5) 이들 선지식의 계위는 법계로 향해가는 점차적인 단계가 아니라 일위일체위이다. 선재는 각 선지식에게서 모두 해탈문을 증득하며 선지식은 일위일체위의 일승보살 계위를 다양한 방편으로 교설하고 있는 것이다. 문수보살로부터 보현보살에 이르기까지 보살의 수행계위를 두루 지나는 선재의 지위는 일체에 두루하기 때문에 보현의 지위와 같다.

(6) 인과불이의 보살도를 보여 준다. 그것은 선재가 문수·미륵·보현보살을 만나는 여정에서도 더 보여 주고 있다.

선재동자가 비로자나장엄장 대누각에서 미륵보살을 만나 미륵보살로부터 아뇩다라삼먁삼보리심을 일으킨 것을 칭찬받고 보리심 공덕에 대한 설법을 들었다. 그리고 미륵보살이 누각에 나아가 손가락을 튕겨 소리를 내니 문이 열렸다. 그리하여 누각의 갖가지 장엄과 불가사의한 자재로운 경계를 보고 해탈문에 들어갔다.

그런데 미륵보살이 다시 손가락 튕기는 소리를 듣고 삼매에서 일어나니 누각의 장엄이 다 사라졌다. 그리하여 미륵보살이 다시 문수보살에게 가서 보살행을 배우도록 권하는 깃이다.

그때 선재동자는 미륵보살이 가르쳐준 대로 110성을 지나서 보문국의 소마나성에 이르러 문수보살을 뵙기를 희망하였다. 이때 문수보살이 멀리서 오른손을 펴 110유순을 지나와서 선재동자의 정수리를 만지며 말씀하였다.

"선재동자가 만약 신근(信根)을 여의었다면 조그만 공덕에 만족하고 행원을 일으키지 못하며, 선지식의 거두어 주고 보호함도 받지 못하며, 여래의 생각하심도 되지 못했을 것이며, 내지 두루 증득하지 못했을 것"이라고 선재를 칭찬하였다. 그러고는 선재로 하여금 보현행원을 성취할 결심을 굳히게 하였다.

그리하여 선재가 일심으로 보현보살을 만나려고 정진하여 드디어 보현보살을 만나서 보현의 자유로운 신통을 보게 되었다. 그때에 선재동자는 보현의 행과 원의 바다를 믿어서 보현보살과 평등하고 내지 부처님의 해탈자재도 모두 평등하였다.

그때 보현보살이 부처님의 공덕바다가 한량없음을 게송으로 말씀하였다.

세계 티끌 수 같은 마음 헤아려 알고　　　刹塵心念可數知

큰 바다 물을 마셔 다하고	大海中水可飮盡
허공을 측량하고 바람맬 수 있으나	虛空可量風可繫
부처님의 공덕은 말로 다할 수 없도다.	無能盡說佛功德

이 게송 또한 기도시 항상 하는 염불문으로서 우리에게 매우 친숙한 게송이다.

이처럼 선재는 처음 문수보살에게서 시작하여, 미륵보살에게서 불과에 들고 다시 문수보살을 만나 보현행원에 머무르는 것으로 일단 그 여정이 끝난다. 따라서 이는 인과 과가 둘이 아닌 경계를 드러내는 것으로 이해할 수 있다.

(7) 선재 역시 초발심에 해탈하여 법계에 들었으며〔入法界〕계속해서 선지식들을 만나 무수한 해탈문을 증득함으로써 펼쳐 보이는 중중무진한 화엄일승보살도는 불세계를 장엄하는 행이다.

(8) 선재나 선지식 모두 여래출현의 존재이다.

(9) 이외에도 무진법계연기나 화엄성기 등, 후에 체계화된 화엄사상이나 수증법이 이들 선지식의 해탈경계에서도 발견할 수 있다. 즉, 해인삼매, 일중다·다중일, 일즉다·다즉일, 동체·이체의 상즉·상입, 일엄·일체엄의 보엄·보문, 일단일체단·일성일체성, 융삼세간불의 화엄경계가 선재가 선지식들을 만나는 여정에서 적나라하게 교설되고 드러나 있는 것이다.

(10) 이러한 모든 선지식의 해탈경계와 보살도는 보현보살의 행과 원에 포섭되며 10대원으로 대표된다. 이 보현보살의 10종 대원은 《사십화엄》의 〈보현행원품〉에만 나타나는 원이다.

화엄경의 내용 13 − 보현행원품

지금까지 《팔십화엄》의 전체 구성과 그 내용을 대강 살펴보았다. 이제 《팔십화엄》에는 없으나 우리 주변에 〈보현행원품〉으로 널리 지송되는 보현보살의 10종 대원 부분을 잠깐 살펴보겠다. 〈보현행원품〉이란 〈입법계품〉 전체를 가리키는 말이기도 하나 좁게는 《사십화엄》에만 있는 보현보살의 10종 행원 부분만 일컫기도 한다.

이 보현보살의 10종 행원은 40권 《화엄경》의 제40권에서 보현보살에 의해 설해지고 있다.

보현보살이 부처님의 수승한 공덕을 찬탄하고 나서 모든 보살과 선재동자에게 말씀하였다.

선남자여, 여래의 공덕은 가령 시방에 계시는 일체 모든 부처님께서 불가설불가설 불찰극미진수 겁을 지내면서 계속 말씀하시더라도 다 말씀하지 못하시느니라. 만약 이러한 공덕문을 성취하고자 하거든 마땅히 10가지 넓고 큰 행원을 닦아야 하느니라.

10가지라 함은 무엇인가.

첫째는 모든 부처님께 예배하고 공경하는 것이다[禮敬諸佛願].

둘째는 부처님을 찬탄하는 것이다[稱讚如來願].

셋째는 널리 공양하는 것이다[廣修供養願].

넷째는 업장을 참회하는 것이다[懺悔業障願].

다섯째는 남이 짓는 공덕을 기뻐하는 것이다[隨喜功德願].

여섯째는 설법하여 주시기를 청하는 것이다[請轉法輪願].

일곱째는 부처님께 이 세상에 오래 계시기를 청하는 것이다[請佛住世願].

여덟째는 항상 부처님을 따라 배우는 것이다[常隨佛學願].

아홉째는 항상 중생을 수순하는 것이다[恒順衆生願].

열째는 지은바 모든 공덕을 널리 회향하는 것이다[普皆廻向願].

그리하여 어떻게 예배하고 공경하며 내지 회향해야 하는지 묻는 선재에게 다음과 같이 말씀하고 있다.

(1) 예경제불원

진법계 허공계 시방삼세 모든 부처님을 내가 보현행원의 원력으로 눈앞에 대하듯 깊은 믿음을 내어서 청정한 몸과 말과 뜻의 업을 다하여 항상 예배하고 공경하되 낱낱 부처님 계신 곳마다 무진 몸을 나투어 무진 부처님께 두루 예배하고 공경하는 원이다. 그리고 허공계와 중생계가 다하도록 나의 예배하고 공경함이 다함이 없기를 원한다.

즉, 중생계가 다하고 중생의 업이 다하고 중생의 번뇌가 다하면 나의 예배하고 공경함도 다하려니와 중생계 내지 중생의 번뇌가 다함이 없으므로 나의 예배하고 공경함도 다함이 없어 생각생각 상속하여 끊임이 없되 몸과 말과 뜻으로 짓는 일에 지치거나 싫어하는 생각이 없다.

(2) 칭찬여래원

진법계 허공계 시방삼세 무수한 부처님의 한량없는 공덕을 수승한 지견으로 찬탄하며 미래세가 다하도록 계속하고 끊이지 아니하여 법계에 두루한다.

(3) 광수공양원

시방삼세 부처님께 내가 보현행원의 원력으로 깊고 깊은 믿음과 분명한 지견을 일으켜 여러 가지 으뜸가는 공양구로 항상 공양한다는 원이다.

모든 공양 가운데는 법공양이 가장 으뜸이 된다고 한다. 이른바 부처님 말씀대로 수행하는 공양이며, 중생들을 이롭게 하는 공양이며, 중생을 섭수하는 공양이며, 중생의 고를 대신 받는 공양이며, 선근을 부지런히 닦는 공양이며, 보살업을 바라지 않는 공양이며, 보리심을 여의지 않는 공양이다. 여러 가지 꽃이며 음악이며 의복이며 향이며 기름 등 갖가지 공양구로 공양하여 얻은 공덕은 일념 동안 닦은 법공양 공덕에 비할 바가 못된다고 한다.

(4) 참회업장원

업장을 참회한다는 것은 보살이 스스로 생각하기를 "내가 과거 한량없는 겁으로 내려오면서 탐내는 마음과 성내는 마음과 어리석은 마음으로 말미암아 몸과 말과 뜻으로 지은 악한 업이 한량없고 가이없어, 만약 이 악업이 형체가 있는 것이라면 끝없는 허공으로도 용납할 수 없으리니, 내 이제 청정한 삼업으로 일체 불보살전에 두루 지송으로 참회하되 다시는 악한 업을 짓지 않고 항상 청정한 계행의 일체 공덕에 머물러 있으오리다" 하는 것이다.

(5) 수희공덕원

모든 부처님께서 처음 발심하실 때로부터 일체지를 위하여 부지런히 복덕을 닦되 몸과 목숨을 돌보지 않기를 극미진수 겁을 지내고 낱낱 겁마다 일체 난행고행으로 바라밀문을 원만히 하며 이와 같이 보리를 증득하며 내지 열반에 드신 뒤에 사리를 분포하실 때까지의 모든 선근을 내가 다 함께 기뻐하며, 일체 중생들이 짓는 공덕을 모두 함께 기뻐하며, 일체 유학·무학 보살들이 무상정등보리를 구하는 넓고 큰 공덕을 내가 모두 기뻐하는 것이다.

(6) 청전법륜원

모든 부처님께 몸과 말과 뜻으로 가지가지 방편을 지어서 설법하여 주시기를 은근히 권청하는 것이다.

(7) 청불주세원

일체 모든 부처님께서 장차 열반에 드시려 하실 때와 모든 보살과 성문·연각과 일체 선지식에게 두루 권청하되 "열반에 들지 마시고 무진겁토록 일체 중생을 이롭게 하여 주소서" 라고 원하는 것이다.

(8) 상수불학원

이 사바세계의 비로자나여래께서 처음 발심하실 때로부터 정진하여 물러나지 아니하시고 보리수하에서 대보리를 이루시던 일이나 내지 열반에 드시는, 이와 같은 일체를 내가 다 따라서 배우기를 지금의 세존이신 비로자나불과 같이 하는 것이다.

(9) 항순중생원

시방세계 중생들을 내가 다 수순하여 받아 섬기며 공양하기를 부모와 같이 공경하며 부처님과 같이 받든다는 원이다. 병든 이에게는 어진 의원이 되고 어두운 밤중에는 광명이 되어 평등히 일체 중생을 이익되게 하는 것이다.

만약 보살이 일체 중생을 수순하면 곧 모든 부처님을 수순하며 공양함이 되며, 만약 중생으로 하여금 환희심이 나게 하면 곧 일체 여래로 하여금 환희하시게 함이다. 어떠한 까닭인가?

모든 부처님께서는 대비심으로 체를 삼으시는 까닭에 중생으로 인하여 대비심을 일으키고 대비로 인하여 보리심을 일으키시고 보리심으로 인하여 등정각을 이루시기 때문이다. 비유하면 넓은 벌판 모래밭 한가운데 있는 큰 나무가 만약 그 뿌리가 물을 만나면 줄기나 꽃이나 과실이 모두 무성하는 것과 같이 생사광야의 보리수왕도 역시 그러하다. 일체 중생으로 나무뿌리를 삼고 여러 불보살로 꽃과 과실을 삼으니 대비의 물로 중생을 이익되게 하면 즉시에 여러 불보살의 지혜의 꽃과 과실이 성숙된다. 만약 보살들이 대비의 물로 중생을 이익되게 하면 곧 아뇩다라삼먁삼보리를 성취하는 까닭이다.

(10) 보개회향원

처음에 부처님께 예배하고 공경하는 것으로부터 중생을 수순하는 것까지의 모든 공덕을 일체 중생에게 남김없이 회향하는 원이다. 중생들이 항상 안락하고 일체 병고는 영영 없기를 원한다. 악한 일을 하고자 하면 하나도 됨이 없고 착한 업을 닦고자 하면 다속히 성취하여 일체 악취의 문은 닫아버리고, 인간에나 천상에나 열반에 이르는 바른 길을 열어 보이며, 모든 중생이 그 지어 쌓은 모든 악업으로 얻게 되는 모든 괴로움은 대신 받아서 중생으로 하여금 모두 해탈케 하여 마침내 무상보리를 성취하게 하는 것이다.

보살이 이와 같이 그 닦은 공덕을 회향하니 허공계가 다하고 중생계가 다하고 중생의 업이 다하고 중생의 번뇌가 다하여도 보살의 이 회향은 다하지 아니하여 생각생각 상속하고 끊임이 없되 몸과 말과 뜻으로 짓는 일에 지치거나 싫어하는 생각이 없다.

이 〈보현행원품〉의 총결분에는 이 10가지 보현행원이 널리 구족하고 원만하게 하기 위한 말씀으로 되어 있다. 이 십대원은 원 중에 으뜸이라 하여 원왕(願王)으로 일컬어지며, 만약 선남자 선여인이 이 원왕을 수지독송하면 일체 장애가 없음이 마치 공중의 달이 구름 밖으로 나온 것 같다고 한다. 뿐만 아니라 일체 중생을 다 제도하여 마침내 생사에서 벗어나 아미타불의 극락세계에 왕생하게 되리라고 한다. 보현보살은 다음과 같이 게송으로 읊고 있다.

원하오니 이 목숨 다하려 할 때   願我臨欲命終時
모든 업장 모든 장애 다 없어져서   盡除一切諸障碍
찰나중에 아미타불 친견하옵고   面見彼佛阿彌陀
그 자리서 극락세계 얻어지이다.   卽得往生安樂刹

이 원은 화엄교주가 비로자나부처님이시지만 아미타부처로 출현하실 수도 있는 사상적 배경이 된다고 하겠다. 우리나라 화엄십찰이라고 불리는 사찰에서도 비로자나부처님 대신 아미타부처님을 모셔 놓은 곳이 적지 아니함도 까닭이 있다고 하겠다.

이 〈보현행원품〉의 맨 마지막 게송 역시 위 내용과 맥락을 같이 하여 우리 교단내에서 회향할 때 널리 염송되어지는 게송이다.

내가 지은 수승하온 보현행의	我此普賢殊勝行
가없는 수승한 복 회향하오니	無邊勝福皆廻向
바라건대 고해중의 모든 중생이	普願沈溺諸衆生
속히 무량광불찰에 왕생하여지이다.	速往無量光佛刹

제17강

화엄경의 중국 전래와 연구

이제부터는 중국과 한국에서 체계화된 화엄사상을 그 교사부분과 함께 살펴보자. 우선 《화엄경》의 중국 전래와 화엄경 연구에 대해서 살펴보기로 한다.

1. 화엄경의 전래와 번역

《화엄경》의 편찬과 《화엄경》을 소의로 한 교학적 체계의 성립과는 사뭇 다르다. 《화엄경》은 인도에서 이루어졌으나 화엄교학은 중국과 한국 등에서 체계화되었으니, 곧 화엄종의 성립에 의해서이다.

처음 중국의 화엄교학 형성에 기반이 되었던 것은 《육십화엄》이다. 이 《육십화엄》의 범본을 중국에 전래한 이는 월지국의 지법령이다. 그는 우전에서 3만 6천게의 범본을 구하여 장안으로 들어왔던 것이다. 법령은 계빈국 삼장 불타발타라[覺賢]를 만나 《화엄경》을 중국말로 번역해 줄 것을 요청하였다. 불타발타라가 처음 장안에 도착했을 때 구마라집(鳩摩羅什)의 환대를 받았다. 그러나 구마라집 문하와 대립이 생겨 여산에 있는 혜원의 처소로 갔다. 그곳에서 1년 정도 머물렀다가 412년에 하산하여 형주로 갔다. 건강의 도량사에 있었을 때 번역 요청을 받아 418년에 《육십화엄》의 번역이 시작되었던 것이다. 불타발타라는 경전에 통달했을 뿐 아니라 선과 율로도 이름을 날렸다고 전한다.

이 《육십화엄》의 번역장에서 받아적는 필수를 맡았던 분으로 법업(法業)이 있다. 법업은 중국인으로서는 처음으로 《화엄경》을 이해한 사라고 전해진다. 《화엄경전기》에서 법장은 "화엄내교의 출발은 법업에서 시작된다"라고 하였다. 법업은 《화엄경지귀》 2권을 짓기도 하였다.

이처럼 중국에 있어서 《화엄경》의 강포는 《육십화엄》의 역장에 참예한 동진의 법업으로 효시를 삼는다. 그 이래 화엄의 강포에 참예한 자가 많았다. 불타발타라 이후도 그 이전처럼 화엄의 별행경이 많이 번역되었다. 그러나 역시 중국 화엄교학의 발달에 영향을 미친 경으로서 《팔십화엄》과 《사십화엄》의 번역이 주목된다.

《팔십화엄》의 전역은 측천무후의 지원을 받아서 이루어졌던 것을 알 수 있다. 《화엄경》의 범본이 우전국에 있다는 소문을 들은 측천무후가 칙령을 내려 사신을 보내어 십만게송의 범본을 구해오게 하였다. 그리고 실차난타(實叉難陀)로 하여금 대변공사(大遍空寺)에서 번역하게 하였으니 695년이었다. 4년에 걸쳐서 번역이 이루어졌다. 그때 측천무후가 서문과 품의 제목을 썼다고 전해지는데 서문은 《팔십화엄》과 함께 《신수대장경》 권10의 첫페이지에 수록된 것을 볼 수 있다. 이 《팔십화엄》 번역장에서 법업이 필수를 맡았다.

《사십화엄》의 번역은 이로부터 96년 뒤에 계빈국 삼장 반야에

의해 번역되었다. 《육십화엄》이 번역된 지 278년 뒤에 《팔십화엄》
이 번역되었으니, 《육십화엄》이 번역된 때부터 헤아린다면 374년
뒤이다. 남인도 오다국왕이 《화엄경》 범본을 당나라 조정에 보낸
인연으로 이루어진 것이다. 이때 필수를 맡은 분은 원조(圓照)이며
청량징관도 역장에 참예하였다고 한다.

　　이러한 《화엄경》의 번역 외에 중국 화엄교학의 발달에 크게 영
향을 끼친 것으로 《십지경론》의 번역을 빠뜨릴 수 없다. 이 《십지
경론》의 번역에 의해 화엄을 원교로 내세운 지론종이 성립되고 지
론종의 혜광(惠光)을 거쳐 두순→지엄→법장에 이르러 화엄종이
대성되고 화엄교학이 체계화된 것이다.

2. 중국 화엄종의 성립

(1) 중국 화엄오조설

　　중국 화엄종조로는 전통적으로 법순두순(法順杜順, 557~640)→
지상지엄(至相智儼, 602~668) → 현수법장(賢首法藏, 643~712) → 청
량징관(淸凉澄觀, 738~839) → 규봉종밀(圭峰宗密, 780~841)로 이어
지는 화엄오조설이 있다.

　　화엄종이라는 명칭이 처음 사용된 것은 징관의 《화엄경소》에서
였다. 그리고 화엄조사설은 종밀의 《주법계관문》에서 처음 세우고
있다. 그러나 화엄종의 대성자 법장이 그의 《화엄경전기》에서 이
미 그 기초는 다져 놓았음을 볼 수 있다.

　　이 두순초조설 외에 지엄초조설 또는 지정초조설이 거론되고도
있다. 지엄이 《화엄경》을 배운 스승은 지정(智正, 559~639)이라는

점과 두순의 화엄관계 저술이 진찬이 아니라는 의문 때문이다. 아무튼 법장이 화엄종이라는 말을 사용하지는 않았으나 법장대에 이르러 화엄종이 대성되었음에는 이견이 없다.

(2) 화엄칠조설

중국 화엄종도 그 연원은 인도에서 찾을 수 있으므로 중국 화엄오조에다 마명과 용수보살을 모셔서 화엄칠조설을 신봉해왔다.

앞에서 본 바와 같이 용수는 《화엄경》을 크게 유통시켰으며, 《화엄경》의 별행경인 《십지경》을 주석한 《십주비바사론》을 짓기도 했다. 마명을 모신 것은 마명을 《대승기신론》의 저자로 보았던 것이니, 《대승기신론》의 여래장사상은 중국에서 이룬 법계연기의 기초교리가 되었기 때문이다. 그리하여 중국 화엄종에서는 마명과 용수, 그리고 중국의 화엄오조를 합해서 칠조를 내세운 것이다.

(3) 화엄십조설

칠조에다 세친보살과 문수와 보현보살을 합해 화엄십조설을 말하기도 한다. 세친은 《십지경》에 의거하여 《십지경론》을 지었으니, 화엄교학의 성립과 발달에 크게 영향을 끼쳤던 것이다.

그러나 문수보살과 보현보살은 다른 세 보살과는 성격이 다르다. 이 두 보살은 《화엄경》에 출현하시는 양대보살이다. 역사적으로 실존하셨던 분 중에 문수보살과 보현보살이 있을 수 없는 것도 아니겠지만, 이 두 분은 경전상의 이상적인 보살마하살이라 해야 할 것이다.

중국과 한국을 통틀어 말한다면 지엄 다음에는 의상을 자리매김하여야 한다는 설도 있다. 법장은 스승인 지엄의 입적시까지 거사로 있었으며 의상보다 20년 정도 연하이다. 그런데 의상은 귀국하여 한국 화엄종의 초조가 되었으므로 중국 화엄종은 법장에 의해 확립되었다고 본다.

3. 화엄종 성립의 배경

지엄은 12세 때 두순을 따라가 달법사에게 맡겨졌다. 그러나 계속 두순의 인도를 받았음이 《화엄경전기》에 기술되어 있다. 그런데 《화엄경》을 배운 것은 같은 지상사(至相寺)에 기거했던 지정으로부터였다. 지정은 혜광(惠光) → 도빙(道憑) → 영유(靈裕) → 정연(靜淵)으로 계승되는 지론종(地論宗) 남도(南道)파에 속했다. 법장 역시 지론종 남도파의 사상적 영향하에 있었음을 짐작할 수 있다. 여기서 화엄종의 성립을 살핌에 있어 지엄·법장과 관련 있는 당시의 종파상황을 헤아려보지 않을 수 없다.

법장 당시 유심에 대한 이해가 각기 다름에 따라 여러 종파가 형성되었다. 《화엄경》의 유심설에 바탕을 둔 세친의 유식사상이 중국에 전파된 것은 《십지경론》의 번역에 의해서이다. 즉, 보리유지와 륵나마제 등이 세친의 《십지경론》을 번역함에 의해 지론종이 일어났다. 진제가 무착의 《섭대승론》을 번역하여 섭론종이 흥기하였으며, 이어서 현장이 호법 등의 《성유식론》을 번역함에 의해 자은법상종이 형성되었다.

지론종은 남도와 북도의 2파가 있으니 《십지경론》을 번역함에 있어서 륵나마제는 정식설[法性生一切法]의 입장을 취했는데 혜광에 의하여 남도파로 형성되었다. 보리유지는 망식설[黎耶生一切法]

을 주장하였는데 도총에 의하여 북도파로 계승되었다.

남·북도라 함은 《속고승전》에서 낙양 아래에 남북으로 난 두 길이 있었는데 도총은 북도에서 4인을, 혜광은 남도에서 도빙 등 10인을 지도하였다는 데서 보인다.

그런데 후에 지론종 북도는 같은 뢰야망심을 주장하면서도 제9 무구식(無垢識)을 설정한 섭론종에 흡수되고 섭론종은 다시 법상 종과 합해진다.

반면 지론종 남도계는 혜광 문하가 크게 번성하였는데 그 아래 도빙(道憑)·담준(曇遵)·법상(法上)이 유명하다. 담준의 제자에 담천이 있어 법상종을 세우고, 법상 문하에 정영사 혜원(523~592) 이 있었다. 혜원은 《대승의장》을 편찬하였으며, 이 혜원의 사상 또 한 화엄종의 교학체계가 형성됨에 있어서 그 기초가 되었다. 도빙 의 제자에 정연이 있고 정연의 뒤를 이은 지정대에 이르러 앞에서 도 언급했듯이 화엄종의 지엄으로 이어진 것이다.

이와 같이 지엄과 법장 당시는 제가들이 심(心)의 분류 및 아뢰 야식에 대한 견해가 다양하였다. 망식설과 정식설은 뢰야연기와 진 여연기의 대립을 야기시켰으니 이는 당시의 어려운 문제였다. 법장 은 이러한 대승연기설을 종합하고 통일해야 할 과제를 안고 있었 다. 당시 스승인 지엄과 동시대인으로서 교세를 떨치고 있었던 현 장의 법상종 사상을 초극할 수 있는 원리가 필요하였던 것이다.

이에 법장은 초월적 입장에 있는 법상 유식설에서 자료를 가져 와, 이를 지론 남도의 정식설과 기신론의 진여수연설에 근거하여 공의 원리로 대립을 화해시켰다. 즉, 법장이 법계연기사상을 확립 하는 데 있어 진여사상에 앉아 유식가에서 자료를 섭취하여 공의 논리에 의해 구성 변증하고 있음을 볼 수 있다.

이처럼 화엄종의 유심설은 《화엄경》을 소의로 하면서도 융성하였던 당시 중국불교의 유심사상의 흐름을 염두에 두고 체계화되었던 것이라 하겠다.

이러한 법장의 체계는 그의 스승인 지엄의 시도를 거쳤음은 물론이다. 법장은 지엄의 뒤를 이어서 별교일승 법계연기설을 완성시켰던 것이다. 법장을 위시한 화엄종의 이러한 입장은 화엄교판에서도 잘 나타나 있음을 볼 수 있다.

이상에서 우리는 화엄종의 성립이 같은 유심적 측면을 중시한 다른 종파와는 그 성립시기에 있어서 크게 다름을 보게 된다. 화엄종은 소의경전인 《화엄경》의 번역 후에도 상당한 시간이 지나서야 이루어짐을 발견하게 된다. 《육십화엄》이 5세기 초에 번역되었는데 7세기의 지엄이나 법장 때에 와서야 교리가 체계화되었던 것이다.

그것은 소의 전적이 번역되면서 바로 종파가 형성되었던 타 종파들과는 크게 다르다. 유심을 핵심으로 한 사상을 천명하고 있는 종파들이 소의 논서의 번역이 이루어지자마자 형성되는 데 비해, 화엄종은 몇 세기가 흘러서야 종파의 형성이 이루어지기 시작한 것이다. 그리고 화엄종이 《화엄경》 자체를 소의로 한 데 비해 다른 종파는 경의 주석서가 번역된 것에 크게 힘입었음을 볼 수 있다.

그렇다면 화엄종의 성립이 다른 종파에 비해 그처럼 시간적인 격차가 컸던 이유는 무엇일까? 화엄종조로 모셔진 분 외에 《화엄경》과 인연이 닿았던 분이 전혀 없었던 것은 아니었다. 그것은 《화엄경전기》만 보아도 알 수 있다. 따라서 그것은 《화엄경》의 세계를 사상적으로 체계화시키기가 결코 쉽지 않았던 것이 아니었을까 생각된다.

제18강
화엄경의 연구①

1. 화엄오조의 생애와 저서

《화엄경》을 연구하여 저술을 하고 화엄교학을 일구어 간 분들은
화엄종조들이 주를 이룬다. 화엄조사들은 《화엄경》의 주석 외에도
화엄사상의 선양에 기여한 많은 전적을 남겼다. 그 가운데서 5조의
주요저술을 그 생애와 함께 간단히 소개하기로 한다. 이러한 화엄
관계 저술은 화엄교학을 이해하는 주요자료가 된다.

(1) 법순두순(法順杜順, 557~640) - 화엄행자

두순의 휘는 법순이며 제심(帝心)존자라고도 한다. 속성은 두
(杜)씨이고 옹주. 만년현 출신으로서 18세 때 인성사의 승진(僧珍)
에게 출가하였다. 승진은 산야에 살며 청빈하게 정업을 닦은 수행
자로 알려져 있다. 두순도 스승과 함께 전국을 다니며 미타염불을
권유하고 정토를 찬탄하며 오회문(五悔文)을 지어 스승의 사풍을
전하였다고 한다.

두순은 《속고승전》에는 감통편에 소개되어 있는 신승(神僧)이

다. 그는 평소에 신이로운 일을 많이 행하고, 입적 후에도 한 달이 지나도록 살빛이 선명하였으며 3년간이나 유해가 마른 채로 흩어지지 않고 주위에 향기가 퍼졌다고 한다. 그의 명성은 궁중에까지 알려져서 태종으로부터 제심이라는 호를 받았다.

스님은 항상 《화엄경》을 지송하고 경에 의해 선관을 닦아 보현행을 체득한 화엄행자로 여겨진다. 제자인 반현지에게도 항상 《화엄경》을 지송하고 《화엄경》의 말씀에 의지하여 보현행을 닦도록 권하였다. 스님의 제자로는 반현지 외에 지엄이 유명하고 지엄을 키운 달법사, 그리고 누군지는 모르나 이씨의 아들이 있었음이 전한다.

스님의 화엄관계 저서로는 《오교지관(五敎止觀)》과 《법계관문(法界觀門)》이 알려져 있다. 《오교지관》은 화엄오교판의 연원이 되는 것으로 간주되어 왔다. 그러나 이는 두순의 찬술이 아니며, 《오교지관》이 법장이 지은 《유심법계기》의 초고라고 추정되고 있다. 그리고 이는 소(小)·시(始)·종(終)·돈(頓)·원(圓) 오교의 입장에서 5문의 관법내용을 구별하고 전체가 화엄삼매에 들기 위한 관문으로 조직하고 있다. 《유심법계기》의 오문에 상당하는 오교의 조직은 지엄에게서도 아직 명확하지 않은데 그 이전 법순에게 있었을 리가 없으며, 이는 법장에 의해 성립된 것으로 본다는 것이다.

다음 《법계관문》 1권 또한 찬자에 대해서 근년에 여러 학설이 있다. 법장의 〈발보리심장〉에 그 전문이 인용되어 있기 때문이다. 이 《법계관문》의 내용은 진공관, 이사무애관, 주변함용관의 법계삼관을 설한 것이다. 이는 사사무애 십현연기의 근저가 된 것이다. 이에 대해서는 법계연기관을 고찰할 때 살피기로 한다.

홍각범(洪覺範)의 《임간록(林間錄)》 하권에는 두순의 〈법신송(法

身頌)〉이 전해진다.

(2) 지상지엄(至相智儼, 602~668) - 화엄교학의 기초자

지엄에 대해서는 제자인 법장이 지은 《화엄경전기》의 〈지엄전〉에 잘 전하고 있다. 지엄은 속성이 조씨이고 부(父)는 경(景)이며 감숙성 천수 출신이다. 지엄은 현장이 출생한 해와 같은 602년에 태어나서 현장보다 4년 뒤인 668년에 입적하였다. 12세 때 57세인 두순을 따라 출가한 뒤 누순의 수제자였던 달법사에게 맡겨 키워졌고 14세 때에 수계를 받았다.

지엄은 어려서부터 총명하였으며 인도승으로부터 범문도 배우고 여러 법사에게서 《섭대승론》·《사분율》·《실론》·《십지경》·《열반경》 등을 배웠다고 한다. 지엄은 남북조에서 수당에 걸친 중국불교의 흐름을 대부분 접하였을 정도로 불교의 여러 교학에 통하였다. 현존하는 그의 저서에 여러 경론이 풍부하게 인용되고 있음도 볼 수 있다.

지엄은 점차 《화엄경》 연구에 몰두하여 화엄을 중심으로 한 교학을 형성해 갔다. 지엄은 자신이 소의처로 삼을, 평생 나아갈 교학을 선택하려고 장경 앞에 서서 절한 후 서원을 세우고 잡은 것이 《화엄경》이었다고 한다. 그후 《화엄경》의 탐구가 그의 생활의 중심이 되어 갔다. 지엄은 곧 같은 지상사에 주석했던 지정(559~639)에게서 《화엄경》 강의를 들었으며, 장경의 주석서를 보다가 혜광의 《화엄경소》를 접하고는 '별교일승 무진연기'의 화엄세계를 납득하게 되었다. 그후 어느 낯선 스님으로부터 "일승의 뜻을 알려고 한다면 십지중 육상의를 가벼이 말라"는 가르침을 듣고 두 달간 깊이 참구한 끝에 일승의 진의를 알게 되었다고 한다. 그리하여 《화엄경》의 주석서를 지었으니 그것이 《수현기》이다. 그때 지엄의 나이 27세였다.

지엄 문하에 의상·법장·혜효·반현지 등이 있다. 지엄이 청정사의 반야대가 기우는 꿈을 꾸고 죽음이 가까이 온 것을 알았을 때 혜효도 그와 비슷한 꿈을 꾸었다고 한다. 특히 의상은 해동화엄초조가 되고 법장은 지엄의 뒤를 이어 중국 화엄종의 3조가 된 분으로 주목된다.

지엄의 저서는 20여 부가 있으며 뜻은 풍부하면서도 문장은 간결하여 그 정신을 이해하는 자가 적다고 법장은 말하고 있다. 그 중에 진찬이라 인정받는 것은 7부이다. 화엄관계 저서로는 다음의 저술이 중시된다.

①《수현기(搜玄記)》 5권 : 《육십화엄》의 주석서로서 《수현기》가 있음은 이미 언급하였다.

②《화엄경공목장(華嚴經孔目章)》 4권 : 《육십화엄》에 대해 144개의 문항[章門]을 시설하여, 소승·삼승·일승의 차별을 설하여 일승화엄의 뜻을 나타내 보인 것이다. 이는 지엄의 62세 이후 만년작으로서 지엄사상의 원숙함을 보여 준다.

③《오십요문답(五十要問答)》 2권 : 화엄학의 중요한 이치를 53가지 문답형식으로 설명하였다. 소승·삼승과 일승화엄의 교설을 비교하고 화엄이 구경대승임을 설한 것이다. 58세 이후의 저술로 보이며 《공목장》에서 이 《오십요문답》을 인용하고 있다.

④《일승십현문(一乘十玄門)》 1권 : 십현연기문을 설한 것인데 《화엄경》의 내용을 교리적으로 조직하고 있다. 이 《일승십현문》은 두순이 설한 것을 지엄이 찬술한 것이라고 되어 있다. 그런데 이는 법장의 《화엄오교장》이 《일승십현의》와 유사하며, 지엄 찬술

인 것에 대해서도 이설이 있다. 이에 대한 의심은 고려시대 대각국사 의천(義天)의 《신편제종교장총록(新編諸宗敎藏總錄)》에서 비롯되며 이《일승십현문》의 지엄 찬술에 대해 이설이 분분하였다.

그러나 지엄의 전기에 의하면 앞서 말한 것처럼 지엄이 일승의 진의를 알게 되어 《수현기》를 짓게 되었다고 하였으나, 《수현기》에서는 《일승십현문》에 대한 설명이 극히 간략하다. 따라서 일승십현에 대한 보강 설명이 필요한데 다른 저서에서는 이 요구가 채워지고 있지 않다. 따라서 《일승십현문》이 《수현기》를 진후한 시기에 저작된 지엄의 저술일 가능성도 배제할 수 없다. 따라서 이의 진찬여부는 좀더 많은 고찰이 있어야 할 것으로 생각된다.

⑤《육상장》: 간략하지만 지엄의 육상원융관이 보이는 중요한 글이다.

(3) 현수법장(賢首法藏, 643~712) ─ 화엄교학의 대성자

법장의 전기자료는 최치원의 《법장화상전》, 염조은(閻朝隱)의 〈강장법사지비(康藏法師之碑)〉를 비롯하여 20여 종이 있다. 속성은 강씨이며 강거국인이다. 법장은 일찍이 불승을 깨닫고자 맹세하고 지엄으로부터 《화엄경》 강의도 들으며 문지라는 호도 받았으나, 지엄이 입멸한 2년 후인 28세 때 태원사에서 득도하였다. 32세 때 측천무후의 주선으로 십대덕에게서 구족계를 받고 현수라는 호를 사사받았다고 한다.

법장이 《화엄경》을 강론할 때 신이로운 상서로움이 보였다는 기록도 많이 전한다. 법장은 문지라는 호처럼 많은 화엄관계 전적을 남겨 중국 화엄교학을 크게 융성시켰던 것이다. 약 30부 100여 권의 저술 가운데 화엄관계 저술에 대하여 몇 가지 언급해 본다.

①《화엄경탐현기(華嚴經探玄記)》20권 :《육십화엄》의 주석서이다. 《탐현기》는 법장이 45세에서 53세경에 지은 것으로 추정되니, 법장의 화엄사상이 원숙해질 때 이루어진 것으로 보인다. 그리하여 젊었을 때 지은 저술에 보이는 설과 차이나는 부분도 없지 않다. 그 한 예가 십현연기설이다. 이 《탐현기》에 보이는 십현은 신십현이라 하고, 34세경에 지은 《화엄오교장》에 보이는 십현설은 고십현이라 불리고 있는 것이다. 이 《탐현기》는 완성되기도 전에 신라에 유통되었다. 신라에서 유학간 승전(勝詮)을 통하여 의상에게 보냈던 것이다.

이 《탐현기》의 구성 조직은 처음에 서문(귀경서와 총서)이 있고 다음에 10문을 열어 《화엄경》을 해석하고 있다.

1 제1문에서는 《화엄경》이 교설된 까닭을 〈여래성기품〉설을 인용하여 설명하고 있다. 여래께서 세간에 출현하심은 무량인연이 있는 것이니 이에 의해 총별로 설명한 것이다.

2 제2문에서는 부처님 교설을 10가지로 분류하면서 《화엄경》은 대승경이면서도 모든 부류를 다 포함하는 포괄적인 경이기도 함을 서술하고 있다.

3 제3문에서는 교를 세운 차별을 나타내고 있다. 당시까지 유통되던 교판 가운데 10가지 설을 소개하며, 화엄교판인 오교십종판을 밝히고 있다.

4 제4문에서는 부처님의 가르침이 이익을 입힐 근기를 구분하고 있다.

5 제5문에서는 능전교의 체를 열 가지로 분별하고 있다. 그것은 말이나 글에서부터 내지는 해인삼매에 의해 나타나는 문 등을 말하고 있다.

6 제6문에서는 《화엄경》의 종취를 밝히고 있다. 이에 10설을 소개하고 있다. 말이 나타내는 것이 종(宗)이고 종이 돌아가는 곳이 취(趣)라고 한다. 이에 '인과연기 이실법계'도 말해지고 있다. 대방광은 이실법계이고 불화엄은 인과연기로 설명함도 여기에 보인다.

7 제7문에서는 경의 갖춘 제목을 10가지로 해석하고 있다.

8 제8문에서는 《화엄경》의 전래와 번역에 대하여 말하고 있다.

9 제9문에서는 의리문제를 역시 10문으로 드러내고 있다. 십현연기를 설한 것이다.

10 제10문에서는 경문을 따라 해석하고 있다.

법장은 이 《탐현기》에서 자신의 화엄경관을 잘 나타내 보이고 있으며, 그 내용은 주요한 화엄교학으로 주목되어 왔다.

②《화엄문의강목(華嚴文義綱目)》1권 : 《육십화엄》8회에 대한 경문과 내용의 골자를 설명한 것이다.

③《화엄경지귀(華嚴經旨歸)》: 지귀란 종지 귀취를 말하니 《화엄경》의 대강을, 《화엄경》의 설처·설시·교주·청법대중·교화의식 등 10문으로 나누어 간략히 말하고 있다.

④《화엄경문답(華嚴經問答)》2권 : 의상의 강의를 지통이 받아적은 추동기의 내용과 흡사한 부분이 많아서 그 진찬이 의심되기도 한다.

⑤《금사자장(金獅子章)》1권 : 측천무후에게 장생전 뜰앞의 금사자로 비유하여 화엄교관을 나타낸 것이다.

⑥《망진환원관(妄盡還源觀)》4권 : 여래장심을 기본으로 하는 유심(唯心)의 입장에서 사사무애관을 설하고 있다.

⑦《화엄경전기(華嚴經傳記)》5권 : 법장 이전의 화엄관계 연구의

역사를 아는 데 중요한 자료가 된다.

⑧《화엄오교장(華嚴五敎章)》4권 : 법장의 저작 가운데 후세에 가장 많이 읽혀진 것 중 하나로서 화엄학 연구의 입문서이자 필독서로 간주된다.

《화엄오교장》은 화엄종의 교판론인 오교판에 근거하여 화엄학의 체계를 조직한 입교개종(立敎開宗)의 대표적인 저서이다. 이는 화엄학 개론임과 동시에 화엄종의 입장에서 본 불교개론으로 일컬어진다. 《화엄오교장》의 찬술연대는 세 가지 설이 있으나 약 34세 때 지은 것으로 여겨진다.

이 《화엄오교장》은 제목과 이본이 많다. 이본으로는 초본(草本)·송본(宋本)·연본(鍊本)·화본(和本) 등이 있다. 10문의 순서만으로 본다면 초본이 화본이며, 연본은 송본과 같다. 제호로는 연본과 화본이 같다.

《화엄오교장》은 신라에 있어서도 이본의 문제가 있었음이 고려시대 균여의 《석화엄교분기원통초》에 상술되어 있다. 법장이 의상에게 보낸 편지인 〈기해동서(寄海東書)〉에 따르면 법장이 자신의 저술도 보내면서 그 잘잘못을 가려줄 것을 청했다. 의상은 《일승교분기(화엄오교장)》를 검토하고 나서 《화엄오교장》의 순서를 일부 바꾸어서 전후의 의로가 통하도록 했다. 그리하여 정정본은 초본이고, 정정하지 않은 본은 연본이라 일컬어졌다. 일본의 화본은 신라의 초본과 일치한다.

《화엄오교장》의 제목으로는 8종이 있다. 송본의 제목은 《화엄일승교의분제장》으로 되어 있는데 이는 송대의 진수정원이 종밀의 《원각경대소초》를 전거로 해서 제호한 것이다. 그런데 법장이 직접 사용한 제호는 〈기해동서(寄海東書)〉에는 《일승교분기》라고 하고 자신의 저작인 《화엄경전기》에는 《화엄교분기》라 하고 있으므로 《화엄일승교분기》가 원의에 가깝다. 《화엄오교장》이라 함은 최치원이 지은 〈법장전〉을 따른 것이다.

《화엄오교장》의 구성은 다음 10문으로 조직되어 있다.

① 제1문은 일승과 삼승의 관계와 동별이교(同別二敎)를 말하고 있다. 화엄은 별교일승에 속한다.

② 제2문은 일승과 삼승의 교의와 섭익(攝益)을 밝히고 있다.

③ 제3문은 법장 이전 10가의 교판을 소개하고, 화엄교판 확립의 자료로 삼고 있다.

④ 제4문은 화엄종의 입교개종을 선언한 것이다. 전 불교를 오교십종으로 분류하고 화엄종을 최고위에 둔 것이다.

⑤ 제5문은 승(乘)과 교(敎)의 관계를 밝힌 것이다. 화엄이 일체 모든 교를 융섭하는 일대 원교임을 서술하고 있다.

⑥ 제6문은 교가 설해진 시기를 논한 것으로서 《화엄경》이 성도 후 최초설법임을 말하고 있다.

⑦ 제7문은 교에 전후의 차별이 있음을 보이고 있다.

⑧ 제8문은 별교일승과 삼승교와의 상위점을 논하고 있다.

⑨ 제9문은 소전차별(所詮差別)에서는 소승·삼승·일승의 심식·수행 등 10가지를 화엄오교판에 입각하여 설명하고, 화엄 별교일승의 가르침이 최고임을 논증하고 있다.

⑩ 제10문은 의리분제(義理分齊)이니 화엄교학의 핵심인 법계연기를 설명하고 있다. 의상이 이 제9문과 제10문을 교체하였다.

이외에 《화엄삼보장》 2권, 《의해백문》 1권, 《유심법계기》 1권, 《발보리심장》 1권, 《화엄삼매장》 등도 알려져 있다. 법장이 55세 때 의상에게 보낸 〈기해동서〉도 간과할 수 없다.

제19강

화엄경의 연구②

(4) 청량징관(淸凉澄觀, 738~839) ─《팔십화엄》 주석의 대가

청량의 속성은 하후(夏候), 휘는 징관, 자는 대휴(大休)이다. 징관의 생몰연대에 대해서는 징관의 탑기나《송고승전》 등 전기자료에 따라 다르다. 탑기에 의하면 738년에 태어나 839년에 입멸하여 세수 102세였다고 한다. 징관은 법장이 입멸한 지 27년 뒤에 태어났으나 법장의 뒤를 이어 화엄종 4조가 되었다. 11세에 출가하여 14세에 득도하였다. 징관은《화엄경》을 등지고 앉지 않겠다는 원 등 10가지 원을 세워 자신을 책려하였다.

징관은 현종으로부터 문종까지 9조를 경과하는 동안 7제(七帝)의 사범으로 존숭받았다.《화엄경》을 50여 회나 강의하였다. 경을 궐 내전에서 강의할 때에 그 묘법이 임금의 마음을 청량케 하였다고 해서 덕종이 청량법사라고 호를 내리고 교수화상으로 모셨다고 한다.《사십화엄》의 번역장에 참여하였다.

저술로는 당시 유통하는 것이 400여 권이라고《법계종오조약기》에 전한다. 현존하는 것만 40여 종을 헤아리는데 그의 저작 가운데 가장 대표적인 것은《화엄경소초》와 이에 대한《수소연의초》이고 그 가운

데서도 현담이 그의 화엄철학을 체계적으로 잘 정리한 것이다.

① 《화엄경현담》(화엄현담·청량현담·화엄경소초현담) : 《화엄경수소연의초》 가운데서 화엄개설에 관한 부분을 추려내어 모은 것이다. 현담이란 경의 본문에 들어가기 전에 미리 그 경전의 강요를 정리하여 놓은 것이다. 지금의 해제격이다. 현담 중에는 징관의 이 화엄현담이 양으로나 질로 보아 다른 경전의 현담을 압도할 만큼 풍부하다. 전문강원에서는 대교반에서 이 현담을 이해하는 데 대부분의 시간을 할애해 왔다.

현담은 《화엄경》을 해석하는 데 10부문으로 나누었다.

① 교기인연(敎起因緣) : 《화엄경》의 가르침이 설해지는 데 10가지 인연이 있다는 것이다.

② 장교소섭(藏敎所攝) : 《화엄경》이 부처님의 일대시교 가운데 어디에 속하는가를 밝히는 교판론이다. 이는 현담의 약 3분의 1에 해당한다.

③ 의리분제(義理分齊) : 화엄의 교리는 넓고 깊어서 어떠한 가르침이라도 다 포섭한다. 별교일승의 특징으로서 10현문의 사사무애 법계연기가 설해져 있다.

④ 교소피기(敎所被機) : 《화엄경》의 가르침을 믿고 이해하고 실천할 수 있는 근기에 대한 설명이다. 10부류로 나누고 있으나, 《화엄경》을 만나면 일체 중생이 이익을 얻을 수 있다고 한다.

⑤ 교체천심(敎體淺深) : 가르침의 바탕에 대한 설명이다.

⑥ 종취통별(宗趣通別) : 말의 숭상하는 바를 종, 종의 돌아가는 바를 취라 한다. 일대시교를 10종으로 나누고 화엄의 종취도 말하고 있다. 현수는 인과연기 이실법계로써 종취를 삼았다.

⑦ 부류품회(部類品會) : 《화엄경》의 종류를 품수와 법회의 수 등

에 따라 언급하고 있다. 약본경·하본·중본·상본·보안경·동설경·이설경·주반경·권속경·원만경의 10종이 있음을 말하고 있다. 《육십화엄》과 《팔십화엄》은 첫째의 약본경에 속한다.

⑧ 전역감통(傳譯感通) : 《화엄경》 번역에 관한 사항이다. 번역 연대 등과 번역시의 영험담도 언급되어 있다.

⑨ 총석명제(總釋名題) : 《대방광불화엄경》의 제목을 10문으로 나누어 상세하게 설명하고 있다.

⑩ 별해문의(別解文義) : 경문의 해석으로서 이 현담의 분량은 우리나라 목판본으로는 8권이다.

②《화엄경소(華嚴經疏)》·《화엄경수소연의초(華嚴經隨疏演義鈔)》 : 《팔십화엄》의 주석서이다.

③《정원화엄소(貞元華嚴疏)》·《보현행원품별행소(普賢行願品別行疏)》 : 《사십화엄》의 주석서이다.

④《삼성원융관문(三聖圓融觀門)》 : 이통현 사상 중에 나타난 비로자나여래와 문수·보현의 3성원융을 관문으로 조직한 것이다.

⑤《답순종심요법문(答順宗心要法門)》 : 《화엄심요법문(華嚴心要法門)》이라고도 하며 징관의 성기관을 보여 주는 것으로서, 당시 성하던 선종과의 융화를 도모하는 교선일치론의 기초를 마련한 글이다.

그리고 《화엄법계현경》·《화엄약책》 등도 있다.

(5) 규봉종밀(圭峰宗密, 780~841) ─ 교선일치의 주창자

종밀의 생애와 사상을 알 수 있는 자료로서는 근본자료인 〈규봉

선사비명병서〉(배휴 찬, 855년)를 비롯하여 약 30종이나 되며, 종밀의 전기를 담고 있는 문헌과 종밀 자신의 소초로 크게 이분할 수 있다. 《송고승전》(찬녕 찬, 988년)에서는 종밀을 습선(習禪)이 아닌 의해(義解)편에 수록하고 있다. 종밀이 학승임을 의도한 것으로 여겨진다.

종밀은 속성이 하(何)씨이며, 당 덕종 때인 780년에 과주(果州) 서충현(西充縣)의 명문가에서 태어났다. 종밀은 처음 유학에 힘쓰다가 25세 때 도원선사를 만나 출가하였다. 종밀과 도원신사의 만남은 종밀이 하택선의 법손임을 말해 주는 것으로 인정되어 왔다. 그러나 그의 깨달음과 행화는 선적 참구로 일관된 것이 아니었다. 종밀은 출가한 지 얼마 안 되는 사미시절에 《원각경》을 통해 깨달음을 얻었다.

그리고 다시 청량징관의 《화엄소초》를 대하고 확연히 깨달음을 얻어 징관에게 사사하고 중국 화엄종조가 되었다. 종밀은 징관을 만나자 바로 인가를 받았으니 징관이 "비로자나불의 화장세계에 능히 나를 따라 노니는 자가 그대 말고 그 누구이겠는가!"라고 하였다. 그때 종밀의 나이 32세, 징관의 나이 74세였다. 처음 2년 동안 종밀은 주야로 징관을 시봉하면서 가르침을 받았다. 후에도 의문이 있는 경우에는 왕래하여 물었다고 한다. 종밀이 징관의 《화엄소초》를 만난 것은 종밀교학이 화엄을 통하여 완성되는 계기가 마련된 것이라 하겠다.

종밀은 스승인 청량징관이 102세로 입적한 2년 후인 무종 회창 원년(841) 흥복탑원(興福塔院)에서 좌멸하였으며 사리 수십과를 남겼다. 시호는 정혜(定慧), 탑호는 청련(靑蓮)이다. 종밀에게 득도한 제자가 수천인이 된다. 배휴가 왕명을 받고 지은 탑비문이 종남산

초당사에 안치되었다. 종남산 규봉 초당사에 오래 주석하였으므로 규봉이라 부른다. 아래와 같은 저술을 비롯하여 교와 선에 걸쳐 200여 종의 저서가 있음이 전해진다.

①《원각경대소》·《원각경대소초》·《원각경약소》·《원각경약소초》: 종밀의 대표적인 저서에 속한다. 종밀은 도원선사에게 출가하였으나 《원각경》을 읽다가 깨달음을 얻었다. 그리하여 《원각경》의 주석에 힘썼음을 알 수 있다.

②《선원제전집(禪源諸詮集)》·《선원제전집도서(禪源諸詮集都序)》: 이는 그의 54세 때(태화 8년, 834)의 저술이다. 교의 삼교와 선의 삼종을 융회하여 교선일치를 주장한 것이다. 《도서》는 고려 지눌시대에 이미 한국에 전래되어 유통되었고 조선시대부터 강원의 사집과 이력과목 중의 하나로 채택되어 승려들에 의해 강수되어 왔다. 조선 판본 가운데 1493년에 개판된 화암사본이 가장 일찍 각판된 본으로 현재 유통되고 있다.

③《보현행원품소초》: 징관의 《보현행원품소》에 대한 주석이다.

④《화엄심요법문주》: 징관의 《화엄심요법문》에 대한 해석이다.

2. 수당(隋唐)시대 오조(五祖) 외의 화엄연구가

이와 같은 화엄오조들의 저술 외에 이통현의 《신화엄경론》과 혜원의 《화엄경간정기》등도 널리 알려져 있다. 《화엄경간정기》는 현수법장이 《80화엄》을 주석하다가 입적하자 혜원이 그 뒤를 이어 완성시킨 것이다.

3. 종밀 이후의 화엄경 연구

회창폐불 이후 교학이 쇠퇴해진 시대에 화엄의 맥을 이은 이들로서 종밀 하에 석벽전오(石壁傳奧)가 있고 해인낭월(海印朗月), 수등덕현(守燈德現), 오대승천(五台承遷) 등이 대를 이어 진수정원에 전하였다. 진수정원(晉水淨源)의《원인론》·《발징록》·《화엄경소》등이 전해진다. 정원은《능엄경소》·《기신론필삭기》를 지은 장수자선(長水子璿)과 함께 이수(二水)라 불린다.

송조 4가(四家)로 알려진 도정(道亭)·관복(觀復)·사회(師會)·희적(希迪) 등은 주로 법장의《화엄오교장》에 대한 주석을 남겼다. 즉 도정의〈의원(義苑)〉, 관복의〈절신기(折薪記)〉, 사회의〈분신(焚薪)〉그리고 희적의〈집성기(集成記)〉등이다.

원대의 화엄관계 저서로는 보서(普瑞)가 지은《화엄현담회현기》40권과 보주(補註)한《화엄예참》42권, 그리고 원각(圓覺)의《원인론해》3권도 남아 있다. 명말의 운서주굉(雲捿袾宏), 감산덕청(憨山德淸), 우익지욱(藕益智旭) 3가 역시 화엄가로 이름이 있으며 저술도 남겼다. 감산의《화엄경강요》80권은 특기할 만하다.

화엄종의 성립과 화엄교학 형성의 배경은 화엄교판상에도 잘 나타나 있다. 중국불교의 특색을 중국 13종의 성립과 발전에 의한 종파불교로 보기도 한다. 그런데 각 종파의 성립과 사상을 이해하는 데는 교판(敎判)을 빼놓을 수 없다. 교판은 인도에서부터 행해졌다고 하겠으나 중국에서 남북조시대 이후 각 종파의 종조들에 의해 자기 종파의 종지를 세움에 있어 반드시 행해졌던 것이다.

교판이란 교상판석(敎相判釋)을 줄인 말이다. 교상을 판단하고 해석한다는 말이다. 부처님의 가르침을 체계적으로 정리 분류하여 불타의 근본 뜻을 천명하려는 것을 말한다. 불교를 연구하고 해석하는 한 가지 방법론으로 사용된 것이다.

경전이 인도에서 중국으로 전래될 때, 어떤 계획 아래서 이루어진 것이 아니고 산발적으로 뒤섞여진 채 중국에 들어왔다. 이들을 한역하여 그 분량과 종류가 상당한 수에 이르렀을 때, 다양한 설법 내용을 담은 경전들에 대한 체계성을 따지게 되었다. 그리하여 남북조시대부터 경전에 대한 분류가 있게 되었으니, 어느 경전이 불타의 근본적인 뜻을 나타내고 있는가를 결정하는 것이 주안점이 되었다.

말하자면, 경전 하나하나를 말씀한 시기, 그 대상, 설법한 목적, 방법, 그리고 사상의 깊고 얕음 등을 연구하고 비판해서, 그에 따라 불타의 본뜻이 담긴 경전을 설정하고 이를 기본으로 하여 다른 경전의 지위를 판정하였다. 모든 경전을 몇 개의 부문으로 나눔과 동시에 경전의 내용을 단계적으로 분류하였다. 따라서 불교교리의 서열적 분류가 이루어지고 드디어 모든 불교의 교리가 조직적으로 체계지워지게 되었다.

이러한 교상판석은 극히 주관적인 견해로서 입교개종(立敎開宗)의 교리적인 근거로서 없어서는 안 되었다. 교판은 종파가 분립되지 않았던 그 이전인 남북조시대의 전반부터 이미 이루어지고 있었기는 하나, 중국의 모든 종파의 개조에 의하여 활발히 행해졌던 것이다.

1. 화엄 이전 10가설(十家設)

《화엄오교장》에서는 화엄교판 이전인 당시까지의 교판을 통틀어 10종 교판을 들고 있다. 《화엄오교장》을 주로 의거하여 10가설과 화엄교판을 살펴보기로 하겠다.

① 보리유지(菩提流支)의 일음교(一音敎)이다. 보리유지는 《유마경》에서 "부처님께서는 일음으로 말씀하시나, 다만 중생의 근기가 같지 아니하여 각각 달리 이해한다"고 하신 말씀에 의거해서, 부처님 법은 근기에 따라 여러 가지가 있을 뿐이며, 그 근본은 오직 여래의 한 원음의 가르침이라는 것이다.

②호법(護法) 사(師)의 점돈이교(漸頓二敎)의 교판이다. 이는 《능가경》등의 말씀에 의지하여 부처님의 가르침을 돈교와 점교의 2교로 나눈 것이다.

③광통(光統)율사의 점(漸)·돈(頓)·원(圓) 3종교판이다.

④대연(大衍)법사의 4종교이니 인연종·가명종(假名宗)·부진종(不眞宗)·진실종이다.

⑤호신(護身)법사의 5종교이니 인연종·가명종·부진종·진실종·법계종이다.

⑥기사(耆闍)법사의 6종교이니 인연종·가명종·부진종·진종(眞宗)·상종(常宗)·원종(圓宗)이다.

⑦남악(南岳)혜사 및 천태지자선사의 4종교이니 삼장교·통교·별교·원교이다. 천태교판은 5시 8교판으로 말해진다. 그런데 여기서는 8교판 중 부처님께서 가르치신 교법내용을 분류한 화법사교(化法四敎)를 소개한 것이다.

⑧강남 민(江南敏)법사의 2교이니 굴곡교 '석가경'과 평등도교 '노사나경'이다.

⑨양 광택사 운(雲)법사의 4승교이니 일승·삼승이다.

⑩당 현장(玄奘)삼장의 3종교이니 《해심밀경》·《금광명경》·《유가론》등을 의지해서 전법륜·조법륜·지법륜으로 나누었다.

이상 10가의 교판에서도 화엄이 최상의 교설임을 인정하고 있다. 단 마지막 현장의 교판에서는 화엄에 대한 언급이 없다. 《오교장》에서는 그 이유를 밝히고 있다. 첫째 전법륜(轉法輪)은 초시에 녹야원에서 사제법륜을 굴린 것이니 이는 소승법이다. 둘째 조법륜(照法輪)이란 중세에 대승내에서 밀의로 제법이 공함을 말씀하신 것이다. 셋째 지법륜(持法輪)이란 후세에 대승 중에서 현료의 뜻으로 삼승과 진여불공의 이치를 설한 것이다. 이처럼 이 삼법륜에는 다만 소승과 삼승만 설하고 별교일승은 언급하지 아니하였으니, 그것은 《화엄경》은 초시설이나 소승이 아니고 지법륜은 후시설이라 화엄이 아니다. 따라서 이 삼법륜의 분류로서는 별교일승 화엄을 포섭할 수 없다는 것이다. 이 또한 다른 교판에서처럼 화엄은 가장 수승한 법임을 인정하는데 예외일 수 없게 하고 있다.

《오교장》의 저자인 법장이 지은 《탐현기》에서는 10가설에 원효의 4종교판(삼승별교·삼승통교·일승분교·일승만교)도 소개하고 있다. 또 법장의 뒤를 이은 청량은 법장의 제자였던 혜원의 4교판도 소개하고 있다. 이외에도 여러 교판설이 있지만 《화엄오교장》에서 법장은 위의 10가설을 기존 교판 중 대표로 본 것이다.

2. 화엄종의 교판

그러나 화엄종에서는 10가와는 다른 교판을 시도해서 특히 화엄이 중국불교사상의 총결이며 최상승 법문임을 드러내고 있으니, 동별이교판과 오교십종판이다. 법장이 모든 교설을 《화엄경》을 중심으로 체계적으로 조직하면서 세운 화엄교판은 다음과 같다.

(1) 동별이교판(同別二敎判)

화엄교학에서는 일승을 나누어 동교일승과 별교일승으로 한다. 양거(羊車)·녹거(鹿車)·우거(牛車)로 비유되는 성문승·연각승·보살승의 삼승에 대하여 대백우거(大白牛車)의 일불승이 수승함은 법화와 화엄에서 모두 주장하고 있다. 그래서 천태교판에서도 화엄과 법화를 모두 일승원교에 배대하고 있는 것이다.

화엄에서는 이 일승을 다시 동교와 별교로 나누어 법화는 동교일승에 해당시키고, 화엄만을 별교일승으로 교판하고 있다.

동교는 일승과 삼승이 융회해서 같다는 의미이다. 일승이 삼승에 동(同)하고 삼승이 일승에 동한다는 말이다. 일승이 삼승에 동한다는 말은 일불승을 분별하여 셋으로 한다고 하는, 일승에서 삼승이 흘러나옴을 의미하는 향하적 방면의 동교이다. 일승이 능동(能同), 삼승이 소동(所同)인 것이다.

삼승이 일승에 동한다는 것은 회삼귀일의 향상적 방면인 동교이다. 일승이 소동, 삼승이 능동이다. 《오교장》에서는 일단 일승과 삼승이 있음을 분제승(分諸乘)에서 나누어 보이고, 이를 다시 실(實)로써 권(勸)을 이루며, 권이 실로 돌아간다는 융본말(融本末)로 회통하고 있다.

별교일승은 삼승과 별이(別異)하다는 의미로서 동교일승이 상대의 견해에 입각해 있음에 반하여 이는 절대의 견지이다.

법장은 《오교장》에서 이 또한 과분불가설(果分不可說)과 인분가설(因分可說)로 나누고 있다.

첫째는 성해과분(性海果分)이니 불가설이다. 왜냐하면 교와 상응하지 않기 때문이다. 곧 십불자경계(十佛自境界)이다. 《십지론》에서 인분가설 과분불가설이라 함이 이것이다.
둘째는 연기인분(緣起因分)이니 곧 보현경계이다. 이는 둘이 둘이 아니며 전체가 두루 거두니, 파도와 물과 같다.

성해과분은 십불자경계이므로 불가설이나 연기인분에서는 사량이 인정되는 가설의 세계이다. 이 인분가설을 다시 설명해서 분상문(分相門)과 해섭문(該攝門)의 둘로 나누고 있다.

분상문이란 초월의 일승이다. 삼승차별의 교의를 초월하여 독자의 지위를 가지는 절대의 일승이다. 행하고 보이는 것이 다 일승 아님이 없는 것이다. 이 분상문을 《오교장》에서는 10가지로 설명하고 있다.

일승이 삼승을 초월해 있다는 것은 삼승을 포함하고 있다는 의미이다. 삼승을 다 포섭해서 하나로 한 교의를 형성하고 있는 곳에 참으로 일승의 절대적 의의가 분명하게 드러난다. 이렇게 일승이 삼승을 완전히 포섭하고 있으므로 삼승은 일승에 녹아 형체와 그림자도 볼 수 없다. 따라서 일승과 삼승은 하나가 아니지만 다르지도 않다는 것으로 해섭문을 설명하고 있다.

이와 같이 일승이 삼승과의 대립을 초월하면서도 삼승을 포함하는 방면을 별교일승이라 하여, 법장은 부처님의 가르침을 일승과 삼승을 융합해서 온전히 하나[全一]로서의 불교로 파악하려 하였다. 그러면서도 동별이교판에서는 분명히 깊고 얕음을 인정해서 동교일승은 삼승을 회통한 일승이라서 아직도 삼승에 상대하는 입장이라면, 별교일승은 삼승에 대립한 일승이 아니라 절대의 견지에 입각하고 있다고 한다. 그리하여 천태교의를 차삼(遮三)의 동교라 하고, 화엄을 직현(直顯)의 별교라 하여 화엄을 최고의 자리에 올려놓고 있는 것이다.

(2) 오교십종판(五敎十宗判)

법장은 다시 일승이 삼승보다 수승한 이유를 오교십종판에서 밝히고 있다. 오교판은 법(法), 즉 능전교를 오교에 분류한 것이고, 십종판은 이(理), 즉 소전의 종취를 십종으로 분류한 것이다.

먼저 오교는 ① 소승교 ② 대승시교 ③ 종교 ④ 돈교 ⑤ 원교이다.

첫째, 소승교(小乘教)는 《아함경》, 《바사론》, 《구사론》 등의 설로서 인공(人空)을 설할 뿐이고 법공을 시현하지 못한다 하여 대승에서 이를 소승이라 낮추어 부른 것이다.

둘째, 대승시교(大乘始教)는 대승의 첫문에 해당한다고 하여 초교라고도 한다. 이에 상시교(相始教)와 공시교(空始教)가 있다. 상시교는 뢰야연기의 유식설, 공시교는 중관설에 해당한다.

셋째, 종교(終教)는 대승종극의 의미로서 숙교라고도 하며 여래장연기설에 해당한다.

넷째, 돈교(頓教)는 언설과 계위를 세우지 않는, 몰록 이루고 몰록 증득하는[頓成頓證] 의미이다. 돈교는 언설이 문득 끊어지고 근본자성이 나타나며 해와 행이 몰록 이루어져 일념도 일어나지 않는 것이 바로 부처님과 같은 것이다. 일념도 내지 않으므로 불(佛)이고 계위도 세우지 않으므로 돈(頓)이다. 그래서 직현인 불이법문의 유마경설이 이에 해당한다. 지엄은 화엄을 돈교에도 일분 포섭시켰으나 법장은 완전히 원교에만 해당시켰다. 후에는 이언절상(離言絶相)의 선종도 이 돈교에 포섭시켰다.

다섯째, 원교(圓教)는 교리행과(教理行果)가 다 원융무애 자재무진인 교설이다. 삼승을 융섭하기 위하여 동교를 내세웠으나, 원교의 주된 바는 별교이다.

다음 십종판은 오교에서 담고 있는 이치에 의해 10종으로 분류하였다.

①아법구유종(我法俱有宗)이다. 인·법 모두 유(有)라 설하는 종으로서 독자부 등의 설이다. 이를 불법 내 외도라고도 한다. 부처님께서는 무아(無我)라 하셨는데 여기서는 아(我)도 있다고 생각하므로 외도라고 지칭한 것이다. 우리가 무아의 도리를 모르고 가아(假我)인 이 오온아(五蘊我)에 집착한다면 입으로는 보살도를 찬양하지만 화엄교판에 의거하면 외도의 자리에 떨어짐을 환기시켜 준다고 하겠다.

②법유아무종(法有我無宗)이다. 아(我)는 무(無)이나 법(法)은 삼세에 실유(實有)한다고 설하는 것으로서 설일체유부가 이에 속한다.

③법무거래종(法無去來宗)이다. 과거와 미래의 법은 법체가 없고 현재의 제법만이 유(有)라는 종으로서 대중부가 이에 속한다.

④현통가실종(現通假實宗)이다. 현재법 중에도 가와 실이 있다고 설하는 설가부 같은 것이다.

⑤속망진실종(俗妄眞實宗)이다. 속제는 허망하고 진제는 진실이라고 설하는 것인데 설출세부 같은 것이다.

⑥제법단명종(諸法但名宗)이다. 일체 법은 다만 이름뿐이요 실유가 아니라고 설하는 것인데 일설부 같은 것이다.

이상은 소승교의 이치를 말한 것이다. 그런데 여기서 분류의 기준은 무엇보다도 제법이 공한 줄 얼마나 이해하였느냐에 달려 있다. 공을 온전히 다 이해하지는 못하였으나 이해한 정도에 따라 소승의 이치를 분류한 것임을 볼 수 있다.

이러한 제법이 공한 줄 온전히 다 이해하면 대승으로 들어가니 대승의 초문에 해당하는 공시교가 일곱째 일체개공종으로 말해지고 있는 것이다.

⑦ 일체개공종(一切皆空宗)이다. 일체 법은 다 진공이라고 설하는 것인데, 대승시교 중의 공시교에 해당하는 반야경·중론·십이문론 등이 이것이다.

⑧ 진덕불공종(眞德不空宗)이다. 일체 법은 오직 진여로부터 연기하며 진여는 공하지 않고 만덕을 구족한다는 뜻으로 종교에 해당한다.

⑨ 상상구절종(相想俱絶宗)이다. 소연상과 능연상이 함께 끊어진 무념무상의 절언(絶言) 경계로서 돈교에 해당한다.

⑩ 원명구덕종(圓明具德宗)이다. 낱낱 사법은 다 일체의 공덕을 원만하게 구족하고 있다는 것으로서 주반구족하고 무진자재함을 현현하는 별교일승의 법문이다.

법장은 법계연기를 밝히기 위해 유식, 공관, 여래장불교를 차용하고 있는데 이를 화엄교판에서는 대승의 시교와 종교에 배속시키고 있는 것이다. 그 위에 돈교와 일승원교에 화엄을 포섭시키고 있는 지엄과는 달리 법장은 오로지 별교일승 원교의 화엄을 별립시킴으로써 화엄종이 자리를 굳히게 만들었던 것이다.

이들 오교십종판을 도시하면 다음 표와 같다.

〈표〉오교십종판(五敎十宗判)

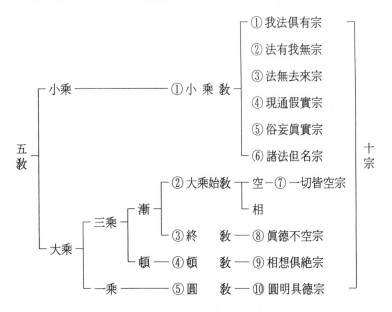

제21강

법계연기 — 사종법계

중국 화엄종의 화엄교판에서 화엄을 별교일승원교이며 원명구덕
종으로 본 그 화엄세계는 법계연기세계이다.

《화엄경》의 불보살세계를 인과연기 이실법계의 법계(法界)연기
로 나타낸 것이 화엄종의 종취라고 화엄종의 대성자 법장은 밝히
고 있다. 이러한 법계연기설은 청량을 거쳐 규봉종밀대에 와서 사
종법계설로 확정된다.

종밀은 《주법계관문》에서 청량징관의 《화엄경소》를 인용하면서
사종법계의 의의를 설파하고 있는 것이다. 《주법계관문》은 두순이
지었다고 하는 《법계관문》을 종밀이 주석한 것이다. 《법계관문》에
서는 진공관·이사무애관·주변함용관의 법계삼관을 설하고 있는
것이다. 먼저 진공관은 모든 법은 실성이 없어 유(有)와 공(空)의
두 가지 집착을 떠난 진공인 줄을 관함이다. 다음 이사무애관은 차
별 있는 사법(事法)과 평등한 이법(理法)은 분명하게 존재하면서도
서로 융합하는 것임을 관함이다. 끝으로 주변함용관은 우주간의 온
갖 물건이 서로서로 일체를 함용하는 것으로 관함이다.

그런데 이 《법계관문》은 그 전문이 법장의 《발보리심장》에 인용

되어 있음으로 해서 진찬자에 이견이 있음은 이미 언급한 바이다. 법장의 화엄교학에 지대한 영향을 주고 화엄사상의 토대를 마련해 준 지엄 역시 법계연기를 주목하고 있다. 지엄은 《수현기》에서 〈십지품〉의 제6현전지를 주석하면서 다음과 같이 법계연기에 대하여 언급하고 있다.

법계연기는 여러 가지가 있으나 요문으로 간략히 포섭하면 두 가지이니, 하나는 범부염법에 근거하여 연기를 분별함이요, 둘은 보리정분에 근거하여 연기를 밝힘이다.

지엄은 법계연기를 보리정분의 정문연기와 범부염법의 염문연기로 나누고 있는 것이다.

법장은 《오교장》의 의리분제장에서 십현연기무애법문의를 설명하면서 법계연기로 시작하고 있다. 십현연기와 육상원융이 법계연기의 구체적인 모습이 되기 때문이다.

법계연기는 자재하여 다함이 없다. 이제 그 중요한 것만 간략히 말하면 두 가지이다. 첫째는 구경과증의(究竟果證義)를 밝히는 것이니, 곧 십불자경계(十佛自境界)이다. 둘째는 연에 따라 인을 들어 교의를 말하는 것이니, 곧 보현경계이다.

처음 뜻은 원융자재하여 일즉일체(一卽一切) 일체즉일(一切卽一)로서 말할 수 없다. 《화엄경》에서 구경과분 국토해 및 십불자체의 원융한 뜻이라 한 것이 그것이다. 인다라 미세 등은 논하지 않으니 이는 불가설의 뜻에 해당한다. 왜냐하면 교와 상응하지 않기 때문이다. 지론에서 인분은 설할 수 있으나 과분은 불가설이라 함이 그

것이다.

여기서 법계연기를 과분불가설과 인분가설로 나누고 그것이 십불자경계와 보현경계라 함은 법장의 교판론에서 화엄이 별교일승임을 설명한 데서도 밝힌 것을 이미 보았다.

종밀도 《주법계관문》에서 사종법계의 뜻을 밝히고 있다.

청량의 《신경소(新經疏)》에 이르기를, 일진법계는 총히 만유를 해섭하니 곧 일심이다. 그러나 마음이 만유를 융섭하여 문득 사종법계를 이룬다. 첫째는 사법계이니 계는 분(分)의 뜻이다. 낱낱이 차별하여 분제가 있는 까닭이다. 둘째는 이법계이니 성(性)의 뜻이다. 무진사법(無盡事法)이 동일성인 까닭이다. 셋째는 이사무애법계이다. 성과 분의 뜻을 갖추어 성분무애인 까닭이다. 넷째는 사사무애법계이니 일체 분제가 낱낱이 성과 같이 융통하여 중중무진이다.

여기서 법계란 Dharma-dhātu(다르마다투)의 번역어로 여겨지며, 연기현전하는 우주만유이다. 이 법계의 체는 일심이니 원명구덕의 일심이며, 총해만유(總該萬有)의 일심이다. 따라서 법계란 일심체 상에 연기하는 만유이다. 그래서 우주만유의 낱낱 법이 자성을 가지고 각자의 영역을 지켜 조화를 이루어가는 것을 법계라 한다. 이 법계를 설명하는데 사(事)와 이(理)의 구별을 세워 논한 것이 사종법계설인 것이다.

사종법계는 사법계·이법계·이사무애법계·사사무애법계 등이다. 이 네 가지 법계설은 모든 우주는 일심에 통괄되고 있으며, 이 통괄되는 것을 현상과 본체의 양면으로 관찰하면 네 가지 의미로 해석된다는 것이다. 이중에서 화엄의 무진법계는 사사무애법계를 말한다.

첫째로 사법계(事法界)는 모든 차별 있는 세계를 가리킨다. 사(事)란 현상·사물·사건 등을, 계(界)란 분(分)을 뜻한다. 낱낱 사물은 인연에 의해 화합된 것이므로 제각기의 한계를 가지고 구별되는 것이다. 개체와 개체는 공통성이 없이 차별적인 면만을 본 것이다.

둘째로 이법계(理法界)는 우주의 본체로서 평등한 세계를 말한다. 이(理)는 원리·본체·법칙·보편적 진리 등을, 계(界)란 성(性)을 가리킨다. 궁극적 이(理)는 총체적 일심진여이며, 공(空)이며, 여여(如如)이다. 우주의 사물은 그 본체가 모두 진여라는 것이니 개체와 개체의 동일성, 공통성을 본 것이다.

셋째로 이사무애법계(理事無碍法界)는 이와 사, 즉 본체계와 현상계가 둘이 서로 떨어져 있는 것이 아니고 하나의 걸림없는 상호 관계 속에 있음을 말한다. 성분(性分) 무애로서 사건과 원리가 완전 자재하고 융섭하는 경계이다. 구체적인 사건은 어떤 추상적 원리의 표현이며, 원리는 현현하는 사건의 증거이다. 이와 사가 함께 있음으로써 더욱 의미 있는 개념이 된다.

법장은 《금사자장》에서 금사자의 비유를 들어 이를 설명하고 있다. 금이라는 금속은 이(理)의 미분화된 본체를 상징하며, 사자라는 가공품은 분화된 사(事) 혹은 현상인데, 사자가 금에 의존하여 표상되고 있음이 바로 이사무애의 경계라는 것이다.

이는 여래장연기의 경계이다. 따라서 여래장연기를 잘 드러내고 있는 《대승기신론》에서의 비유인 수파불리(水波不離)의 비유로 이사무애의 경계를 설명하기도 한다. 물은 본체인 이(理), 파도는 현상계인 사(事)에 비유되며, 파도는 온전히 물이 그대로 파도인 것이지 파도에 물은 빼고 파도만 건질 수 없다는 것이다. 서로 다르지 않고 같다는 상즉은 무엇인가. 서로 하나라 할 때, 예를 들면 물과 우유를 섞어서 우유가 되는 그런 하나가 아니다. 손등과 손바닥과 같은 양면성의 그런 하나가 아니다. 물과 파도처럼 서로 온전히 다르나 체성이 하나인 것을 말한다. 중생이 곧 그대로 부처이지 중생 속에 부처성품을 빼고 따로 중생이 없다는 것이다.

넷째로 사사무애법계(事事無碍法界)는 개체와 개체가 자재융섭하여, 현상계 그 자체가 절대적인 진리의 세계라는 뜻이다. 제법은 서로서로 용납하여 받아들이고[相入·相容] 하나가 되어[相卽] 원융무애한 무진연기를 이루고 있음을 의미한다. 이것이 곧 화엄의 법계연기이다. 체상으로 이사상즉이기에 사사상즉이며, 작용에 있어서도 이사상입이기에 사사상입이 된다.

이 사사상즉에 대해서 의상과 그 제자들은 동풍파와 서풍파가 서로 다르지 않은데 비유하고도 있다. 동쪽에서 바람이 불어와 일어난 파도는 동풍파이고 서쪽에서 바람이 불어와 일어난 파도는 서풍파인데 이 두 파도가 서로 체성이 다르지 않다는 것이다. 이는 일체의 대립을 지양한 화합과 조화의 모습이며, 걸림이 없는 무애자재한 세계이다. 중생이 곧 부처이므로 중생과 중생의 만남 역시 부처와 부처의 만남이 되는 것이다.

이 사사무애의 세계는 이사무애를 바탕으로 하며 의지의 전환이 있어야 가능한 직접적인 깨달음의 세계이다. 직접적이고 구체적인 체험과 실천행을 통해 현현하는 세계이다. 있는 그대로의 세계, 늘 그렇게 있는 세계이나 이해나 검증의 문제가 아니라 직접적이고 구체적인 체험을 통해 현실화해야 하는 세계이다.

화엄학자 중에는 이 사법계설을 《임제록》에 보이는 사료간(四料揀)설과 연결하여 해석해 보기도 한다. 요간이란 헤아려 가려낸다는 뜻이다. 이는 수행함에 있어 주체적인 사람과 객체인 경계의 관계를 말한 것이니 사람은 이(理)에, 경계는 사(事)에 견주어본 것이다.

첫째, 탈인불탈경(奪人不奪境)이다. 사람은 제하고 대상은 뺏지 않는다는 경계이다. 이는 객관뿐 인간적인 감정이나 주체를 탈각시킨다. 예를 들면 여름날 해가 내리쬐고 있을 뿐 좋은 것도 나쁜 것도 아니니 선악도 없다.

둘째, 탈경불탈인(奪境不奪人)이다. 대상은 제거하되 사람은 그냥 둔다. 객관세계가 탈락하고 절대주체만 남긴다. 사람이 자기일에만 매달리면 경계를 몽땅 탈각시키고 자기만 오롯한 경우이다. 예를 들면 태양이 뜨겁게 내리쬐더라도 공부하는데 아무 상관이 없다. 온도가 높고 습도가 높아도 불쾌감으로 화를 내지 않는다. 《치문》에 보면 팔풍이 나온다. 칭찬하는 바람, 욕하는 바람 등에 흔들려 동요되어 판단이 흐려지지 않는다는 경계라 하겠다.

셋째, 인경구탈(人境俱奪)이다. 사람도 경계도 다 빼앗아버린다. 주체든 객체든 다 없앤다. 이는 사람이 곧 경계이고, 주체가 곧 객체인 주객합일의 경계이다. 만법과 내가 하나이다. 이는 바로 삼매에 든 경지이다.

넷째, 인경구불탈(人境俱不奪)이다. 사람과 경계가 함께 긍정되는 경계이다. 주체도 객체도 다 존재한다. 모든 존재자가 확연히 살아 움직인다. 만법이 부처의 성품을 발산시키는 세계로 화한다. 이러한 사료간은 화엄의 사종법계에 차례로 배대시켜 보아도 틀리지 않을 것으로 본다.

그런데 필자는 여기에 '산은 산이요 물은 물이다[山是山 水是水]'는 경계를 배대시켜 보기도 한다. 이 말은 사용하기에 따라 의미가 확연히 달라진다고 하겠다.

우선 첫째는 산과 물이 달라서 산은 산이고 물은 물이라는 것이다. 이때 산과 물은 차별적인 현상계이니 사법계에 해당시켜 본 것이다. 산에 물가에 사람이 있어도 산과 물과 사람은 다르다. 한 사람 더 있어도 나는 나고 너는 너인 각기 다른 차별적 존재이다. 서로 통함이 없다.

둘째는 자세히 보면 산이 산이 아니고 물이 물이 아니다. 이는 산과 물의 공통성을 본 이법계이다. 산과 물에 공통성이 있으니 산이 산이 아니고 내가 내가 아니다. 이 공통된 성품을 일반적으로 법성이라 한다.

셋째는 산이 물이고 물이 산이다. 산과 물의 공통성만을 볼 때 산이 물이다. 산이 나이고 내가 물이다. 내가 너이고 네가 나이다. 둘이 아니며 서로 다르지 않다. 그래서 심일경성(心一境性)의 삼매 경계이다.

넷째는 다시 보니 분명 산은 산이고 물은 물이다. 나는 나이고 너는 너이다. 존재와 존재가 각각 다르지만 서로 걸리지 않는다. 서로 공통성이 있기에 각기 다르지만 평등한 세계이다. 다툼이 없고 서로 조화를 이루는 경계이다. 이는 차별적인 사법계와는 확실히 다른 경계라 하겠다.

제22강

삼성동이三性同異

사사무애의 법계연기는 상즉·상입의 도리가 바탕이 되고 있음을 보았다. 모든 존재는 서로 체성이 하나이고 서로 용납하는 걸림 없는 존재라는 것이다. 그렇다면 어떻게 상즉이고 상입이 된다고 할 수 있는가? 어찌 사사무애 무진법계연기가 성립되는가? 그 논리적 근거로《화엄오교장》에서는 삼성동이(三性同異)와 연기인문육의(緣起因門六義)를 들고 있다.

삼성동이는 법계연기의 과법에서 파악한 것이고, 연기인문육의는 인(因)의 입장에서 논하고 있다. 이는 앞서 화엄종 성립의 사상적 배경에서 잠시 언급한 바 있듯이 유식교학에서 그 자료를 취하면서도 그것을 초월적 입장이 아닌 대립적 차원으로 바꾼 다음 양자를 화해시켜 원융무애한 무진연기로 연결시켰던 것이다.

먼저 삼성동이의 삼성이란 진여원성(眞如圓成)과 의타(依他), 그리고 소집성(所執性)을 말한다. 이 삼성이 체상에서 보면 동일하고 의리상에서 보면 다른 것이다. 그 설명은 이사무애가 되니, 이 이사무애를 바탕으로 사사무애 법계연기가 완성되는 것이다.

그런데 이 삼성동이의 삼성은 유식 법상교학에서의 변계소집성

(遍計所執性), 의타기성(依他起性), 원성실성(圓成實性)의 삼성설을 자료로 하고 있다. 삼성이 의리상에서는 별이하나 체상에서 보면 동일함을 논하여, 이사가 무애하고 성상이 융회함을 이루어 법계연기의 근거로 삼은 것이다.

유식교학의 삼성설은 변(遍)·의(依)·원(圓)의 순서로서 변(遍)은 공(空)이고 의(依)와 원(圓)은 유(有)라 하고, 그 중 의타성은 생멸변화하는 유위법이며 원성은 생멸변화가 없는 무위법이라 하여 의타와 원성은 별성으로 본다. 변계소집성은 변계(遍計)란 주변 계탁의 의미로서 범부 미정에 의해 집착하여 나타난 경계이다. 즉, 실유가 아닌 외계대상을 실체가 있다고 오인하는 것을 말한다. 의타기성은 타 인연에 의하여 생기(生起)하는 가유(假有)의 법을 말한다. 일체의 색심 2법은 실유가 아니라 인연화합에 의하여 생겨난 가유의 연기성인 것임을 말한다. 원성실성은 진여를 말함이니 일체처에 변만하고 삼세에 걸쳐서 상주하는 일체 제법의 진실한 체성이다.

이 삼성을 보통 새끼줄에 비유하여 말하고 있다. 새끼는 인연화합된 존재로서 그 재료는 마(麻)이다. 그런데 어떤 이가 길을 가다가 이 새끼줄을 착각하여 뱀으로 오인할 수 있다. 이때 뱀은 변계소집성의 존재이고, 새끼줄은 의타기성, 그리고 마는 원성실성이다. 여기서 뱀은 없는 것이고 착각에 의해 있다고 잘못 생각한 것이지만 뱀에 놀라 도망가다 넘어져 피가 날 수도 있고, 낭떠러지에 떨어지면 죽을 수도 있다.

이 삼종성이 설정되는 기반은 무자성의 성품이다. 변계소집의 실상은 본래 자성이 없으므로 상무성(相無性)이고, 의타기의 상은 인연으로 생겨나 자성이 없으므로 생무성(生無性)이며, 원성실성도

진여성이므로 승의무성(勝義無性)이다. 이러한 삼무자성성을 깨닫기 위해 보살수행이 필요하며, 필경 전식득지(轉識得智)하여 진여성을 깨달아 해탈 열반을 증득하게 된다.

이와 같은 상종의 삼성설과는 달리 성종의 삼성설은 우선 원성실성에 대해서 불변의 뜻은 물론이거니와 수연의 의미도 세우고 있어 크게 차이가 난다. 유식에서는 진여가 응연불변(凝然不變)인데, 진여가 수연(隨緣)한다는 것이 여래장연기설이다. 화엄에서는 이 진여가 수연한다는 여래장설을 바탕으로 하여 삼성이 동이(同異)임을 논하여 성상이 무애원융하여 이사가 무애임을 밝히고 있다.

이를 법장의 《오교장》에 의하여 살펴보기로 하겠다. 이를 먼저 표로 도시하면 다음과 같다.

〈표〉 삼성동이(三性同異)

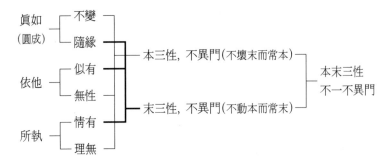

〈표〉에서처럼 진(眞) 중에 불변과 수연이 있고, 의타에 사유와 무성, 소집에 정유와 이무의 각 2의가 있다.

진여는 변하지 않는 것이지만 자기 자성자리를 고수하지 않고 연따라 달리 이루므로 불변과 수연의 2의가 설정된다. 의타성은 타연에 의해 인연화합된 것이므로 연이 다하면 없어진다. 그래서 가유, 즉 사유(似有)이고 자성은 없어서 무성이다. 변계소집성은 망정으로 생겨난 존재이므로 정으로만 있어서 정유이고 이치상으로는 없어서 이무이다.

그런데 진중의 불변과 의타의 무성과 소집의 이무, 이 셋은 본삼성으로서 서로 다르지 아니하다. 또, 진여수연과 의타사유와 소집정유의 셋은 말삼성이다. 이 삼의로 삼성이 다름없다.

본삼성이 서로 다르지 아니함은 말(末)을 무너뜨리지 않고 항상 본(本)이니, 경에 이르기를 중생이 곧 열반인지라 다시 멸하지 않는다고 하였다. 또 말삼성 역시 서로 다르지 않고 하나인 것은 본을 움직이지 않고 항상 말이니, 경에서 법신이 5도(五道)에 유전함을 중생이라 한다고 하였다. 이처럼 본삼성이 다르지 않고 말삼성 또한 다르지 않는 불이문(不異門)이다. 그러나 본말 삼성이 하나가 아니니 불일문이다. 그렇다고 본말이 다르지도 아니하니 불이문이다. 왜냐하면 불변과 수연의 본말 역시 진여의 두 모습이기 때문이다. 그리하여 삼성의 6의는 서로 불일불이인 것이다. 그 결과 진인 본은 망인 말 일체를 포섭하고, 역으로 망의 말에는 두루 진여의 본이 고루 미친다. 따라서 진[性]과 망[相], 성(性)과 상(相)이 동일체로서 걸림이 없다는 것이다.

다시 말하면, 삼성동이설이란 이·사 일체의 만유를 총괄하여 연기제법을 3종의 성질로 나눈 진여원성과 의타·소집의 삼성이 하나도 아니나 그렇다고 다르지도 아니함을 말한다. 진의 본은 망의 말 일체를 포섭하고 있고 망의 말에는 진여의 본이 고루 미쳐 있으니, 본말 진망이 동일체로서 무애함을 말한다.

따라서 삼성은 하나인지라 하나를 들면 전체가 거두어지고, 진망이 서로 융통하여 성에 장애가 없다. 진은 망인 말을 해섭(該攝)하여 진(眞)이라 일컫지 못함이 없고, 망은 진의 근원에 미치니 체가 적적하지 않음이 없다. 진과 망이 교철하여 둘이 쌍으로 융통하니 걸림이 없이 전부 포섭한다고 총설하고 있다.

그러면 어째서 삼성에 각각 두 뜻이 있어서 서로 어기지 아니한가? 그것은 두 뜻이 다른 성이 아니기 때문이라 한다. 원성실성은 진여이니, 진여는 일체 민법의 체이다. 횡으로는 시방에 변만하고 수(竪)로는 삼세에 걸쳐서 변하지 않고 생멸에 흐르지 않는 불변의 뜻이 있다. 이는 유(有)이다. 또 이 진여가 무명의 연에 따라 색심의 제법을 이루니 이것은 수연의 뜻으로서 공이다. 그러나 이 불변과 수연의 서로 모순된 두 뜻은 서로 파하는[相破] 관계에 있는 것이 아니라 서로 이루는[相成] 관계에 있는 것이다.

《오교장》에서는 "원성은 비록 수연하여 염정을 이루나 항상 자성청정을 잃지 아니한다. 자성청정을 잃지 아니하므로 능히 수연하여 염정을 이루게 되는 것이다"고 설하고 있다. 이것은 마치 밝은 거울이 더럽고 깨끗함을 비추는 것과 같다고 한다. 거울이 비록 염정(染淨)을 비추나 항상 거울의 밝고 깨끗함을 잃지 아니하며 명정(明淨)함을 잃지 않는 까닭에 능히 염정의 상을 비출 수 있는 것이다. 염정을 비추기 때문에 거울이 명정함을 알며, 거울이 명정하므로 염정을 비출 수 있는 것이다. 따라서 이 둘은 오직 한 성[一性]인 것이다. 비록 정법을 비추더라도 거울의 밝음이 늘어나지 않으며, 비록 염법을 비추더라도 거울의 깨끗함이 더럽혀지지 않는다. 도리어 이로 인해 거울의 명정함이 드러나는 것이다.

진여의 도리도 이와 같아서 성정(性淨)을 움직이지 않고 염정

(染淨)을 이룰 뿐 아니라 염정 이룸을 말미암아 도리어 성정을 드러내며, 염정을 무너뜨리지 않고 성정을 밝힐 뿐 아니라 성정을 말미암아 염정을 이루는 것이다. 따라서 이 2의가 전체로 서로 거두며 일성무이(一性無二)인 것이다.

의타기성은 의타기란 제법이 타(他)에 의하여 연기한다는 뜻이니, 이는 특히 자성이 없기 때문에 의타기한다는 연기무성을 표현하는 명목이다. 사유라 함은 색심(色心)의 제법이 인연에 의하여 일시적 현상으로 연기하는 것을 말하는 것이니 유이다. 이처럼 의타에 사유와 무성이 있어 서로 어긋나지 않음은 비록 인연으로 사유가 현현하나 이 사유는 반드시 자성이 없으니 모든 연생은 다 자성이 없는 까닭이다. 만약 무성이 아니면 곧 연을 의지하지 않고 연을 의지하지 않는 까닭에 사유가 아니다. 사유가 만약 이루어지면 반드시 여러 연을 따르고 여러 연을 따르는 까닭에 반드시 무자성이다. 그러므로 무자성을 말미암아 사유를 이루고 사유 이룸을 말미암아 무성이라고 한다.

소집성에 두 뜻이 있어 서로 어기지 않음은 "비록 정으로 집착하여 유를 나타내더라도 그러나 도리는 필경 무이다. 없는 곳에 마음대로 생각하여 있는 까닭이다"고 한다. 그러므로 둘이 없으며 오직 일성이라고 법장은 《오교장》에서 설명하고 있다.

이처럼 삼성동이의는 유식교학의 삼성설을 자료로 하여 여래장사상의 진여수연설에 입각하여, 초월해야 할 범부세계를 화합해야 할 대립세계로 의미를 전환하고는 진망이 교철하여 원융무애함을 보이고 있는 것이다.

그래서 청량은 《현담》에서 진망(眞妄)이 교철하니 범부의 마음에 즉해서 부처마음을 보고, 사(事)와 이(理)를 쌍으로 닦으니 이에 의지해서 부처지혜를 구한다고 한다.

이 도리를 경에서 보면 '여래림보살의 마음과 부처와 중생, 이 셋이 차별이 없다[心佛及衆生 是三無差別]'는 경계이다. 여기서 마음과 부처와 중생을 차례로 의타와 원성과 변계의 3성에 해당하는 것으로도 본다. 이 마음이 능히 부처도 짓고 중생도 만들므로 부처와 중생의 무차별을 보인 것이다.

제23강

연기인문육의緣起因門六義

법계연기의 원인인 인(因)의 6의를 밝힌 것이 연기인문육의이다. 진여에 수연의 뜻이 있어서 미혹한 세계의 대립인 6의가 나오는 것이다. 제법이 생기하는 원인에는 반드시 공유력부대연(空有力不待緣)·공유력대연(空有力待緣)·공무력대연(空無力待緣)·유유력부대연(有有力不待緣)·유유력대연(有有力待緣)·유무력대연(有無力待緣)의 6의를 갖추어야 한다.

일체 법은 인과 연이 화합해서 과보가 발생한다. 여기서 인(因)의 체(體)가 공(空)하고 유(有)한 2문 상에 각각 인(因)에 힘이 있어 연(緣)을 기다리지 않는 경우와, 인에 힘이 있어도 연과 함께 만나 일어나는 경우와, 인에 힘이 없어 언제나 연을 만나야만 제법이 생기하는 경우를 말해서 인에 육의를 설정하고 있다.

이 역시 유식교학의 종자 6의(六義), 즉 찰나멸(刹那滅)·과구유(果俱有)·대중연(對衆緣)·성결정(性決定)·인자과(因自果)·항수전(恒隨轉)을 바꾼 것이다. 즉, 종자 6의가 아뢰야식에 포함되어 초월해야 할 망의 경계라면, 법장은 이를 극복해야 할 대립의 경계로 해석한 것이다.

유식 법상종에서는 뢰야연기설의 견지에서 만유(萬有)의 물심
(物心) 현상은 아뢰야식에서 발생하고 전개된다고 하여, 이것을 내
는 마음의 세력이 아뢰야식 가운데 갈무려 있다고 한다. 이를 종자
라 하니, 이는 현행(現行)법의 잠재세력이며 제법 현행과(現行果)
를 생기하는 인(因)이다. 즉 아뢰야식 중에 있어 일체 유위법을 생
성하는 공능(功能) 차별을 가리키는 것으로서 유위법의 정인(正因)
이며, 그리고 4연(四緣) 중에 인연이 된다.

종자는 다음과 같은 6종의 조건으로서의 성질과 자격을 갖추어
야 한다.

① 찰나멸 : 과를 낼 것은 반드시 찰나에 생멸변화하여야 한다.
유위법이 찰나생멸하므로 그 인인 종자도 찰나에 생멸하여야 한다.

② 과구유 : 발생할 현상과 반드시 동시에 존재하여 현전에 화합
하여 떨어지지 않아야 한다.

③ 항수전 : 잠깐도 끊이지 않고 항상 상속하여야 한다.

④ 성결정 : 선은 선한 현상, 악은 악한 현상을 발생하는 공능(功
能)이 결정되어야 한다.

⑤ 대중연 : 반드시 여러 가지의 인연이 화합할 때에 비로소 현상
을 발생하여야 하는 것이어야 한다.

⑥ 인자과 : 물심(物心)이 각각 자과를 이끌어내고 다른 과는 발
생치 아니함을 요한다[色因色果, 心因心果].

《오교장》에서는 이러한 종자육의설을 《섭대승론》을 인용하여 자
료로 삼아서 연기인문육의로 변용시키고 있다. 이들 관계를 먼저
도시해 본다.

〈표〉 인문육의(因門六義)와 종자육의(種子六義)

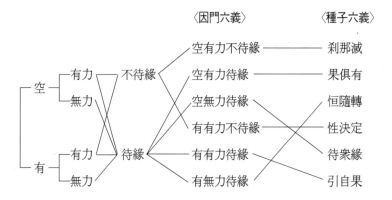

〈표〉에서처럼, 처음 공유력부대연은 찰나멸의 뜻이다. 《오교장》에서는 그 까닭을, "찰나에 멸함을 말미암아 곧 자성이 없음을 나타내니 공이다. 이 멸함을 말미암아 과법이 생기니 유력이다. 그러나 이 사라져 멸함은 연의 힘을 말미암은 것이 아니므로 연을 기다리지 않는다"고 한다.

즉, 찰나멸을 공유력부대연으로 한 것은, 제법이 찰나에 생멸하여 과거는 이미 멸했으며, 미래는 일어나지 아니하였으며, 현재는 머무르지 아니하여 자성이라고 인정할 만한 것이 없으니 곧 무자성공(無自性空)이다. 그런데 이 멸함에 의하여 다시 과법이 생기니 인(因)에 힘이 있어 유력(有力)이다. 또한 이 사라져 멸함은 인이되는 종자의 속성이므로 연의 힘에 의한 것이 아니어서 부대연(不待緣)이라 한 것이다.

둘째, 공유력대연은 구유(俱有)의 뜻이다. 그 까닭으로서 "함께갖추어 있음을 말미암아 유(有)이나 곧 이는 불유(不有)임을 나타내니 공의 뜻이다. 함께이므로 능히 유를 이루니 이는 유력이다.

함께이므로 홀로가 아니니 이것은 '연을 기다린다'고 한다.

즉, 공유력대연이 인과 과가 모두 함께 갖추어 있다는 구유의 의미라 함은, 인이 과와 따로 존재하는 것이 아니라 과와 함께 있으므로 인은 유이다. 그런데 인이 과와 함께하지 않는다면 유(有)가 될 수 없으므로 그 인 자체는 공이다. 인체는 공이지만 과와 함께 있으므로 능히 유를 이루고, 인에 의해 과가 있으므로 유력이다. 인과가 구유이므로 인은 독존해 있는 것이 아니니 '연을 기다린다[待緣]'고 한 것이다.

셋째, 공무력대연은 대중연의 의미이다. 그 까닭은 "자성이 없음을 말미암아 공이다. 인으로 생기지 않으며 연으로 생기므로 이것은 무력이다. 이 의미로 말미암아 대연이다"고 한다.

여러 연이 화합한 제법은 자성이 없으며 그 인의 체는 공이다. 인만으로는 과를 생할 수 없고 반드시 연을 기다려 과가 생하므로 인에 작용력이 없으며 연을 기다리게 된다.

넷째, 유유력부대연은 성결정의 의미이다. 이는 "자체의 성질[自類]을 바꾸지 않으므로 유이고, 능히 자체의 성질을 고치지 아니하되 과를 생성하므로 유력이다. 그러나 이것은 고치지 않고 연의 힘을 말미암음이 아니므로 부대연인 것이다"고 한다.

유유력부대연은 성품이 본래부터 결정되어 있다는 의미라는 것은, 성이 결정되어 있으므로 선인선과·악인악과·무기인무기과(無記因無記果)로서 자류를 고치지 않으므로 유이다. 자체의 성질을 고치지 않고서도 과법을 생성할 수 있기 때문에 이것은 작용력이 있는 유력이다. 따라서 연의 세력을 기다리지 않더라도 인이 과를 발생한다.

다섯째, 유유력대연은 인자과(引自果)의 의미이다. "자체와 동류의 결과를 인발(引發)하기 때문에 이것은 유이다. 비록 연을 기다려 생하나 연과(緣果)를 생하지 않으므로 이것은 유력의 의미이다. 이를 말미암은 까닭에 대연이다"고 한다.

유유력대연은 인이 스스로 자체와 동류의 결과를 낸다는 의미이다. 일체 법의 원인은 그 성질이 결정되어 있을 뿐만 아니라 색심의 제법에 대해서도 각각 자체와 동류의 결과를 초래하기 때문에 인체는 유이다. 인이 자체와 같은 유의 과를 인출하므로 인에 힘이 있다. 인이 자과를 생하는 데는 증상연을 필요로 하므로 대연이다.

여섯째, 유무력대연은 항수전의 의미이다. "어째서 그러한가? 다른 것을 따름을 말미암아 없다고 할 수 없다. 연을 어길 수 없으므로 역용이 없다. 이를 말미암은 까닭에 대연인 것이다"라고 한다.

이 뜻은 제법이 항상 다른 연에 의하여 전변 상속하므로 인체는 유(有)이다. 인이 항상 다른 연을 따라 전변한다는 의미를 어길 수 없으므로 인 자체에는 작용력이 없어 무력이라고 한 것이다. 연을 어기지 않고 연을 따르므로 대연이다.

그리하여 공·유의 대립은 상즉의 원리로, 유력·무력의 대립은 상입의 원리로, 그리고 대연·부대연은 동체·이체의 원리로 해결하고 있다. 인이 연을 기다린다는 의미에서 인과 연은 이체(異體)이다. 그러나 인이 연을 기다리지 않는다는 의미에서는 인은 연과 동체(同體)가 아니면 안 된다. 연은 원래 인중의 것이기 때문이다.

또 인과 연이 서로 유력·무력이 되는 것은, 인의 역용이 연으로 들어가고 연의 역용이 인으로 들어가기 때문에 상입의 관계가 생긴다. 그러나 인과 연이 다 공·유 2의를 갖추고 있으므로 인유(因有)면 연공(緣空), 연유(緣有)면 인공(因空)이 되어, 인과 연은 체의 공·유에 의하여 상즉의 뜻이 성립한다. 이 원리는 인과 연에 국한되지 않고 과에도 역시 적용되어 무진연기의 기본구조를 이루고 있는 것이다.

이처럼 체의 공·유에서 오는 상즉, 역용의 유·무에서 오는 상입, 연의 대연·부대연에서 오는 동체·이체의 도리를 근거로 하여 십현·육상과 같은 화엄의 무진연기가 벌어지게 되는 것이다.

이러한 모습을 《화엄경》을 통해서 보면 선재동자가 선지식을 찾아가 보살도를 전개해 가는 과정에서도 많이 발견할 수 있다.

예를 들면, 우선 선재의 아홉번째 선지식인 비목구사선인에게서이다. 선재가 선지식에게서 보살의 이길 이 없는 당기해탈[菩薩無勝幢解脫門]의 법문을 듣고 그 해탈의 경계가 어떠한 것인지 질문하였다. 그러자 선지식이 오른손을 펴서 선재동자의 정수리를 만지며 선재의 손을 잡았다. 그때 선재는 자기의 몸이 시방의 열세계 미진수 부처님 처소에 이르렀음을 보았고 그 세계의 모든 장엄을 보았으며, 보살무승당해탈의 지혜광명에 의해 무수한 삼매광명을 얻었다. 그때 비목구사선인이 선재동자의 손을 놓으니 선재동자는 자기의 몸이 도로 본래 자리에 있음을 보았다.

이 광경은 유력·무력의 상입경계를 드러내 보여 주고 있는 것이다. 선지식은 유력이고 선재는 무력이었는데, 선지식이 선재의 손을 잡았을 때 선지식의 힘이 선재에게 들어간 것이다. 이는 유력이 무력을 포섭하여 상입이 된다. 그리하여 선지식이 얻은 해탈경계를 선재가 다 얻었으므로 이때는 선재가 유력하게 되며 선지식은 무력이 된다. 다시 손을 놓으니 선재동자가 제자리에 있음을 보는 것은 선재의 힘이 다시 선지식에게 들어간 것이 된다. 그리하여 거듭거듭 무진경계가 펼쳐지게 된다고 하겠다.

미륵보살 선지식의 장엄누각에서도 같은 광경을 묘사하고 있음을 볼 수 있다. 미륵보살이 손가락을 튕기자 미륵보살의 장엄한 누각이 열리고 그 속에서 선재는 부처님의 장엄한 세계를 보고 불과를 얻게 된다. 그런데 미륵보살이 다시 손가락을 튕기니 누각이 닫히고 그 장엄함이 사라졌는데, 이는 본래 온 곳도 없고 간 곳도 없어 무거무래역무주(無去無來亦無住)라고 한 것이다.

또 마야부인 선지식 처소에서도 이 경계를 접할 수 있다. 선재동자가 마야부인 선지식을 찾았을 때 큰 보배연꽃이 땅에서 솟아나왔다. 선재는 마야부인이 그 연꽃자리에 앉아 여러 중생들 앞에서 중생들의 마음에 즐김을 따라 청정하고 한량없는 육신을 나투는 것을 보았다. 마야부인이 나타내는 몸의 수효와 같이 선재도 역시 그러한 몸을 나타내어 모든 곳의 마야부인 앞에 공경하고 예배하며 보살도를 여쭈었다. 마야부인이 대답하기를, 자신은 '보살의 큰 원과 지혜가 환과 같은 해탈문〔菩薩大願智幻解脫門〕'을 성취하였으므로 항상 여러 보살의 어머니가 되었다고 하였다.

청량은 마야부인 선지식이 동체와 이체의 상즉경계를 드러내고 있음을 주목하였다. 마야부인이 중생들의 마음에 즐김을 따라 모든 세간에서 뛰어난 육신을 나타냄은 이체(異體) 중 다(多)이고, 마야부인이 나타내는 몸의 수효와 같이 선재도 역시 그러한 몸을 나타내어 모든 곳 마야부인의 앞에 공경하고 예배함은 동체(同體) 중 다(多)이다. 마야는 또한 동체의 일즉다이고 선재는 동체의 다즉일이니 모든 곳의 선재가 곧 일신(一身)인 까닭이다. 선재와 마야부인은 동체·이체, 일즉다·다즉일의 법계연기적 존재인 것이다.

제24강

십현연기 ① 十玄緣起

앞에서 살핀 것과 같은 논리적 구조를 기초로 하여 상즉·상입의 사사무애 법계연기를 체계적으로 관찰한 구체적 설명이 십현연기(十玄緣起)와 육상원융(六相圓融)설이다.

십현연기는 십현문(十玄門)이라고도 한다. 십(十)은 원만구족의 만수(滿數)이고, 현(玄)은 현묘, 문은 사사무애법문이다. 10가지 심오한 신비의 무애세계라는 의미를 지닌 말이다.

십현문이 설해지고 있는 중국 화엄전적으로는 지엄의 저술이라고 전해진 《화엄일승십현문》과 《수현기》, 그리고 법장의 《화엄오교장》, 《화엄문의강목》, 《금사자장》, 《탐현기》와 징관의 《화엄경소》, 《현담》, 《화엄약책》, 그리고 종밀의 《원각경대소》 등이 대표적이다.

법장은 《화엄오교장》에서는 스승인 지엄의 십현문설을 그대로 계승하고 있으나, 《탐현기》에서는 그것을 약간 수정하여 서술하고 있다. 그래서 《탐현기》 이후에 보이는 십현설을 신십현(新十玄)이라 하고 그 이전의 십현설을 고십현(古十玄)이라고 부른다. 여기서는 신십현을 중심으로 고찰해 보기로 한다.

신십현은 동시구족상응문·광협자재무애문·일다상용부동문·제법상즉자재문·은밀현료구성문·미세상용안립문·인다라망경계문·탁사현법생해문·십세격법이성문·주반원명구덕문이다.

이 중 광협자재무애문과 주반원명구덕문은 고십현에서의 제장순잡구덕문과 유심회전선성문을 고친 것이니, 사사무애연기라기보다 이사무애로 혼동하게 될까 염려해서이다. 또 유심회전선성문은 전체 연기문의 근본이기 때문이기도 하다. 그리고 은밀현료구성문은 고십현의 비밀은현구성문을 달리 표현한 것이다.

(1) 동시구족상응문(同時具足相應門)

십현연기의 총설이다. 동시는 선후가 없음을 밝히는 것이고, 구족은 모두 섭수하여 가지고 있다는 뜻이다. 일체 제법이 10의를 동시에 구족해서 상응하여 원만히 조화되어 있음이니, 만상은 해인삼매중 일시 병현(一時炳現)한 것이라고 《화엄오교장》에서는 말하고 있다.

10의란 ① 교의(敎義)이다. 교(敎)는 능전교이니 담고 있는 말씀이고, 의는 소전의이니 담겨 있는 내용이다. ② 이사(理事)이니, 이(理)는 본체이고 사는 현상계를 말한다. ③ 경지이니, 경은 소현경(所現境)이고 지는 능관지(能觀智)이다. ④ 행위이니, 행은 수행이며 위는 도달되는 지위이다. ⑤ 인과이니, 원인과 결과이다. ⑥ 의정이니, 의보와 정보이다. ⑦ 체용이니, 체성과 묘용이다. ⑧ 인법이니 사람과 법, 즉 주체와 객체이다. ⑨ 역순이니 역경계와 순경계, 역행과 수순행이다. ⑩ 감응이니, 느끼게 하는 것과 응해 주는 것으로서, 중생과 불보살도 감응관계로 말할 수 있다.

이를 현실적이고 구체적인 하나의 존재인 연꽃에 비유해 보면 첫째, 연꽃은 우리에게 연꽃이라는 알음알이를 내게 한다. 이는 곧 연꽃은 능전교이고 연꽃이 주는 알음알이는 소전의이다. 하나의 연꽃에 교법과 의리가 동시에 구족해 있는 것이다. 이처럼 다른 9의도 동시에 구족해 있다. 그리고 이 연꽃과 같이 다른 모든 법도 다 10의를 동시에 구족하고 있다.

다시 말해서 낱낱의 사법(事法)에 전세계가 동시에 구족해 있고 또 원만하게 잘 조화되어 있다. 이 동시구족상응문은 10현연기의 총설이다.

《현담》에서는 이처럼 동시에 구족함이 바다 물방울과 유사하다고 한다. 큰 바다의 한 물방울이 전체의 맛과 10종의 덕, 즉 대해 10익을 갖추고 있는 것과 같다는 것이다. 바다의 10가지 이익은 〈십지품〉에서 이미 본 대로이다. 그러므로 한 법을 따라서 무진법을 섭수하고 9문을 다 포섭하여 총(總)이 된다고 한다.

《금사자장》에서는 금과 사자는 동시에 세워지고 원만구족하다고 설명하고 있다. 이는 사사무애 혹은 이사무애의 원리로 해석될 수 있다. 금은 이(理)나 본체로, 사자는 사(事)나 현상으로 간주되는데 이 둘은 서로 상입하고 일치한다. 무한법계에서 일체의 사물〔事〕은 사와 이, 모든 것을 동시에 포섭한다. 모든 것들이 서로 협력하여 실재하고 동시적으로 흥기한다는 상호 연관의 이론인 것이다.

경에서는 〈세주묘엄품〉에서부터 이 경계를 보이고 있다. 예를 들면, 일체 끝없는 법문이 모두 한 법도량에 있다는 등이다.

(2) 광협자재무애문(廣狹自在無碍門)

연기 제법에 각각 광협이 있으면서도 무애하다는 것이다. 이는 간격이 멀든 가깝든 간에 모든 존재들이 아무런 장애가 없이 서로 친교하다는 완전한 자유의 이론이다. 분한, 즉 한계가 있는 좁은 것과 분한이 없는 넓은 것이 자재하여 걸림이 없어서 다 법계에 두루하면서도 본분위를 잃지 않는다.

광(廣)은 밖이 없다는 무외(無外)이니, 가장 넓음은 한계를 갖고 있지 않아 밖이 없다[無外]. 협(狹)은 안이 없다는 무내(無內)이다. 가장 좁음이란 그 자체 안에 공간을 갖고 있지 않아 안이 없다. 큰 것과 작은 것에 자성이 없기 때문에 큰 것과 좁은 것이 서로가 서로를 포섭하는 것이다.

《현담》에서는 광대한 것이 곧 안이 없는 작은 데 들어가고, 한 터럭이 광대한 것을 받아들여 밖이 없다. 큰 것이 능히 작은 데 들어가고 작은 것이 능히 큰 것을 함용하는 것이다. 즉(卽)하거나 입(入)함에 모두 광협무애함을 얻는다. 〈십주품〉에서는 "금강위산의 수가 무량하나 모두 한 터럭 끝속에 능히 안치할 수 있으니 지극히 큰 것에 작은 상이 있음을 알고자 하여, 보살이 이러한 까닭으로 처음으로 발심하였다"고 하였다. 또 "작은 세계로써 큰 세계를 만들고 큰 세계로써 작은 세계 등을 만든다"고 하였다. 지극히 큰 것에 작은 상이 있음이 광협무애이다.

좁은 곳과 넓은 것은 하나와 전체로 말할 수도 있으니, 서로 자유롭게 구애됨이 없이 서로 교환될 수 있다. 이것이 바로 신통이니, 우리의 조그만 눈동자 속에 산하대지가 다 들어가는 것이 신통이라고 한다.

이는 고십현에서는 제장순잡구덕문(諸藏純雜具德門)이다. 순수한 것[純]과 잡박한 것[雜]이 본분위를 보존하면서 동시에 일념에 구족하여 원융무애하다는 의미이다. 순수한 것과 잡박한 것이 섞여 있으나 순수한 것은 순수한 대로 잡된 것은 잡된 대로 제자리에 있다는 말이다. 그래서 이 세계는 용사상잡(龍巳相雜)이라고 하니, 용과 뱀이 함께 섞여 사는 세계이다. 그런데 용은 용대로 뱀은 뱀대로 다 제 가치를 분명히 지니면서 서로 어울려 걸림없다는 것이다.

이 제장순잡구덕문은 보살이 오직 대비로 순(純)을 삼더라도 미래제가 다하도록 보살도를 행하는 것을 보이는 경계이다. 또한 보시바라밀이나 지계바라밀처럼 순전히 하나의 바라밀을 통해서 불국세계를 장엄하는 것은 순이다. 그런데 이 보시바라밀에 모든 바라밀을 다 갖추어 십바라밀을 두루 행함은 잡이 된다. 이같이 순잡이 서로 장애하지 않으니 구덕이 되며 사사무애가 된다.

그런데 순수한 것은 이법으로, 잡된 것은 현상계로 보아 이를 사사무애가 아닌 이사무애로 착각할 수도 있다. 그래서 징관도 《청량소초》에서 하나의 행을 순으로 보고 만행을 잡으로 보면 사사무애가 되지만, 만약 이치에 계합함을 순으로 하고 만행을 잡으로 보면 이사무애의 뜻으로 된다. 그러면 이는 사사무애법계 연기를 말하는 것이 아니라 이사무애로 착각하게 되므로 사사(事事)인 광협의 자재로 바꾸었다고 해석하고 있다.

(3) 일다상용부동문(一多相容不同門)

하나와 전체가 서로 용납하는 신비이다. 하나는 전체에 들고[一入多], 전체는 하나에 녹아 있어[多入一] 무애자재하다. 그래서 하나 가운데 전체이고 전체 속의 하나이다. 그러면서도 각각 저나름대로의 개성으로 본래의 면목을 보유하고 있다. 하나와 전체가 혼란되지 않는 상입(相入)의 소식이다. 상입이란 이것과 저것이 서로 용납하고 받아들여 걸림없이 융합하는 것이다. 하나란 하나라는 자성을 가진 확정적인 하나가 아니라 연기한 하나이기 때문이다.

하나란 하나라는 자성을 가진 확정적인 하나가 아니다. 하나 가운데 전체이고 전체 속의 하나이지만, 하나는 하나로서 전체가 아니고 전체는 전체로서 하나가 아니다. 하나는 전체가 아니고 전체도 하나가 아니다. 각각 제 나름대로의 개성으로 본래의 면목을 보유하고 있다. 하나와 전체가 혼란되지 않는 상입의 소식이다. 여기서 하나와 전체는 서로 서로 들어가고 받아들여 그 가운데 있다고 해도, 또는 하나와 전체가 서로 같지 않다고 해도 이는 틀린 말이 아니라 같은 내용인 것이다.

《현담》에서는 일(一)과 다(多)가 무애한 것이 빈 방에 켜 있는 천 개의 등과 같다고 한다. 일과 다가 연이 되어 일어나서 역용이 교철하는 까닭에 상호 섭입할 수 있으니 이를 상용(相容)이라 하고, 그 상을 무너뜨리지 않으니 부동(不同)이라 한다. 마치 한 방안에 천 개의 등이 함께 비추면 등불은 등잔이 다른 것을 따라 낱낱이 같지 않으나 등불은 빛이 두루함을 따라 빛과 빛이 섭입하는 것처럼 항상 다르면서도 항상 섭입한다.

경에서 "하나 가운데 무량함을 알고 무량한 가운데 하나를 알아, 저들이 서로 생기함을 알면 마땅히 무소외를 이루리라"고 함도 이 의미이다.

(4) 제법상즉자재문(諸法相卽自在門)

모든 요소들이 서로 동일시된다는, 궁극적 차별로부터의 자유이다. 자신을 부정하고 스스로를 타자와 동일시함으로써 종합적인 동일화가 이루어진다. 서로 비춰보고 서로 동일시한 결과 함께 조화하여 움직인다. 상입이 이것과 저것이 서로 걸림없이 융합하는 묘용의 측면이라면, 상즉은 서로 자기를 폐(廢)하여 다른 것과 같아지는 체의 측면이다.

　두 가지가 하나로 융화하는 즉(卽)은, 물과 물결처럼 한 물건의 체 그대로가 다른 물건인 뜻으로 말하는 '즉'이다. 바닷물과 파도가 다르지 않은 것처럼 당체전시(當體全是)로서의 이사무애가 상즉이며, 이에 의한 사사무애가 상즉이니 동풍파와 서풍파가 서로 다르지 않음과 같다.

　이는 바로 처음이 끝이고 끝이 처음인 도리이니 초발심시변정각이 되며 주초·신만성불이 된다. 그리고 일념성불도 되고 찰나성불도 된다. 또한 삼세간이 상즉이므로 융삼세간불이며, 보살이 중생심의 즐거워하는 바를 따라서 중생신을 짓고 내지 국토신 등을 지어 십불(十佛)로 현현하게 된다. 부처님께서 온 우주법계에 충만하심도 바로 상즉의 도리인 것이다.

제25강

십현연기②

(5) 은밀현료구성문(隱密顯了俱成門)

이는 고십현에서는 비밀은현구성문(秘密隱顯俱成門)이다. '비밀은'과 '현'으로 된 것을 '은밀'과 '현료'로 정리한 것이다. 비밀, 즉 숨은 것과 현료 즉 드러난 것이 함께 이루어져 있는 신비이다.

《금사자장》에서는 우리가 금사자를 접할 때, 사자로서 사자를 볼 때는 사자뿐이고 금은 없으며, 금을 볼 때는 단지 금뿐이고 사자는 없으나, 금사자는 금과 사자를 합하여 성립된 것이라고 한다. 만약 여기에 금으로 만든 커다란 사자상이 하나 놓여 있다면, 이 상은 사자와 금을 함께 말하여 금사자라고 해야 맞는 것이다. 그런데 만약 어린이가 밖에서 들어오다가 커다란 사자를 보고 "와 사자 봐라"라고 놀란다면 이는 사자만 말한 것이고 그 본질인 금은 말하지 아니하였으므로 금은 숨고 사자만 드러난 것이다. 만약 어른이 들어오다가 놀라서 "와! 금덩이 봐라"라고 했다면 이때는 사자는 숨고 금만 드러났다는 것이다. 그러나 한 가지가 숨었다고 해서 없는 것은 아니다.

《화엄현담》에서는 반달의 예를 들고 있다. 반달은 반은 빛나고 반은 어둡다. 그러나 감춰진 반이 없는 것은 아니다. 달을 지구에서 보면 큰 공만하게 보이지만 실제로 작은 것은 아니다. 그러나 달 자체가 늘거나 줄지는 않는다. 그 반달은 밝음과 어둠이 함께할 뿐만 아니라 밝음 아래에 어둠이 있고 어둠 아래에 밝음이 있다. 마치 동방에서 정정(正定)에 들어가면 반이 밝음이 되고, 서방에서 정으로부터 일어나면 하나의 반이 어둠이 된다. 그러나 동방에서 입정하여 동방에서 일어남은 밝음 아래에 어둠이 있는 것과 같다. 서방의 출정처에 서방에서 입정함은 어둠 아래에 밝음이 있는 것과 같다. 그러므로 비밀은현구성문이다.

하나로 많은 것을 섭수하면 하나는 드러나고 많은 것은 가리워진다. 많은 것이 하나를 거두어들이면 많은 것은 드러나나 하나는 가리워진다. 한 터럭이 법계를 섭수하면 곧 나머지 터럭의 법계는 모두 가리워지고, 나머지 낱낱 터럭의 가리워지고 드러남도 또한 그러하다. 한 편은 보이고 한 편은 보이지 않는다고 하더라도, 그래서 서로 모른다고 하더라도 둘다 갖추어져 있어서 하나가 성립되면 다른 쪽도 이루어진다.

우리의 주장이나 사고 또한 이러한 화엄의 총체적 사고방식을 가지도록 가르쳐 주니 총체성은 화엄교학의 주요한 특징인 것이다.

(6) 미세상용안립문(微細相容安立門)

이는 미세한 것의 무애한 신비이다. 미세란 인간의 이해가 닿는 곳을 넘어서서 고도로 작고 정묘하다는 의미이다. 하나가 능히 많은 것을 함용하니 상용이라 하고, 하나와 많은 것이 섞이지 않으므로 안립이라 한다.

무한세계가 작은 먼지나 티끌 속에 존재하며, 이들 세계의 일체

먼지 속에 또다시 무한세계가 존재한다는 의미이다. 일념 중에 시종·동시·전후 등 일체 법문을 구족하여 가지런히 나타나 명료하지 않음이 없음을 겨자씨를 담은 병에 비유하기도 하고, 화살이 빽빽이 꽂힌 화살통에 비유하기도 한다.

이러한 미세는 마치 유리병에 많은 겨자씨를 담으면 환하게 모두 나타나되 서로 방해하거나 장애하지 않는 것에 비유된다. 이것은 곧 여래의 불가사의한 경계로서 마치 팔상(八相) 중에 낱낱 상내에 곧 팔상을 구족하므로 미세라 한다.

(7) 인다라망경계문(因陀羅網境界門)

인다라망의 비유에 의한 상호 반영의 이론이다. 제석천 궁전에 걸린 보배망의 각 보배구슬마다 서로 다른 일체 구슬이 비치어 무진한 것같이 법계의 일체도 중중무진하게 연기상유(緣起相由)하여 무애자재하다.

사방 상하가 다 거울로 된 방에 들어가면 나타나는 상이 헤아릴 수 없이 많으니 중중무진의 모습이다. 이 인다라망경계문은 이러한 무진연기의 비유로 인다라미세경계망 등의 이름으로도 많이 쓰이고 있다.

(8) 탁사현법생해문(託事顯法生解門)

사실적인 설명으로서 진리를 밝히는 것이니, 모든 연기된 존재가 그대로 법계법문임을 말하는 것이다. 모든 존재는 그 당체가 그대로 연기 현전한 것이므로 두두물물이 다 비로자나 진법신 아님이 없다는 것이다. 비유는 곧바로 법의 상징이다. 법이 비유이고 비유가 곧 법이다. 그래서 화엄의 상징은 직현(直顯)인 것이다.

(9) 십세격법이성문(十世隔法異成門)

십세가 시간에 체가 있는 것이 아니므로 상즉·상입하여 하나의 총합을 이루지만, 그러나 전후 장단의 구별이 뚜렷하여 질서가 정연한 것을 말한다. 과거·현재·미래의 삼세(三世)에 각각 삼세가 있어 구세(九世)가 되고 그 구세는 한생각 일념에 포섭되므로 십세이다. 또 일념을 열면 구세가 되므로 합하여 십세가 된다. 그래서 일념이 십세무량겁이요 무량겁이 일념이나, 또 십세는 낱낱이 서로 혼잡함이 없이 완연히 구별되어 있는 것이다.

〈이세간품〉에 보살이 10가지로 삼세간(三世間)을 설하고 있으니, "과거에 과거를 설하고 과거에 현재를 설하고 과거에 미래를 설하며, 현재에 과거를 설하고 현재에 평등을 설하고 현재에 미래를 설하며, 미래에 과거를 설하고 미래에 현재를 설하고 미래에 무진을 설하며, 삼세에 일념을 설하니 전의 아홉은 별이 되고 일념은 총이 된다"고 하였다.

십세라 함은 삼세가 서로 인이 되어 상호간에 섭입(攝入)하는 까닭이고 일념이 십을 갖추고 있음은 무진을 나타내기 때문이다. 일념이 즉 무량겁이요 무량겁이 일념이다. 마치 꿈에 백 년을 살았는데 하룻밤도 다 지나지 않았다는 경계와 같다.

신라의 의상 또한 꿈의 비유를 들고 있다. 할아버지와 아버지 그리고 아들과 손주가 기와를 이었는데 깨어보니 꿈이라는 비유이다. 할아버지와 아버지는 지붕 위에서, 아들과 손주는 땅에서, 그리고 나 자신은 사다리에서 기와를 나르고 올려주고 잇는다는 것이다. 이것을 시간에 견주면 나는 오늘이고 아버지는 어제이고 할아버지는 그제가 된다. 그리고 아들은 내일이고 손주는 모레가 된다. 우리는 과거 현재 미래라는 시간 단위보다 가까운 시간은 이러한 다섯 가지를 많이 쓴다.

그런데 오늘이 현재임은 오늘, 즉 현재의 입장에서 볼 때 현재이다. 만약 어제, 즉 과거의 입장에서 오늘을 보면 오늘은 미래이다. 또 미래의 입장에서 오늘을 보면 오늘은 과거가 된다. 그래서 오늘은 현재의 현재, 과거의 미래, 미래의 과거라는 셋으로 분류된다. 또 어제가 과거인 것은 오늘 현재의 입장에서 비추어 보아서 어제가 과거이다. 그런데 과거 그 시점에서 과거를 보면 현재가 된다. 그래서 어제도 현재의 과거, 과거의 현재가 된다. 그제는 과거완료이니, 과거의 과거이다. 내일 역시 오늘 현재의 미래이고, 내일 그 시점에서 보면 미래의 현재이다. 모레는 미래의 미래이다.

이렇게 볼 때 모두 아홉 시점이 되니, 현재에도 과거·현재·미래가 있고, 과거에도 과거·현재·미래가 있으며, 미래에도 과거·현재·미래가 있어 총 구세이다. 그런데 깨어보니 꿈이라 함은 즉 구세가 모두 찰나 일념에 지나지 않는다. 그래서 구세 십세가 상즉한다고 한다.

그러나 또 분명 과거는 과거이고 현재는 현재이고 미래는 미래이다. 그래서 지은 업장을 참회할 때도 이참(理懺)과 사참(事懺)이 있다. 《천수경》에 보면 죄를 참회할 때 사참으로는 '살생중죄 금일참회' 등 십악참회가 나온다. 그런데 이참으로는 '죄에 자성이 없어 마음 따라 일어나니 마음이 만약 멸하면 죄 또한 없다[罪無自性 從心起 心若滅時罪亦亡]'고 하였다.

(10) 주반원명구덕문(主伴圓明具德門)

주인과 수행원, 주체와 객체가 조화롭고 더불어 일하는 미덕을 완성하는 경계이다. 그 어떤 존재도 스스로 홀로 생겨나는 것은 없다. 우주법계에는 어느 한 사물도 스스로 혼자 생겨나거나 독립하여 존재함이 없이, 서로 주인이 되고 객이 되어 모든 덕을 원만히 갖추고 있다는 것이다.

이는 고십현의 유심회전선성문(唯心廻轉善成門)을 바꾼 것이다. 여기서 유심이란 여래장(如來藏) 자성청정심(自性淸淨心)이다. 그 유심은 다시 여래의 과덕을 구족한 성기구덕(性起具德)의 진여일심으로 해석되었다. 일체 모든 존재가 여래성(如來性)이 그대로 나타난 존재이기 때문에 사사무애 법계연기의 신비를 드러낼 수 있게 된 것이다.

그런데 이 유심회전선성문은 유심을 이(理)로 보고 선성(善成)된 존재를 사(事)로 보아 이사무애로 오인할 수도 있으며, 그보다 10문 전체가 유심회전의 경계로 보아서 이 유심회전문 대신 주반원명구덕문을 10문의 하나로 설정한 것이다.

십현연기③ · 육상원융①

유심회전(唯心廻轉)

사종법계설에서 마음이 만유를 융섭해서 사종법계를 이룬다고 하였고, 사종법계 중 화엄법계의 핵심인 사사무애 법계연기를 설하는 십현연기문에서도 유심회전선성이라 함을 보았다. 《화엄경》에서 유심설이 특히 강조된 부분이 〈야마궁중게찬품〉과 〈십지품〉과 〈여래출현품〉이었음도 이미 본 바 있다.

현수법장은 《탐현기》에서 〈십지품〉의 '삼계허망 단시일심작(三界虛妄 但是一心作)'의 경문을 해석하는 가운데 10중(十重)으로 유식을 설하고 있다. 거기서 법장은 시교와 종교, 돈교의 유식을 말하면서 이사무애의 경계까지 배대시키고, 이 위에 원교의 유식을 말하고 있다. 즉 원교의 유식은 융사상입(融事相入)하는 까닭이며 전사상즉(全事相卽)하는 까닭이며 제망무진(帝網無盡)인 까닭에 유식이라고 한다. 상입·상즉·무진의 일심이 화엄의 일심이니, 사사무애법계를 드러내는 일심이라 한 것이다.

규봉종밀은 《보현행원품소초》에서 10종(十種)의 유심을 논하고 있다. 종밀은 법장의 의견을 따라 원교의 일심을 역시 상입·상즉·무진의 일심으로 논하고 있다. 단 법장은 전사상즉이라 하였는데 종밀은 융사상즉(融事相卽)이라 표기하였다.

청량은 《현담》에서 5중(五重)의 유식을 논하고 있다. 즉 소승의 여러 가르침은 임시로 세운 일심(一心)을 말하고, 대승시교에서는 이숙뢰야(異熟賴耶)일심, 종교는 여래장일심, 돈교에서는 일체가 다 끊어진 민절무기(泯絶無寄)일심, 그리고 원교는 만유를 다 포섭하는 총해만유(總該萬有)일심을 말한다. 이러한 일심이 법계의 체라는 것이다.

그러면 총해만유일심은 어떠한 경계인가? 종밀의 《보현행원품소초》에서는 징관이 말한 이 총해만유일심을 구체적으로 주석하고 있다. 총해만유가 즉 일심이라 함은 법계인 진계(眞界)의 체를 가리키는데 그러나 이 일심은 부처도 아니고 중생도 아니며, 진도 아니고 망도 아니다. 일체의 근본으로서 일체 중생이 이를 다 갖추고 있다고 한다. 상입·상즉·무진의 일심이므로 총해만유의 일심이다.

융사상입의 일심이므로, 일체 사법이 온전히 진심(眞心)이 나타난 것이다. 온전히 마음인 사(事)가 마음을 따라 일체 가운데 두루 하고, 온전히 마음인 일체가 마음을 따라 하나의 사 가운데 들어간다. 마음을 따라 회전하여 상입함이 무애하다. 융사상즉일심이란 일심이라는 하나의 사가 마음을 따라 일체에 즉하니 일체가 하나에 즉함도 또한 그러하다. 제망무진하므로 일심을 말함은, 일체가 온전히 이 일심인 까닭에 능히 일체를 포함하고, 포함된 일체가 또한 일심을 세우니, 그런 까닭에 다시 일체를 포함한다. 끝없이 중중함은 다 낱낱이 온전히 진심을 갖춤을 말미암아 무애함을 따르는 까닭에 무진이다. 하나가 일체에 들어가고 일체가 하나에 들어가며,

하나가 일체이고 일체가 하나이니, 제망무진의 일심인 것이다.

따라서 총해만유일심이니, 일체가 다 마음이다. 곧 열면 만 가지 다른 것이고 합하면 일성(一性)이며, 펴면 법계에 차고 거두면 일심에 있다. 이것이 원교화엄의 일심으로서 법계의 체이며, 일진심이 곧 계(界)이다. 연화장세계해의 낱낱 티끌에서 일체 법계를 보는 것이다.

이상과 같이 중국화엄에서는 일심을 관하고 십현연기의 문을 통하여 법계를 관찰하는 관법을 시설하고 있는 것이다.

육상원융(六相圓融)

십현연기와 아울러 육상원융 또한 화엄무진연기의 모습을 구체적으로 설명하는 또 다른 측면으로 중시되고 있다.

육상이란 총상(總相)·별상(別相)·동상(同相)·이상(異相)·성상(成相)·괴상(壞相)을 말한다. 이는 총별, 동이, 성괴라는 세 쌍의 대립되는 개념이나 모습이 서로 원융무애한 관계에 놓여 있어 하나가 다른 다섯을 포함하면서도, 또한 여섯이 그 나름의 모습을 잃지 않음으로써 법계연기가 성립한다는 설이다.

1. 육상의 의의

1) 화엄경 상의 육상설

육상원융으로 회자되는 육상설의 연원은 물론 《화엄경》이다. 육

상 각각의 명목이 보이는 곳은 《화엄경》〈십지품〉과 그 별행경인
《십지경》이다. 십현연기는 《화엄경》 내에 십현의 명목이 그대로
나와 있지는 않고 경문 전체의 경계를 십현으로 표현한 것인데, 육
상원융의 육상은 경문에 명목이 나오고 있는 것이다. 그것은 십지
중 처음의 환희지에서 보살이 세우는 10종대원 가운데 제4원을 일
으키는 곳에서 교설되고 있다.

그런데 이들 경에서 보이는 육상은 십지경전류에 따라 조금씩
차이가 있다. 《육십화엄》에는 육상의 명칭이 총상·별상·유상(有
相)·무상(無相)·유성(有成)·유괴(有壞)로 되어 있으며, 각 상의
의미는 교설되어 있지 않다.

육상원융으로 체계화된 명칭인 총상·별상·동상·이상·성상·
괴상(전체인 모양·각각인 모양·같은 모양·다른 모양·이루는 모양·
무너지는 모양)이라는 용어가 그대로 보이는 곳은 《팔십화엄》과
《십지경》이다. 《팔십화엄》에서는 보살이 총상 내지 괴상의 모든
바라밀행을 다 설해서 중생으로 하여금 마음이 증장케 하는 원을
일으킨다는 것이다. 이 원을 청량징관은 수행이리원(修行二利願)이
라 명명하고 있다. 여기서는 《육십화엄》과 달리 육상의 명목이 바
로 열거되어 있기는 하나, 구체적인 내용을 알 수 없는 것은 마찬
가지이다. 이러한 《팔십화엄》에서의 육상명은 세친이 《십지경론》
에서 인용한 《십지경》에서 이미 보이고 있다. 《불설십지경》에도
이 육상명이 나타나 있다.

이와 같이 《화엄경》과 《십지경》에서는 십지보살의 바라밀행을
통한 중생심의 증장에 관련된 육상의 이름은 보이나, 육상의 의미
를 밝히고 있지는 않다. 세친보살이 《십지경론》에서 《십지경》의
육상에 해석을 가함으로써 육상의 의미가 부각된다.

2) 방편으로서의 육상

그러면 세친은 경문에 설명이 없는 육상의 의미를 무엇에 근거하여 어떻게 규정하고 있는가?

세친은 위의 《십지경》에 보이는 육상을 보살행의 방편으로 해석하고 있다. 즉 제4원을 논함에 있어서 우선 '마음이 증장함'을 핵심으로 내세우면서 심증장케 하는 보살행 중 총상 내지 괴상을 방편행으로 규정하고 있는 것이다. 이 점은 육상이 화엄교학에 있어서 육상원융의로 발전하게 되는 시원이 된다.

보살이 십지의 보살도와 바라밀을 닦아서 마음을 증장케 하는 보살행의 육상방편을 세친은 근본입과 9입이라는 10입과 관련시켜 구체적으로 설명하고 있다. 《십지경》에서 제4원을 포함한 십대원(十大願)을 설하기 전에 설주인 금강장보살이 보살의 대지혜광명 삼매에 들자, 같은 이름의 수많은 부처님들께서 금강장보살의 입정(入定)을 칭찬하시는 부분이 있다. 세친은 이 경문을 해석하면서 육상을 구체화시킨 것이다. 경에서는 금강장보살의 입정에 10가지 의미를 부여하고 있다.

①일체 보살의 불가사의한 불법의 광명을 설하여 지혜의 지(地)에 들게 하는 까닭이다.
②일체 선근을 포섭하는 까닭이다.
③일체 불법을 잘 분별하여 선택하는 까닭이다.
④널리 제법을 아는 까닭이다.
⑤잘 결정하여 제법을 설하는 까닭이다.

⑥ 무분별지가 청정하여 잡되지 않은 까닭이다.

⑦ 일체 마법이 능히 물들이지 못하는 까닭이다.

⑧ 출세간법의 선근이 청정한 까닭이다.

⑨ 불가사의한 지혜경계를 얻는 까닭이다.

⑩ 일체 지혜인의 지혜경계인 까닭이다.

이 같은 까닭에 금강장보살이 삼매에 들어갔다고 함을 《십지경론》에서는 10입으로 명명하고 있는 것이다. 이 10구 중 처음의 '입지혜지(入智慧地)'는 근본입에 해당하며, 나머지는 차례로 9입에 해당시키고 그 연유를 밝히고 있다.

즉, 일체 보살의 불가사의한 제불법의 광명을 설하여 지혜의 지(地)에 들게 한다는 것은 근본입이다. 지혜지는 십지의 지(智)이며, 이 근본입에 의해 9종입이 있다. 그런데 이들 10입은 십지의 지혜가 점차 수승한 모습을 헤아리고자 한 것이며, 근본입에 차이가 있는 것은 아니라고 한다. 그리고 이를 육상과 관련시키고 있다. 그 설명에서 《십지경》의 총상·별상·동상·이상·성상·괴상의 명목을 사용하였는데, 이때부터 이 육상의 명목이 확정된 것이다.

세친은 위에서 말한 10구 중에 6종의 차별상문이 있다고 하여, 10구와 관련시켜 육상을 설명하고 있다.

총상이란 근본입이다.

별상이란 나머지 9입이니, 별이 본을 의지하며 그 본을 만족시키는 까닭이다.

동상이란 입(入)인 까닭이다.

이상이란 증상인 까닭이다.

성상이란 약설인 까닭이다.

괴상이란 광설인 까닭이니, 세계의 성괴(成壞)와 같다.

다시 말해서 일체 보살이 지혜지에 들어감에 의해서 일체 선근을 포섭하고 내지 일체 지혜인의 지혜경계에 들게 된다. 또 일체 선근을 포섭하고 내지 일체 지혜인의 지혜경계에 들어감에 의해 지혜지에 들게 된다. 이것이 근본입인 총상(總相)과 전개된 9입인 별상(別相)이다.

또 일체 선근을 포섭하고 내지 일체 지혜인의 지혜경계에 들어가는 것은 한 가지로 지혜지에 들어가는 것이니, 이것이 한 가지 입(入)인 동상(同相)이다. 그런데 일체 선근을 포섭하고 내지 일체 지혜인의 지혜경계에 들어가는 것은 이들에 문혜(聞慧)와 사혜(思慧)의 차별이 있고, 또 점차 견도위·수도위·구경위 등 높은 계위로 올라가는 차별 등이 있다. 그러므로 늘어나는 상이 이상(異相)이다.

그리고 일체 선근을 포섭하고 내지 일체 지혜인의 지혜경계에 들어가는 것이 모두 지혜지에 들어감을 이루므로, 일체 보살이 지혜지에 들어간다는 근본입 하나로 간략히 표현한 약설이 성상(成相)이다. 그런데 지혜지에 들어감이 구체적으로 선근을 포섭하고 일체 지혜인의 지혜경계에 들어가는 것이므로 선근을 포섭하고 내지 일체 지혜인의 지혜경계에 들어가는 것 외에 지혜지에 들어가는 것이 따로 없다. 9종의 연이 각각 차별적인 특색 있는 보살행으로 벌어져 있고, 따로 지혜지에 들어감을 서로 이루지 않는다. 따라서 광설이 괴상(壞相)이다. 이중 성상과 괴상은 특히 그 이해를 돕기 위해 세계 성괴의 비유를 들고 있다. "마치 백억사천이 합하여 하나의 사바세계를 이룸과 같다. 간략히 표현하니 성(成)이 되며 만약 분별하여 광설하면 백억차별이니, 한 사바세계가 의지해 머무는 바가 없게 되므로 괴(壞)이다"고 한다.

이러한 10구와 육상의 관계를 볼 때, 육상을 일단 차별상으로 보고 있다. 그러면서 제입(諸入)이 점차 수승하나 근본입에 차이가 있는 것은 아니라고 하여, 총별 등 본말이 서로 다른 것이 아님도 나타내고 있다. 이러한 육상론은 이후 화엄가들의 육상 이해에 바탕이 되었다.

제27강

육상원융 ②

세친이 총상 내지 괴상의 경문에 주목하고, 육상을 10입에 배대시킴을 앞에서 보았다. 보살이 지혜의 지에 들어가는 근본입과 9입을 육상으로 설명한 세친은, 이 10구만이 아니라 나머지 일체 10구에도 육상이 성립함을 밝히고 있다. 《화엄경》의 만수인 10으로 표현된 제법은 모두 이 육상으로 말할 수 있다는 것이다. 그 예로서 《십지경》에 '중생이 아뇩다라삼먁삼보리심을 일으키는 10가지 인연'을 논하고 있음을 들 수 있다.

그런데 한 가지 문제는 모든 10구 중에 다 6종의 차별상문이 있으나 사(事)는 제외하니, 사란 음(陰)·계(界)·입(入) 등이라고 한 것이다. 이 점은 후일 육상을 논하는 화엄가들에 의해 많은 논란을 벌이게 하였음을 볼 수 있다. 세친의 《십지경론》의 연구를 중심과제로 한 지론학파에서도 이 점에 대해서는 이견이 보인다.

혜광에게서 수학한 북주의 법상은 음계입을 오음·십이처·십팔계라 해석하고, 사는 서로 달라 융합하지 않으므로 사는 제외한다고 하여 《십지경론》의 세친설을 따르고 있다. 그리고 일행(一行)은 총상, 여러 행은 별상, 총별이 함께 원융함이 동상, 총별이 다른 것이 이상, 증득상을 따르는 것이 성상, 상위한 상이 괴상이라 하여 실천적 행의 문제로 육상을 해설한 것도 같은 흐름이다.

그러나 정영사(淨影寺) 혜원(慧遠)에 이르면 비록 육상을 방편으로 해석한 것은 세친과 같으나, 육상방편의 범주에 대해서는 견해를 달리하고 있다.

3) 육상의 범주

혜원은 세친이나 법상과 달리 그의 《대승의장(大乘義章)》에서 육상을 집성방편(集成方便)으로 설명하면서 사법(事法)도 포함시키고 있다. 혜원은 지혜를 실지(實智)와 방편지로 총괄하면서, 방편지 가운데 집성방편을 육상으로 설명하고 있다. 집성방편이란 제법이 동체이니 서로 모아 이루므로 방편이라 한다. 일체 행의 총상 내지 괴상도 방편이다. 이 방편은 일체 음계입 등 사법과도 상대한다고 한다. 그래서 지론에서 육상문을 분별하면서 사를 제외한 것과 다름을 말하고 있다.

이 점은 혜원이 《화엄경》의 육상문을 따로 밝힌 데서도 천명하고 있다. 만약 사상(事相)에 의하면 음·계·입 등의 사는 다르나, 이 사상을 포섭하여 체를 따르면 통하여 걸림이 없다. 육상은 제법의 체이므로 두루하지 않음이 없다는 것이다. 그 예로 하나의 색음(色陰)에 의해 육상을 변별해 보임으로써 일체 사법에 융통함을 증명해 보이고 있다. 이처럼 혜원은 육상의 뜻이 제법에 통함을 주장하면서, 만약 이 뜻을 잘 알면 일(一)·이(異) 등의 집착이 사라져 자취가 없을 것이라고 육상의 해석을 마무리하고 있다.

이와 같이 혜원은 육상을 지론에서처럼 보살행의 방편으로 볼 뿐 아니라, 그러한 실천적 문제에 한정시키지 않고 온갖 사법에도 그 체성에 근거하여 확대 적용시키고 있다. 육상이 일체 법의 사상(事相)에는 구족하지 못하나, 그 체성에 따르면 한량없는 육상문을 갖춘다고 역설한 것이다.

4) 육상원융의(六相圓融義)

《화엄경》에 연원한 육상설이 보살행의 방편으로 이해되고, 이어서 일체 사법에도 그 체의를 따른다면 두루 육상문이 갖추어진다고 함을 보았다.

그것이 화엄종의 지엄을 거쳐 의상과 법장에 이르러 육상원융으로 체계화됨으로 해서 대표적인 화엄교의로 자리잡게 된다. 그리고 계속해서 징관 등 화엄조사들에 의해 대를 이어 육상론이 전개되어감에 따라, 육상설이 화엄교학에서 주요한 비중을 차지하게 됨을 알 수 있다.

법장은 화엄을 별교일승 원교로 내세우고 별교일승 화엄의 사상적 체계를 육상원융으로 수립하고 있다. 그의 초기저술인 《화엄오교장》에서 화엄교학의 의리문제를 논하는 가운데 시설된 육상원융의(六相圓融義)에서 설명되고 있는 육상원융설은 그동안 화엄육상설의 대표적인 내용으로 간주되어 왔다. 여기서 법장은 육상을 육상연기라 일컫고, 육상의 명칭을 총상·별상·동상·이상·성상·괴상이라 나열하면서 육상의 내용을 설명하고 지엄의 〈육상송〉도 소개하고 있다.

총상이란 하나가 많은 덕을 포함하는 까닭이다.

별상이란 많은 덕이 하나가 아닌 까닭이니,
별이 총을 의지하며 그 총을 만족시키기 때문이다.
동상이란 많은 뜻이 서로 위배되지 아니하여 하나인 총을 이루기
　　때문이다.
이상이란 많은 뜻이 서로 대함에 각각 다른 까닭이다.
성상이란 이 모든 뜻을 말미암아 연기가 이루어지는 까닭이다.
괴상이란 모든 뜻이 각각 자기 자리에 머물러 이동하지 않는 까
　　닭이다.

　법장은 이같이 육상의 의미를 간단명료하게 정의하고 있다. 그리
고 이러한 육상방편교는 일승원교, 법계연기, 무진원융, 자재상즉,
무애용융 내지 인다라, 무궁 이사 등을 나타내기 위함이라고 밝히
고 있다. 이는 바로 이와 사가 무애한 무진 법계연기의 세계로서
육상원융의 일승 화엄교학을 구축하고 있음을 말해 주는 것이다.
　이러한 육상원융의 의미는 지엄이 〈육상송〉에서 밝힌 뜻을 법장
이 만족시키고 있음은 물론이다. 지엄은 한 이상한 스님으로부터
'일승의 의미를 알고자 한다면 십지 중 육상의 뜻을 가벼이 말라'
는 말을 듣고 이를 연구하여 크게 지견이 열렸다고 한다. 지엄의
육상에 대한 구체적인 설명은 그리 많이 시설되어 있지 않으나, 육
상연기설의 기초는 거의 닦아 놓았음을 보게 된다.
　이를 지엄 문하의 법장과 신라 의상이 교리적으로 체계화시켜
그 의미를 드러냈다고 하겠다. 법장은 집[舍]의 비유로 육상원융을
드러내고, 의상은 육상방편에 의해 《화엄일승법계도》의 합시일인
(合詩一印)을 만들었던 것이다. 의상의 화엄사상에 대해서는 다음
에 고찰하기로 한다.

2. 비유를 통한 육상의 이해

법장은 육상원융의 의미를 더 구체적으로 드러내기 위하여, 연으로 이루어진 집에 의거하여 육상을 설명하고 있다. 법장이 사용한 집[舍]의 비유를 보자.

법장이 비유로 사용한 집은 서까래가 일장 이척[丈二]이고 기와가 일척이고 기둥이 팔척이며, 널판도 그 자료로 쓰여 있는 이십보(二十步)의 기와집이다. 이 기와집을 비유로 18문답을 통해서 육상을 밝히고 있다. 문답을 통하여 육상의 의미를 살피고 나아가 육상 상호간의 관계를 고찰함으로써, 육상이 총체적으로 원융무애함을 증명하고 있는 것이다.

먼저 첫째로 총상(總相)에 대한 문답 해석을 요약한다면 다음과 같다.

① 무엇이 총상인가? 집이 총상이다.

② 집은 서까래 등의 연일 뿐인데 무엇이 집인가? 서까래가 곧 집이다. 서까래가 홀로 집을 만드니, 서까래가 있어야 집이 이루어지기 때문이다.

③ 그렇다면 기와 등이 없이 서까래만으로도 집을 만들 수 있는가라는 의문이 당연히 나오게 된다. 이에 대해 서까래는 기와 등이 있어야 서까래가 되며, 서까래가 집의 인연 속에 있지 않으면 이미 서까래가 아니므로 집을 만들지 않는다고 한다.

기와 등이 없으면 서까래는 이미 서까래가 아니기 때문에 짓지 못한다. 그것은 기와 등이 함께 집을 이루고 있는 인연 속에서 서까래가 서까래일 수 있지, 그렇지 않다면 서까래가 아니라 단지 장이(丈二)의 긴 나무토막일 뿐이기 때문이다. 긴 나무토막에 불과한, 서까래 아닌 것이 홀로 집을 짓는다는 것이 아니라, 서까래가 홀로 집을 짓는다고 하였다는 것이다.

그래서 이 문답을 《총수록》에서는 보법(普法) 인연의 서까래는 기와, 돌, 기둥, 나무 다듬는 목공, 기와굽는 와부 등 일체 제법을 널리 모두 다 포섭해서 집을 지은 연후에야 바야흐로 서까래가 될 수 있다고 한다. 이처럼 연성(緣成)의 집이며, 인연의 서까래인 것이다.

④ 만약 서까래가 곧 집이 아니고 서까래 등이 작은 힘[小力]일 뿐이라면 단(斷)·상(常)의 허물이 있다. 작은 힘일 뿐이라면 집을 이루지 못하게 되므로 단(斷)이고, 인(因) 없이 온전한 집이 있다고 집착하므로 상(常)이다.

⑤ 서까래가 없으면 온전한 집이 없으니 그 집은 파옥(破屋)일 뿐이다.

⑥ 집이 곧 서까래이면, 기와 등도 다 서까래이다. 서까래가 없으면 집이 없고 집이 없으면 기와 등도 없기 때문이다. 나머지 모든 서까래의 예도 그러하다.

둘째, 별상(別相)이란 서까래 등 모든 연은 전체인 총과 다르기 때문이다. 만약 다르지 아니하면 총의 뜻이 성립되지 아니한다. 그러므로 별이란 곧 총으로써 별을 이루는 것이라고 한다.

이처럼 별상을 연 것은 총덕을 나타내기 위해서이므로, 별상이 전체인 총상과 별개의 것이 아니라 온전히 같음을 알게 하고자 별상 다음에 셋째로 동상을 밝히고 있다.

셋째, 동상(同相)이란 서까래 등 모든 연이 화합하여 집을 지어서 서로 어긋나지 않기 때문에 모두 집의 연이라 하며, 나머지 물(物)을 만드는 것이 아니기 때문에 동상이라 이름한다.

동상이란 서까래 등 모든 집의 연이 화합하여 한 가지로 집을 이루는 것이다. 만약 서까래 등 모든 연이 한 가지로 화합하여 집을 이루지 않는다면 역시 단상(斷常)의 허물에 떨어진다. 모든 연이 위배하여 집이 성립되지 않으므로 단에 떨어지고, 그럼에도 집이 있다고 집착한다면 인이 없는데 과인 집이 있게 되므로 상에 떨어지게 된다는 것이다.

그러면 이 동상이 총상과는 어떻게 다른가? 동상은 방금 말한 것처럼 모든 연이 화합하여 집을 이루는 것이고, 총상은 오직 전체의 집만을 보고 말한 것이다. 이처럼 서까래 등 모든 연이 한 가지로 집을 이룰 수 있는 것은 서까래 등 모든 연이 서로 다르기 때문이다.

서까래 등 모든 연이 차별하여 각각의 자리가 부동한 것이 이상(異相)이다.

넷째, 이상(異相)이란 서까래 등 모든 연이 스스로의 형태와 유형에 따라서 서로 차별한 까닭이다.

이와 같이 이상을 말미암아 동상이 이루어지기 때문에 이상은 동상과 다르면서 다르지 아니하다. 서까래는 일장 이척이고, 기와는 일척이어서 한 가지로 집을 이루는 것이다. 만약 다르지 아니하다면 서까래가 장이(丈二)면 기와도 장이일 것이니, 그러면 근본연에 위배되어 집이 이루어지지 않게 된다. 서까래 등 모든 연이한 가지로 집을 이루었다면 모든 연이 각각 서로 다른 줄 알 수 있는 것이니, 이상은 또 동상에 의해 이상이 있는 것이다.

그러면 여기서 이상이 별상과는 어떻게 다른가?

별상이란 서까래 등 모든 연이 하나의 집과 다르기 때문이고, 이상은 서까래 등 모든 연이 서로 바라보아 다른 모습인 것이다. 별상은, 즉 서까래 등 모든 연이 총인 집과 다를 뿐이고, 그 형상의굽음과 장단을 보는 것은 아니다. 반면에 이상이란 서까래는 장이며 가로질러 있고, 기둥은 팔척이며 곧추서 있으며, 기와는 일척등으로서 각기 스스로의 형류가 차별한 것을 말한다.

제28강

육상원융 ③ · 삼성원융관

앞에서 육상을 집에 비유하여 총상 내지 이상까지 살펴보았다. 총상이란 집이다. 별상은 대들보·서까래 등이다. 대들보·서까래 등이 모여 총인 집이 된다. 동상이란 서까래 등의 연이 서로 어김이 없이 조화되어 전체인 집을 이루고 있는 모습이다. 이상이란 서까래·기둥 등이 각각 제모습을 갖고 있는 것이다. 이제 성상과 괴상을 보자.

다섯째, 성상(成相)이란 모든 연을 말미암아 집의 뜻이 이루어지기 때문이다. 집을 이룸을 말미암은 까닭에 서까래 등을 연이라 이름한다.

서까래 등 모든 연이 각각 자기 자리를 움직이지 아니하면서 집을 이루게 되니 성상이다. 그러면 현재 서까래 등 모든 연이 자법(自法)에 머물러 있는데 어째서 집의 뜻이 이루어질 수 있는가? 서까래 등 모든 연이 자법에 머물러 있기 때문에 오히려 집이 이루어진다. 만약 서까래가 집을 만들어 버린다면 서까래는 본래 연의 법을 잃기 때문에 집의 뜻이 이루어질 수 없다. 서까래가 연이므로 분명히 집을 만들 것임을 안다. 그러므로 성상이란 짓지 않으면서 지음을 밝히는 것이다.

그렇다면 성상이 앞서의 동상과는 어떻게 다른가? 성상이 지음이 없는 지음이라면, 동상은 지음이 있는 지음이다. 동상과 성상을 상대해서 설하면 동상은 연기가 현전하는 뜻이고, 성상은 연기가 무성인 뜻이다. 동상 중에서는 서까래 등 모든 연이 서로 바라보고 서로 포섭하여 집을 이루는 힘의 뜻이 가지런히 같다.

이처럼 지음이 없되 지음은, 짓되 지음이 없음으로 이루어지니 괴상이다.

여섯째, 괴상(壞相)이란 서까래 등 모든 연이 각자 자법에 머물러 본래 만들지 않기 때문이다.

괴상이란 짓되 짓지 아니함을 밝히는 것이다. 서까래 등의 여러 연이 각각 자법(自法)에 머물러 본래 움직이지 아니함을 말한다.

그러면 이 괴상의 부동(不同)과 앞에서 본 이상의 부동은 어떻게 다른 것인가? 앞서 이상 중에서는 자리가 움직이지 아니한 까닭에, 기와 일척의 자리가 서까래 일장 이척의 자리와 더불어 각각 비록 움직이지 않으나 서로 바라보는 상망(相望)의 뜻이 있다. 그러나 괴상은 체가 움직이지 않기 때문에 법과 법이 각각 서로 알지 못하는 것이다.

성상의 집을 보면 기둥이 성(成)인가? 내지 기와가 성인가? 이렇게 여러 가지 인연을 두루 따져보면 어느 한 물건도 그 집을 이룸이 없다. 그러므로 성상의 집은 구경인 것이다. 즉 짓되 짓지 아.

니하는 까닭에 괴상이 이루어지니, 괴는 멸괴의 괴가 아닌 것이다.

이처럼 육상은 서로 상즉하면서도 또한 제 모습을 지니는 것이다. 그리하여 "총상은 하나의 집이고, 별상은 모든 연이다. 동상은 서로 상위하지 않음이며, 이상은 모든 연이 각각 다름이다. 성상은 모든 연이 과를 판별함이요, 괴상은 각각 자법(自法)에 머무는 것이다"라고 이를 부연하고 있다. 법장은 집의 비유뿐 아니라 금사자상의 비유로도 육상을 설명하고 있다.

이상과 같은 집의 비유[舍喩]는 의상의 도인의 비유[印喩]를 참조한 후에 이루어졌음이 분명하다. 의상이 도인을 사용하여《법계도》를 지었을 때, 법장도 비록 거사의 신분이기는 하였으나 지엄 문하에서 동문수학하고 있었기 때문이다. 의상이 귀국한 후에도 두터운 친분은 계속되었으며, 법장이 의상에게 편지를 보내면서 자신의 저술도 함께 전했다. 그때 집의 비유가 담긴《오교장》도 보내면서 잘잘못을 검토해 달라고 부탁하였던 것이다. 그러면 법장이 비록 거론하고 있지는 않으나 집의 비유에 어떤 형태로든 의상의 영향을 받았다고 볼 수 있다.

이러한 육상원융을 좀더 쉽게 이해하기 위해서 얼굴 비유를 들어보자. 우리 얼굴에는 눈·귀 등 육근이 다 모여 있다. 얼굴이 총상이라면 눈·귀 등은 별상이다. 그러나 눈이 얼굴이고 얼굴 속의 눈이다. 이 둘은 서로 떨어질 수 없으니 원융이다. 눈·귀 등이 조화되어 한 가지 얼굴을 이루고 있음은 동상이며, 눈은 눈모습 귀는 귀모습 등 각기 다른 모습을 하고 있는 것이 이상이다. 눈·귀 등이 서로 연기하여 얼굴 역할을 하는 것이 성상이며, 눈은 눈 역할, 귀는 귀 역할 등 각기 제자리에서 다른 역할을 담당하는 것이 괴상이다.

우리 존재는 홀로 존재하는 것이 아니라 인연관계 속에 있다. 각기 어떤 자리를 메우고 있든지 각기 다른 모습으로 제자리를 잘 지키며 제 역할을 충실히 할 때, 우리 모두 조화롭고 행복한 존재가 됨을 말해 준다고 하겠다. 이들은 차례로 보편성, 특수성, 유사성, 다양성, 통합성, 차별성 등의 의미로 간주된다.

이처럼 육상원융은 제법 존재의 존재양상으로 설명될 수 있지만 경문에서는 육상으로 바라밀을 닦는다는 말씀이었다. 따라서 일승보살의 바라밀행이 어떻게 육상으로 닦아지는지 살펴보기로 하자.

3. 육상원융적 일승보살도

1) 항포문(行布門)과 원융문(圓融門)

화엄교학에 있어서 수증문(修證門)은 관법(觀法)과 단혹(斷惑)의 두 문으로 크게 논할 수 있다. 관법에는 낱낱 존재를 관하는 연기관과 일심진여를 관하는 성기관을 시설하고 있으며, 관법 역시 미혹을 끊고 덕을 이루어가게 된다. 이는 또 항포와 원융의 두 문으로 크게 나누어지고 있다.

항포는 항열 분포이며, 원융은 원만 융통을 뜻한다. 즉 항포문은 위(位)를 세움에 차별하여 다 다른 까닭이며, 원융문은 일위(一位)가 곧 일체위(一切位)를 포섭하는 까닭이니 낱낱 위가 만족한즉 불위(佛位)에 이르는 까닭이다.

육상 중에 셋은 원융이고, 셋은 항포로 나누고 있다. 총상·동상·성상은 원융문이고, 별상·이상·괴상은 항포문이다. 그러나 항포와 원융 또한 그 둘이 서로 분리된 것이 아니니, 총별이 둘이 아니므로 항포가 원융문으로 포섭되는 것이다. 또 성상이 상즉하므로 원융과 항포가 둘이 아니고 하나와 무량이 상즉한다. 원융이 항포에 걸리지 않으므로 일이 무량이 되고, 항포가 원융에 걸리지 않으므로 무량이 일이 된다. 총별 등 육상이 원융하므로 하나를 들면 전체가 거두어져 일위가 전체위를 포섭하고, 전체위가 일위에 섭입되어 원융과 항포가 둘이 아니고 무애하다.

경에서도 일지(一地) 가운데 일체 지의 공덕을 갖추어 초발심시에 문득 정각을 이룬다고 한다. 이 경계는 총별 등 육상이 원융함에 의해 일성일체성(一成一切成)이기 때문이라는 말이다. 따라서 본위를 무너뜨리지 아니함은 항포이며, 무애원융함은 원융이다.

그런데 육상설이 이처럼 일체 모든 존재가 무애한 불경계를 드러낸다고 하더라도, 그러한 경계는 역시 인과가 둘이 아닌 중도행이다. 그것은 각기 다른 차별적인 항포문으로 전개되면서 일성일체성의 원융문으로 회통되어 초발심시변정각 내지 중생즉불의 화엄세계를 십십무진(十十無盡)의 바라밀행을 통해 드러낸다. 십바라밀을 항포문으로 보면 보시바라밀과 지계바라밀은 각각 다르다. 원융문으로 보면 보시바라밀에 다른 9바라밀을 다 포섭하고, 지계바라밀에 다른 바라밀이 다 들어 있다.

《화엄경》에서는 선재동자가 선지식을 탐방함을 통해 법계에 들어가는 것을 보여 줌으로써, 찰나찰나 법계에 들어가나 본래 법계에서 한 발자국도 벗어난 적이 없는 구래불(舊來佛)임을 보여 주고 있다.

이러한 인과불이의 중중무진한 보살행의 방편으로 교설된 육상원융은 조사선의 선적수행 방편과도 교섭되니, 그것은 특히 오가칠

종(五家七宗) 중 법안종의 가풍에서 볼 수 있다.

　법안문익(法眼文益)은 제자를 접인하는데 육상의를 응용하고 있다.《종경록》등 법안종 계통의 문헌에서는 이 육상으로 단견과 상견을 바로하며, 제법을 출생하고 포섭하며 불(佛)과 중생이 다르지 아니한 총별 원융의 일심을 요달하는 것으로 성불행을 삼고도 있다. 그리하여 화엄의 육상원융으로 교와 선의 융합까지 도모하고 있다.

　일체 존재가 무애한 도리이며 무진보살행의 방편인 이 육상설이 선과의 교섭에까지 연계되는 데는 화엄의 일체유심조, 즉 여래성기와 무관하지 않다. 화엄의 여래성기는 뒤에 고찰하기로 하고 이상의 육상설을 간단히 도시하면 다음과 같다.

　〈표〉 육상설(六相說)

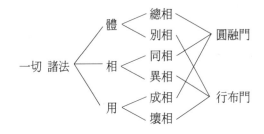

삼성원융관(三聖圓融觀)

　이상과 같이 화엄종에서 일군 화엄교학의 핵심교의를 사사무애 법계연기로 보고 그 근거로서 성상원융, 인과교철, 이체·동체의 상즉·상입을 살폈으며, 그 구체적인 모습으로서 십현연기와 육상원융을 고찰해 보았다.

그런데 화엄종과는 입장을 크게 달리하면서도 화엄의 원융사상을 체계화시킨 것 중에 거사인 이통현(李通玄, 635~730)의 삼성원융설이 있다. 이통현의 행적에 대해서는, 비록 그의 생애를 알 수 있는 자료가 꽤 보이기는 하나, 자료마다 달라 정확하게는 알 수 없다. 그리고 이통현의 저술로 알려진 것에 몇 가지가 있는데, 그 중 제일 먼저 쓰여진 《신화엄경론》을 저술하기 이전에는 불교계와의 교류사실도 거의 보이지 않는다.

이통현은 법장보다 조금 일찍 태어나서 법장이 입적한 후까지 살았는데, 남곡 마가의 고불당 옆 움막에서 《화엄경》을 주석할 때 하루에 대추 10개와 잣 10개만 먹고 지냈다고 하여 세상에서 그를 조백대사(棗柏大士)로 불렀다고 한다.

그런데 《신화엄경론》에 보이는 이통현의 화엄경관은 중국 화엄종의 전통적 사상이 되지는 못하였으나, 《신화엄경론》은 《팔십화엄》에 대한 본격적인 주석서이며 그후 화엄이 선과의 교섭을 가지게 되면서 더욱 주목된 저술이다. 특히 고려시대 보조국사 지눌에게 있어서 두번째 깨달음이 있게 해준 계기가 되었으며, 그후 한국에서도 이 《신화엄경론》은 《화엄경》을 이해하는 주요 자료로서 계속 유통되었다.

《신화엄경론》 40권은 이통현의 사후에 광초(廣超)에 의해 필사되어 전해졌고, 후에 지령(志寧)이 경과 논을 합하여 개편한 후, 혜연(慧研)이 120권으로 만든 것이 현재 유통되는 《화엄합론》이다.

화엄성기사상 1 華嚴性起思想

본강에서는 먼저 이통현의 삼성원융관에 대해서 마무리하고 화엄성기사상을 살펴보도록 하겠다.

이통현의 화엄경관은 그의 《신화엄경론》에서 드러내고 있는 화엄교판과 《화엄경》의 구성 조직에서 엿볼 수 있다. 그는 경전을 중심으로 10종교판을 하며 《화엄경》을 근본교설로 보고 《화엄경》의 구성을 10처 10회 40품으로 파악하였다. 《보살영락본업경》에 의거하여 제10지 다음에 〈불화품〉이 있었으며 이는 일곱 번째 모임인 승삼선천회에 속한다는 것이다. 그리고 경의 서분을 〈세주묘엄품〉, 정종분은 〈입법계품〉, 그리고 유통분은 〈여래출현품〉으로 보았다. 〈여래출현품〉과 〈입법계품〉을 중심으로 전체 《화엄경》을 파악하였으며, 불자내증의 비로자나 대지혜법계를 종취로 한다는 것이다. 따라서 《화엄경》 전체를 법계에의 실천과정으로 조직하고 있다.

이처럼 〈여래출현품〉을 중시한 이통현의 화엄사상은, 당시 법장이 연기관에 치중했다면 성기에 초점을 맞춘 것이라고 볼 수 있다. 《화엄경론》이 여래출현의 입장에서 해석된 것임을 쉽게 발견할 수 있다. 그러한 입장에서 이통현은 비로자나불과 문수보살, 그리고 보현보살의 경계가 다르지 아니하고 원융하다는 삼성원융관을 펴기도 하였다.

《화엄경》의 보살도는 불과(佛果)의 행이며, 불과에 대한 신(信)의 입장이 중요시되고 있다. 불과의 행을 대표하는 보현은 보편이며, 신심을 일으키게 하는 문수는 특수이다. 이 보편 특수를 함께 갖춘 것이 비로자나불이다. 보현은 일체 중생의 기연(機緣)에 응하여 시방에 두루하여 갖가지 상을 나타내어서 자재로이 중생을 구제하므로 대비를 나타내고, 문수는 제법 평등의 이치를 비추므로 근본 대지혜를 뜻한다. 이 지혜와 자비가 둘이 아님이 비로자나불이다.

이통현은 〈여래출현품〉에서 여래께서 미간백호광을 놓아서 문수보살의 정수리로 들어가고, 입으로 광명을 놓아서 보현의 입으로 들어가게 하신 다음, 이 두 보살로 하여금 서로 문답하면서 부처님의 출현 과덕을 설하게 한 것에 주목해서 이를 삼성원융관으로 연결시키고 있는 것이다. 이 삼성원융관은 두 종류의 구조를 가지고 있다. 문수와 보현에게 의미를 부여하고 그 원융무이인 것을 비로자나라 하였다. 그러나 다른 하나의 구조는 비로자나 · 문수 · 보현의 삼성에 개별적인 의미를 부여하여 삼성이 평등한 관계로서 원융하다는 것이다.

청량징관도 삼성원융관을 저술하였다. 그러나 청량징관의 삼성원융관은 이통현의 것과는 차이를 보이고 있다. 청량징관은 구조적으로 법장도 구분한 '인분가설 과분불가설(因分可說 果分不可說)'을 전제로 했으나, 이통현은 철저히 인과교철의 입장에서 원융의 관계를 논하고 있다.

이러한 이통현의 화엄경관이 후학들에게 영향을 미쳤음에도 불구하고, 중국 화엄학계에서는 방계였던 것과 같이, 정법사 혜원 역시 법장의 제자였으나 법장의 뒤를 잇지 못하고 방계로 간주되었다. 혜원은 법장이 주석하던 《팔십화엄》을 이어서 《간정기(刊定記)》를 펴내기도 했으나, 스승을 배반한 이류로 낙인찍히고 말았다. 청량징관은 그 이유로 열 가지를 들고 있는데 그 중에서 교판을 달리했다는 것이 크게 문제가 되어 왔다. 그리고 혜원은 2중 십현(二重十玄)설을 펴는 등 십현무애문에 대해서도 견해를 달리하고 있다. 이 혜원에 대한 연구서도 발간되었으나 혜원의 화엄관에 대한 설명은 생략하기로 한다.

1. 성기의 의의

중국 화엄종조들은 지금까지 살펴본 십현연기 무애문과 육상원융으로 설명된 법계연기의 극치로서 성기(性起)를 내세우고 있다.

성기라는 말은 〈보왕여래성기품〉에 의한 것인데 이 성기에 설명을 붙인 것은 《수현기》가 처음이다. 지엄은 〈성기품〉의 전품인 〈보현행품〉도 성기와 연관시켜 말하고 있으니, 두 품을 성기의 자체 인과로 보아서 보현행도 성기에 속한다는 것이다.

지엄은 법계연기를 염문연기(染門緣起)와 정문연기(淨門緣起)로 설명하고 있는데, 정문연기를 다시 본유(本有)·본유수생(本有修生)·수생(修生)·수생본유(修生本有)의 4문으로 나누었다. 중생에게 청정한 성품이 있다는 것을 전제로 하고 그 청정성이 자각되는 과정을 네 가지 측면에서 파악한 것이다. 그 가운데서 수생과 수생본유는 〈현전지〉에 해당하고, 본유와 본유수생은 〈성기품〉에 있다고 한다. 이는 지엄의 법계연기의 특성으로서 〈성기품〉의 성기의 입장에서 모든 연기설을 포섭하려고 함이 추정된다.

수생은 가르침에 의하여 현실적으로 깨달음의 싹이 새로 생겨 나오는 연기의 측면을 말한다. 수생본유는 수생에 초점을 맞춘 것으로서 실천에 의해서 여래장의 본래적인 청정성이 나타나게 된다는 연기의 측면이다. 그런데 이 둘은 〈십지품〉에 있다고 한다. 당시 《십지경》과 세친의 《십지경론》을 소의로 한 종파가 지론종이었음은 이미 살펴본 바 있다.

그리고 본유란 중생의 깨달음은 본래적으로 완성되어 있다는 것이다. 〈성기품〉에서 말한 미진경권과 보리대수가 있어 뭇 성인이 함께 증득하는데, 사람이 증득함에는 앞뒤가 있으나 보리수는 다르지 않다고 한 말을 인용하여 본유의 증명으로 삼고 있다.

본유수생이란, 본유이지만 실천에 의해 새로이 선 내지는 지혜를 발생한다는 것이다. 중생에게는 누구나 깨달음의 본성이 갖추어져 있으므로 본유라 할 수 있으나, 연에 의하여 새로운 선을 발생하는 것이다. 연에 의거하는 자체는 망법이지만, 거기서 일어나는 진실한 지혜는 보현의 지혜와 합치한다. 여기서는 실천하는 체성에 있어서도, 또 실천적으로 획득되어지는 지혜도 보현과 구별이 없다. 그러므로 〈성기품〉에서 보리심을 이름하여 성기라 한다고 하였다.

이처럼 《화엄경》의 유심(唯心)·일심(一心)·진심(眞心) 작(作)의 입장을 드러내는 것이 정문연기이다. 일승은 오직 일심이니, 성기의 구덕을 나투는 까닭이다. 〈성기품〉의 주석에서는 "성(性)은 체이며 기(起)는 심지(心地)에 현재함이다"고 한다. 성기란 본유인 체가 중생심에 나타나 있는 것이 된다. 즉 출전의 과불—번뇌가 전혀 없으신 부처가 중생심에 현재하는 것이다. 이것은 수행에 의

하여 비로소 부처되는 것이 아니라 중생심 중에 현재 현기해 있는 그대로가 바로 여래의 성기라는 것이다.

이러한 성기의 분제에 대해서는 물론 두 가지로 말하고 있다. 하나는 발심에서 비롯하여 불성기에 이르는 것이며, 다른 하나는 돈오는 물론이고 성문·연각 내지는 지옥에까지 이르고 있다. 일체 중생은 본래 성기라는 것이다. 그러면서도 기(起)란 대해(大解)·대행(大行)·대견문심(大見聞心) 중에 있다고 하여 주체적으로 실천되는 입장에서 성기를 설함으로써, 스스로가 보리심의 성기의 싹을 내어야 하는 측면을 강조하고 있는 것이다. 그리하여 만년작인 《공목장》에서는 〈성기품〉의 성기를 밝히는 곳에서 이 의미를 한층 더 명확하게 규정한다.

성기는 일승법계연기의 극치를 밝힘이다. 본래 구경이란 닦아 짓는 것을 떠남이니, 상을 여읜 까닭이다. 기(起)는 대해·대행과 분별을 떠난 보리심 중에 있음을 기라고 한다. 이는 연기성을 말미암아 기라고 하나, 기는 곧 불기(不起)이며 불기는 바로 성기(性起)이다. 널리 경문과 같다.

이처럼 지엄은 성기를 일승법계연기의 극치라 하며, 기의 불기성을 지적하고 있다. 연기하는 제법을 무자성에 근거하여 불기의 기로 파악한 것이다. 그런데 그 내용은 역시 보리심으로 해석하고 있다. 성기의 해석은 본유를 기본입장으로 하면서도, 항상 본유수생의 보리심에 있어서 성기를 논하고 있는 것이다. 따라서 일어나지 아니하되 일어남[不起而起]이 성기인 것이다. 연기는 이를 토대로 일어나되 일어나지 아니함[起而不起]의 세계가 된다고 하겠다.

그런데 《공목장》에는 담천의 〈망시비론(亡是非論)〉이 수록되어 있어, 성기설의 자료로 간주되어 왔다. 담천은 〈망시비론〉에서 시비를 떠나려고 하는 동안은 아직 시비에 얽매어 있는 것이며, 얽매이지 않으려면 무심이 되어야 한다는 것이다. 시비는 연을 만난 연기상에서 일어나므로, 시비를 다 없애는 것은 연기의 궁극에 이르러야 함을 불기의 기인 성기로 말할 수 있을 것이다. 그래서 지엄은 성기를 설명하는 자리에 〈망시비론〉도 수록해 놓았다고 하겠다.

지엄이 성기의 성을 해석하는데 정영사 혜원의 영향도 받았음이 나타나고 있다. 법장의 《탐현기》에서는,

> 불개(不改)를 성(性)이라 하니 여래의 성기이다.
> 진리를 여(如)라 하고 성(性)이라 하며, 작용을 나타내는 것을 기(起)라 하고 래(來)라고 하니 곧 여래가 성기이다.

라고 하였다. 여기서 진리를 여래의 덕용이라고 하며, 이는 곧 성기임을 말하고 있다. 불개는 여래의 체성을 나타내고, 진리는 여래의 법을 시현하는 것이다. 여래는 불개며 이 불개인 여래의 진리가 나타난 것이 성기법인 것이다.

청량징관은 《수소연의초》에서 성을 불종성(佛種性)과 법성(法性)의 두 가지로 나누어 보고 있다. 불성은 인과가 둘이 아니라서 의보와 정보에 통하고, 삼세간을 다하여 일체의 이사·해행 등의 제법을 거두어 포섭해서 본래 만족하고 있다. 법성은 융통무애하여 일체 제법에 두루해 있다고 한다.

종밀은 《보현행원품소초》에서, 성은 진법계이고 기는 만법이라 하여, 법계성 전체가 일어나서 만법이 되는 것을 성기라 하였다.

화엄성기사상 ②

2. 성기의 내용

위에서 살펴본 성기의 내용을 《탐현기》에서 〈성기품〉의 여래성기를 주석한 부분을 통해서 좀더 구체화해 보기로 하자. 법장은 〈보왕여래성기품〉의 주제는 성기법문을 밝히는 것이며 이에 10가지가 있다고 한다.

첫째, 분상문(分相門)이다. 성기의 성과 기에 각각 세 가지 뜻이 있으니 이성기(理性起)·행성기(行性起)·과성기(果性起)이다.

이성기는 중생이 본래 갖추고 있는 이성(理性)이 수행의 요인을 기다려 나타나서 정연기를 이루므로 기라고 한다. 행성기는 실천수행의 의미로서, 선지식이나 경전 등에 의하여 듣고 훈습한 힘으로 과를 발생하도록 돕는 것을 기라고 한다. 과성기는 과상의 부처가 중생의 근기에 응하여 자재하게 일어남을 말한다. 〈성기품〉 본문은 이 과성기에 해당한다. 이 3성(三性)에 대하여 이성은 진여, 행성은 십바라밀, 그리고 과성은 십신비로자나의 과덕이라고 간주하기도 한다.

둘째, 의지문이다. 비록 성기법의 상에 의해 세 가지로 분류하였으나, 서로 전후하고 서로 의지하고 있다.

셋째, 융섭문이다. 서로 의지하므로 세 성기가 서로 융섭한다.

넷째, 성덕문이다. 성기의 성덕에 나아가 논하면, 중생이 본래 갖추고 있는 성에 무량공덕을 구족하고 있으므로 3성이 다 상즉하는 것이다.

다섯째, 정의문이다. 성기가 연기와 다른 점이 언급되고 있다. 그것은 연기는 법상을 사법위에서 보고 성기는 법성을 여래위에서 보는 것이다. 부처님은 한량없는 인연을 닦아서 세간에 출현하시어 등정각을 이루신 것이므로 이것은 연기이다. 그런데 여래께서 중생에게 나타나심을 연기라 하지 않고 성기라고 하는 까닭은 무엇인가? 이에 네 가지 이유가 있음을 말하고 있다.

① 불과의 나타남은 불기이기(不起而起)의 기(起)이기 때문이다.

② 성체가 잠깐 연 따라 나타나나, 본래의 성 그대로이니 성으로 기를 삼기 때문이다.

③ 연에 의해서 나타나지만 그 연이 무성이기 때문이다.

④ 청정한 묘용이 진성에 수순하기 때문이다.

이 점으로 보아 성기설은 여래 만과에 의한 성기법문임을 알 수 있다.

여섯째, 염정문이다. 성기법이 오직 정법이고 염법은 취하지 않는다면 문제가 있다. 그것은 일체 법이 다 성에 의지해 성립한다면 염정 2법을 어떻게 취급할 것인가이다. 이를 두 방면으로 관찰하고 있으니, 만약 수승한 뜻에서 보면 성기는 과상현으로서 오직 정법이다. 그러나 실은 불과에만 성기의 덕이 있는 것이 아니라 염정 일체가 다 자성 본연의 덕 아님이 없다.

여기서 주의할 것은 불과 상의 오직 정법이란 염정 2대(二對)의 뜻을 초월한 절대의 정법이라는 말이다. 그리고 궁극에는 중생과 번뇌가 다 성기 아님이 없다. 왜냐하면 중생은 구원해야 할 존재이며, 번뇌는 끊어야 할 바이며, 일체 법은 알아야 할 것이기 때문이다. 염법 일체는 성기 앞에서는 그 존재성을 잃어버리고 마는 것이다.

일곱째, 인과문이다. 성기는 오직 불과에 의거한 것이고 보살의 인행에는 의거하지 않는다. 그러나 만일 성기의 인과 권속의 뜻에 의하면 모두 성기에 섭입되는 것이다. 그러므로 초발보리심 이후는 다 성기에 포섭된다. 그런데 범부와 소승은 제외된다고 하니, 그 둘은 싹을 내지 않기 때문이다. 그러나 만약 연으로 그들로 하여금 선을 행하도록 하면 역시 성기에 포섭된다. 이를 경에서는 생맹(生盲)에 비유하고 있으니 이미 살핀 바 있다.

여덟째, 통국문이다. 성기법이 오직 불과에만 의거한다고 하면 보살신중에 성기의 보리가 있음은 물론, 일체 중생신중에도 역시 성기의 보리가 있다는 것을 어떻게 해결할 것인가?

원교에 있어서는 노사나 과법은 중생과를 다 포섭하고 있으므로 중생신중에도 역시 성기 과상이 있다고 설하는 것이다. 성기법은 오직 불과를 의미하므로 과중에 삼세간을 다 갖추어 중생신 중에도 역시 성기 보리가 있다고 한다.

그러면 불과에 국한한다고 하고 또 일체에 통한다는 것은 어떤 의미인가? 여기에 불성론의 문제가 발생한다. 원교중의 성기 불성은 의보와 정보에 통하는 것이다. 그러므로 성불은 삼세간을 구족하고, 국토신 등이 다 불신 아님이 없으므로 구래불(舊來佛)이다. 그래서 성기법은 불과에 국한하나, 그러나 정·무정, 의보·정보,

일체에 두루 통한다고 설한다.

이처럼 별교일승의 종성은 인과가 둘이 아니어서 삼세간이나 의보·정보 등 일체 법을 포섭하고 있으므로 일체가 다 불신인 것이다. 따라서 국한하면 오직 불과일 뿐이지만 회통하면 무정에까지 두루하는 것이다.

아홉째, 분제문이다. 이미 진성이 모든 것에 두루하기 때문에 그로부터 일어나는 것 역시 일체를 구족하여서 부분과 전체의 제한이 없다. 모두 법계를 갖추지 않음이 없으니 모든 시간·공간·존재에 두루한 것이 마치 인드라의 그물과 같아서 갖추지 않음이 없다.

열째, 건립문이다. 여래성기법문이 한없음을 10가지로 분별해 놓았다. 즉 여래성기정각 내지 여래성기견문공양 등이다. 이 또한 경문에서 이미 살핀 바 있다.

이상에서 볼 때, 성기는 불타관 또는 불신관에 대하여 고찰해 보지 않을 수 없게 한다. 이는 여래의 성기이고 여래를 성기로 삼는 까닭이다. 그런데 이 성기는 또한 법계를 갖추지 아니함이 없다고 하니 성기는 우리 활동의 무대이며, 우리 생활은 그대로 부처되는 생활이고, 산을 보고 바다를 보는 것이 그대로 법계에 들어가는 것이다. 그래서 온 우주법계에 충만하신 부처님이신 것이다.

3. 연성이기(緣性二起)의 관련성

이상에서 언급한 성기를 연기와 대조하여 다시 한 번 정리해 보자.

① 연기는 법을 상호 관련 속에서 보고, 성기는 법을 각 법의 자체상에서 본다.

② 연기는 인연을 기다려 생기하나, 성기는 성 그대로가 기며, 기그대로가 성이다. 성 외에 별기가 없고 기 외에 별 성이 없다.

③ 연기는 법상(法相)면에서 연(緣)으로 출현함이고, 성기는 법성(法性)면에서 자체 출현함이다.

④ 연기는 가설인 인분이며, 성기는 불가설인 과분이다.

⑤ 연기는 수생과 수생본유이고, 성기는 본유와 본유수생이다.

⑥ 연기는 차별인과이고, 성기는 평등인과이다.

⑦ 연기는 해행이며, 성기는 증입이다.

⑧ 연기문은 연기상유이므로 초발심 위에서 일체 위를 다 포섭하여 정각을 이룬다. 성기문은 법성융통이므로 본래성불이다.

⑨ 연기문에서는 즉신성불을 설하고, 성기문에서는 즉신시불을 설하여 구래성불을 논한다.

⑩ 연기문은 사사무애 법계연기에 증입하고, 성기문은 성기 만과(滿果)에 증입한다.

따라서 연기관은 낱낱 존재가 십현 육상을 구족하여 일체처 일체시에 두루하며, 법계의 전체상이 낱낱 존재 속에 충만하여 원융무애하고 주반구족 중중무진함을 관하여 법계에 증입하는 것이다.

반면에 성기관은 일심진여를 관하여 이 일심진여 본각이야말로 본래 청정 원명해서 만덕의 근원이라고 관하는 것이다. 번뇌에 묶여 있는 범부에게도 여래출현의 과덕이 갖추어져 있어서 비로소 현현하는 것이 아니라, 본래 스스로 그러한 덕으로서 인과 의정의 체용을 그대로 원만히 갖추고 있다는 것을 강조하는 것이다.

이상 연성이기의 관계를 비교해 보았는데, 여기서 연성이기가 수승하고 하열한 차이가 있기도 하고, 그 승열의 차이가 전혀 없다고 볼 수도 있다. 전자로서는 청량징관이나 규봉종밀이 성기문을 상근기가 관찰하는 경계에 배당하고, 연기문을 중근기가 관찰하는 경계라 하였다. 또 성기문을 별교일승, 연기문을 동교일승으로 분류하고 법성이야말로 일체 제법에 갖추어져 있는 이성(理性)이며, 깊은 법이므로 사상의 연기관보다 성기관이 수승하다는 것이다.

그러나 연성이기는 똑같이 일법상에도 다 갖추어 있어서 성기이므로 능히 연 따라 생기(生起)하고, 연 따라 생기하므로 능히 성해에 깨달아 들 것이다. 그러므로 연성이기는 그 가치가 다르지 않다.

화엄교학의 특징으로 볼 때 이 2문 역시 불일불이라 할 것이다. 따라서 이 2관 역시 함께 닦을 것이 요구된다고 본다.

제31강

교선일치敎禪一致

　　화엄종이 선종과 만나면서 화엄의 수증방편이 새로운 모습으로
나타나게 되니 교선일치적 방법이다. 화엄의 원융관과 성기관은 화
엄과 선이 다르지 않다는 교선일치사상의 형성에 크게 영향을 미
쳤다.

　　법장 당시는 선종에 대하여 별로 의식하지 아니하였으나, 청량징
관과 규봉종밀시대에는 선종이 융성한 시대이다. 물론 아직 오가칠
종이 형성된 것은 아니나 선종을 의식하지 않을 수 없었음은 교판
을 통해서도 짐작할 수 있다. 징관은 오교판의 돈교에 선종을 포함
시켰다. 징관과 종밀이 선사였으면서 화엄종조가 된 것도 우연한
일이 아님을 짐작할 수 있다.

　　화엄과 선의 교섭은 징관을 거쳐 종밀에 이르러서 교선일치로
나타나게 된다. 종밀은 특히 《선원제전집》과 그 《도서》에서 선3종
과 교3종을 대비시켜 교선일치를 주장하고 있다.

　　종밀이 출가전 유학에 전념했고, 선사에게 출가하였으나 《원각
경》에서 깨달음을 얻었으며, 《청량소초》를 접하여 화엄종조의 길
을 걷는 이런 점들을 볼 때, 교선일치는 필연적 산물이라 하겠다.

종밀은 화엄과 선의 회통만이 아니라,《원인론》을 지어 유·불·도 삼교회통도 시도하였던 것이다.

종밀의 교선일치는 그의 54세경 저서로 알려진《선원제전집도서(禪源諸詮集都序)》에 잘 나타나 있다. 종밀은 그때까지 융성했던 선과 교를 크게 3종으로 포섭하였다. 선삼종을 식망수심종(망을 쉬어 마음을 닦는 종)과 민절무기종(없어서 붙일 데 없는 종), 그리고 직현심성종(바로 심성을 나타내는 종)으로 묶고 있다.

식망수심종(息妄修心宗)은 중생이 본래 불성이 있으나 무명에 덮여 나타나지 못하여 생사에 윤회하니, 마음을 관하여 망념을 쉬어 없애라고 한다. 북종 신수 등이 이에 속한다.

민절무기종(泯絶無寄宗)은 범부와 성인의 법이 다 꿈이나 환과 같아서 있는 것이 없으니 본래 공적하다. 평등한 법계에 본래 부처도 없고 중생도 없다. 이같이 본래 일이 없음을 요달하여 마음이 붙일 바가 없어야 한다. 우두종의 우두와 석두 등이 이에 속한다.

직현심성종(直顯心性宗)은 두 가지가 있다. 하나는 말하고 동작하고 선악을 짓고 고락을 받는 등이 다 불성이다. 이를 제하고 따로 부처가 없으니 본래 부처이다. 도가 마음이니 마음을 가져 마음을 닦지 못할 것이며, 선도 마음이고 악도 마음이니 마음을 가져 마음을 끊지 못할 것이다. 끊지도 닦지도 않고 뜻 좇아 자재하여야 해탈이다. 다만 때를 따르고 곳을 따라서 업을 쉬라고 한다. 이는 홍주종이다. 홍주종은 강서종이라고도 하며 마조도일의 선풍이다. 마조도일은 육조혜능의 제자 남악회양의 뒤를 이었다. 후에 이 마조도일의 제자 백장회해 문하의 법손에서 임제종과 위앙종이 형성되고 임제종에서 황룡파와 양기파가 갈라진다. 임제가풍은 우리나라의 선풍에 큰 영향을 미쳤으며, 역시 마조의 제자 서당지장에게서 신라말 고려초에 구산선문을 개산한 선사들이 대거 공부하고 돌아오기도 했다.

다른 하나는 망념이 본래 고요하고 티끌 경계가 본래 공한지라 공적한 마음이 신령스러이 알아 우매하지 않으니, 이것이 공적지이며 진성이다. 지(知)의 한 자가 갖가지 묘한 문이니, 이 공적지를 깨달아야 한다. 이는 하택종이니, 하택종은 혜능의 제자 하택신회에게서 비롯되며, 종밀은 하택신회의 법손임을 자랑스럽게 여긴 것 같다. 《도서》에서도 이 선3종 가운데 하택종의 가르침을 가장 바람직한 것으로 언급함을 볼 수 있다.

이처럼 직현심성종에는 일체 제법은 진성일 뿐 체에 즉한 용인 것이라 하며 본래시불을 주장하는 홍주종과, 공적심을 주장하는 하택종이 포함된다.

교의 삼종인 삼교는 첫째, 밀의의성설상교(밀의로 성에 의지해 상을 설한 교)이다. 밀의(密意)란, 그 설함이 밝게 드러나지 않는다는 것이다. 의성(依性)이란, 부처님께서 삼계육도가 다 진성의 모습이나 다만 중생들이 성을 미혹하여 일어나고 달리 자체가 없음을 보신 까닭에 성을 의지한다고 한다. 설상(說相)이란, 그러나 근기가 둔한 자는 갑자기 깨닫기 어려우므로 그들이 보는 경계의 상을 따라 법을 설하여 점차 제도하므로 설상이라고 한다.

이를 다시 셋으로 나눈다. ① 인천인과교(人天因果敎)이니, 인천복보를 얻게 하는 인과 교설이다. ② 단혹멸고교(斷惑滅苦敎)이니, 미혹을 끊고 고를 멸하게 하는 사성제를 설하는 소승교 등이다. ③ 장식파경교(將識破境敎)이니, 식으로 경계를 파하는 법상종 교설이다. 유식으로 경계를 파하는 것이 선문에 망을 쉬어 마음을 닦는 종과 부합한다고 한다.

둘째는 밀의파상현성교(밀의로 상을 파하여 성을 나타낸 교)이다. 이는 반야부 제경과 삼론종 등의 가르침이다. 일체에 머무르지 아니하여 집착함이 없음으로 도행을 삼는다. 이는 민절무기종과 같다.

끝으로 현시진심즉성교(진심이 곧 성임을 나타내 보인 교)이다. 일체 중생이 공적한 진심이 있어서 옛부터 성이 스스로 청정하여 밝아서 항상 분명하게 안다. 미래제가 다하도록 항상 머물러 멸하지 않으니, 이를 이름하여 불성·여래장·심지라고 한다. 이를《화엄경》〈여래출현품〉의 미진경권유로 증명하고 있다. 그리고 이 가르침을 설한 경으로는《화엄경》등 40여 부의 경과《보성론》등 15부의 논이 있다고 한다. 이들이 비록 돈점(頓漸)이 같지 아니하나 나타낸 바는 법체를 의거한다면 다 이 교에 속한다. 그래서 이는 선문의 직현심성종과 같다고 한다.

규봉은 이처럼 선삼종과 교삼교를 차례로 대비시켜 교선일치를 주장하고 있는데, 그 중 선의 제3종과 교의 제3교를 일치시키고 있는 것이 화엄과 관련됨을 볼 수 있다.

후자는 교에서도 직현심성종과 같은 진심이 있음을 설하여 보인 것인데, 종밀은《화엄경》〈여래출현품〉의 미진경권유의 전문을 인용하여 이를 증명하고 있는 것이다. 〈여래출현품〉의 이 여래심의 교설은 화엄성기설의 근거로 중요한 구절이었음은 누차 본 바 있다. 이 같은 취지의 일문이 여래출현의 '보리'를 드러내는 곳에서도 보이니, 보견일체중생성정각(普見一切衆生成正覺)설이다. 즉, 여래께서 정각을 이루실 때, 널리 일체 중생이 정각을 이룸을 보시고, 내지 널리 일체 중생이 열반에 듦을 보시는 것도 다 동일성인 무성이기 때문이라는 것이다.

종밀은 《청량소》에 보이는 구래성불설을 이어서, 《화엄경》의 성기설과 《원각경》의 본래성불, 《기신론》의 본각, 《열반경》의 중생시불(衆生是佛) 등을 근거로 하여 본래성불론을 주창하고 있다.

《원각경》의 본래성불설은 《원각경》의 〈보안보살장〉에서 보안보살이 부처님께 보살과 말세중생이 어떻게 사유하고 어떻게 머무르며, 무슨 방편을 지어야 깨달을 수 있는지 수행방편을 여쭈었다. 이에 부처님께서 여래의 청정한 원각(圓覺)의 마음을 구하고자 한다면, 바른 생각으로 모든 환을 멀리 여의어야 한다고 하셨다. 만약 온갖 환을 멸하면 청정을 얻을 것이니, 끝없는 허공이 각(覺)에서 나타난 것이라고 하셨다. 그리고 "원각이 널리 비치어 적멸이 둘이 없으니, 그 가운데 모든 부처님 세계가 속박도 아니고 해탈도 아니다. 중생이 본래 성불이며, 생사와 열반이 지난 밤 꿈과 같다. 증득함도 없고 증득하는 이도 없어서 일체 법의 성품이 평등하다. 보살들이 이같이 수행하고 사유하며 머무르고 방편을 써서 깨달아야 한다"고 말씀하시고 있는 것이다.

《원각경대소초》에서는 이 본래성불을 해석하면서, 《기신론》의 본각설과 《화엄경》 〈여래출현품〉의 성기설, 《열반경》의 중생시불 등을 근거로 하여 자신의 본래성불론을 주창하고 있다. 종밀은 본래성불을 중생의 자각의 문제로서 고찰하였다. 즉, 본래성불은 부처님의 돈오의 경계이나, 종밀은 축기돈(逐機頓)으로 중생 자각의 근거로서 파악하고 있다. 축기돈 역시 교선일치를 주창함에 있어서 그 근거가 되고 있는 것이다. 《도서》에서는 선에도 돈문과 점문이 있으며, 교에도 돈교와 점교가 있는데, 돈교에 축기돈과 화의돈(化儀頓)이 있다는 것이다.

축기돈이란 상근기를 만나서 바로 진법을 보이면, 바로 돈오하여

온전히 불과와 같음을 말한다. 이는 《화엄경》의 '초발심시 즉득아
뇩다라삼먁삼보리'와 《원각경》의 '관행함에 곧 불도 이룬다'고 함
과 같다. 그리고 이는 화엄 일부분과 《원각경》 등 20여 부 경이 이
에 속하며, 선문의 제3 직현심성종과 같다고 한다. 화의돈이란 부
처님께서 처음 성도하시어 숙세에 연이 익은 상근기들을 위하여
보살 만행과 제불의 만덕 등을 일시에 몰록 설하시는 것이다. 인과
가 둘이 아니라서 초심에 곧 보리를 얻고, 계위가 다 차되 여전히
보살이라 한다. 《화엄경》과 《십지경론》이 이에 속한다는 것이다.

그리고 종밀은 당시까지 주장되던 이러한 깨달음과 닦음에 있어
서 돈과 점의 문제를 언급하고 돈오점수설을 주창한 것이다. 이 돈
오점수설은 고려시대 지눌에게 영향을 주었다. 이 점은 지눌의 화
엄과의 인연을 다루면서 언급하게 될 것이다.

이상과 같이 종밀에 의해서 화엄교와 선종이 융합된 교선일치를
규봉선이라고도 하고, 화엄선(華嚴禪)이라고도 명명하고 있다.

제32강

불신관과 수증론

　이상에서 살펴본 내용을 화엄가의 불신관과 수증론을 통하여 다시 한 번 보기로 한다.

1. 불신관(佛身觀)

　《화엄경》에는 석가모니불·노사나불·비로자나불 그리고 다양한 십불·십신설이 나온다. 이 점은 경문을 살필 때 접한 적이 있었다.
　석가모니부처님께서 법보리장에서 정각을 이루시자 곧 바로 비로자나불과 일체가 되는 것으로 경은 시작하고 있다. 보현보살을 위시해서 모든 보살들이 그 회좌에 모인 인연을 과거세에 비로자나부처님 회상에서 함께 선근을 닦은 인연공덕이 있기 때문이라는 것이다.
　경에서 명료하게 비로자나불이 중심이 되어 있는 품은 〈여래현상품〉에서 〈비로자나품〉까지이다. 그리고 〈비로자나품〉은 《육십화엄》에서는 〈노사나불품〉으로 번역되어 있다. 〈여래십신상해품〉 역시 여래의 모든 대인상(大人相)이 비로자나불에 의해 총괄되어 있다.

그런데 《화엄경》에는 이처럼 석가모니불·노사나불과 동체로서의 비로자나불만이 출현하시는 것이 아니라 10불 또는 10신으로도 나타나신다. 이 10불·10신은 〈십행품〉·〈십회향품〉·〈십지품〉·〈십인품〉·〈여래출현품〉·〈이세간품〉 그리고 〈입법계품〉 등에서 말씀되고 있다. 그러나 각 품에서 그 수나 명칭 등이 통일되어 있지는 않다. 부처님께서 직접 얻으시는 몸으로 된 곳은 〈여래출현품〉에서이다. 그 외에는 보살이 지견하는, 혹은 보살이 이루는 것으로 표현되어 있다.

이러한 다불 다신설에 의거하여 지엄은 2종십불(二種十佛)설을 주장하고 있다. 해경십불(解境十佛)과 행경십불(行境十佛)설이다. 해경은 깨달아 이해하는 경계이고 행경은 응화하여 나타나는 경계이다.

화엄가들에 의하여 비로자나불을 경의 주불(主佛)로서 모셔진 것은 법장대에 와서이다. 《화엄경지귀》에서 비로자나와 한 분이신 노사나불을 《화엄경》의 부처님으로 말하고 있는 것이다. 그리고 징관에게서 더욱 비로자나불이 경의 주불로 중시되어 화엄교학의 불타관이 완성되었다고 볼 수 있다. 《화엄경지귀》 이전에도 《탐현기》에 '십신노사나'라는 문구가 보이며, 법장 이전 지엄의 《공목장》에도 노사나불의 명칭이 나타나기는 한다. 그러나 거기서는 아직 화엄경주를 비로자나와 노사나로 명시하지 않았다. 지엄과 법장도 초기에는 오히려 10불을 중심으로 강조해 왔다.

즉 법장은 《오교장》에서 화엄별교일승의 법계무진연기를 인과연기로 보고, 인분은 가설로서 보현경계이며 과불은 불가설의 십불자

경계라고 설하고 있는 것이다.

지엄은 《공목장》에서 2종십불설을 세우고 있다. 일승의 모든 공덕은 다 2종십불을 여의지 않으니, 행경십불은 무착불 등 〈이세간품〉설이고, 해경십불은 제8지의 중생신 등이라고 한다. 《화엄경》의 여러 품에서 말씀되는 10불 중 특히 〈이세간품〉과 〈십지품〉의 10불 10신을 가리키고 있는 것이다. 〈십지품〉의 제8지에는 2가지 십불설이 보인다. 제8지에서는 보살이 무생법인을 얻게 됨을 살핀 바 있다. 보살이 무생법인을 성취하면 곧 제8지에 들어가게 되며, 제8지에 머무르면 보살이 중생의 좋아함을 따라서 몸을 나타내어 중생을 교화한다는 말씀이 계속된다. 즉, 중생신 내지 허공신 등 10신을 나타내어 중생을 교화하고, 또 여래의 몸에 보리신 내지 지신이 있음을 안다고 한다. 이중에 중생신 등 10신을 취하여 해경십불이라 한 것이다. 그리고 여래신의 10종신은 〈이세간품〉설의 10불과 유사하다. 〈이세간품〉에서도 보살이 열 가지 부처를 봄이 있다면서 10불을 말씀하고 있는데 그것을 행경십불로 한 것이다.

따라서 이 두 품에 의하여 2종의 십불을 본다면, 행경십불은 무착불 · 원불 · 업보불 · 지불 · 열반불 · 법계불 · 심불 · 삼매불 · 성불 · 여의불이다. 그리고 해경십불은 중생신 · 국토신 · 업보신 · 성문신 · 벽지불신 · 보살신 · 여래신 · 지신 · 법신 · 허공신 등이다.

먼저 행경십불을 보면, 무착불은 《팔십화엄》에서는 안주세간 성정각불이라 번역되어 있다. 세간에 머물러서 바른 깨달음을 이룬 부처는 집착이 없음을 말한다. 원불은 원에 의해 부처가 출생되므로 원불이라 한다. 업보불은 깊은 신심에 의한 행업의 과보로 부처가 되기 때문이다. 지불은 《팔십화엄》에서는 주지불이라 하니 항상 세간에 머물러 수순하기 때문이다. 열반불은 멸도에 깊이 이르기 때문이다. 법계불은 일체처에 두루 이르기 때문이다. 심불은 마음이 편히 머무르기 때문이다. 삼매불은 공덕이 한량없고 의지하여 집착하는 바가 없기 때문이다. 성불은 분명히 알아 잘 결정하기 때문이니 《팔십화엄》에는 본성불이라 한다. 여의불은 즐김을 따라 널리 구제하기 때문이다. 이 여의불은 《팔십화엄》에서는 수락불(隨樂佛)이라 번역되어 있다.

해경십불은 삼세간에 배대될 수 있다. 삼세간은 불보살의 지정각세간과 중생세간 그리고 의보인 기세간이다. 즉 중생신·업보신은 중생세간이고, 국토신·업보신·허공신은 기세간이며, 성문신·벽지불신·보살신·여래신·지신·법신은 지정각세간이 된다. 행경십불이 불신 상의 십신이라면, 해경십불은 융삼세간신이다.

이러한 지엄의 2종십불설은 법장과 의상에게 다 전해지고 있다. 그 중에 실천적 성격을 강하게 띤 행경십불은 특히 의상을 통하여 그 진면목이 드러나게 됨을 볼 수 있다. 이 부분은 신라 의상의 〈법성게〉에서 더 살펴보게 될 것이다.

이러한 《화엄경》의 부처님을 총괄적으로 말해서 융삼세간·십신무애·삼불원융·청정법신·비로자나불이라 하는 것이다.

2. 수증론(修證論)

화엄종에서 체계화한 수증의 내용은 이상에서 언급한 내용에 다 들어 있다고 하겠으나 다시 한 번 간단히 정리해 보고자 한다. 화엄세계는 본래 그러한 청정세계이므로 끊을 것이 없다. 그러나 우리에게는 그렇게 살아내어야 하는 몫이 남아 있다는 것을 언급한 적이 있다. 부처님께서 깨달아 마치셨지만 우리도 부처님처럼 살아야 하는 우리의 몫이 남아 있는 것과도 같다.

화엄가들이 체계화한 수증법의 핵심은 일증일체증(一證一切證)이다. 극히 빠르면 구래성불 또는 무념성불이고, 아주 느리더라도 삼생성불을 말하고 있다.

그 방법론에 있어서 무진하게 펼쳐지는 일승보살도로서 바라밀행과 관행 내지 관법이 살펴진다. 관법에도 여러 가지가 있으나 연기관과 성기관으로 묶을 수 있다. 연기관은 사법을 관하는 것이고, 성기관은 일심진여를 관하는 것이다. 이 관은 직관 체험의 뜻이다. 그러한 실천수행에 있어서도 원융무애문과 항포차제문이 시설되어 있다. 차례로 닦아가는 항포단혹에는 삼생설이 있으니 견문생·해행생·증입생이다.

첫째, 견문생은 일승 무진법문을 보고 듣는 시간은 다생에 걸치겠으나 견문을 통하여 없어지거나 부서지지 않는 종자를 성취하는 것이 견문생이고 이때가 견문위이다. 종자란 본유이면서 습기가 있는 것이다. 다음 해행생은 선재동자가 53선지식에게서 보현의 행위를 구족함과 같은 해와 행의 위이다. 증입생은 해행에 의하여 과해에 들어가 같아지는 위이다. 즉, 삼생성불의 뜻은 제일생에 별교일승의 법문을 견문하고, 제이생에 견문한 법을 이해 실행하고, 제삼생에 무상의 묘과를 증득한다는 것이다. 이는 견문에서 증득까지의 과정을 말하는 것이니 그 기간은 일생이나 다생 혹은 다겁이 될 수도 있고, 일념에 다 거칠 수도 있다고 하겠다.

원융수행론은 화엄의 단혹론 중 핵심이다. 이는 끊을 것이 없되 끊음[不斷而斷]의 단혹이다. 일단일체단, 일성일체성으로서, 일위를 얻으면 일체위를 얻는다는 것이다. 그것은 낱낱의 위가 육상의 관계를 가지고 있기 때문이며, 또 낱낱 위가 주반구족인 까닭이다. 서로 상즉·상입·무애인 것이다. 원융과 항포가 서로 장애하지 않으며 항포 역시 원융에 포섭된다. 그래서 하나가 무량이 되고 무량이 하나가 되어 일단일체단, 일성일체성이 되는 것이다.

그런데 출가·재가를 막론하고 일상생활에서 구체적으로 화엄사상을 실천해 가는 방편으로 화엄결사를 맺기도 했다. 결사의 주내용은《화엄경》을 서사하고 보살도를 발원하는 것으로 나타난다. 그러한 결심을 굳게 하고 실천에 힘을 가하는 데는 물론 원이 함께 따랐고, 이 원은《화엄경》의 신앙으로까지 이어졌음을 볼 수 있다.

이상과 같이 중국 화엄사상을 대강 살펴보았다. 화엄종의 제5조인 종밀이 입적한 직후 회창법난이 일어났으니, 삼무일종(三武一宗)의 법난 중 피해가 가장 컸다는 폐불사건이다. 그리하여 화엄종은 교세가 크게 위축되었다. 그것은 비단 화엄종만의 일은 아니었다고 본다. 그러한 어려운 여건 속에서도 화엄교학은 종밀의 문하생 등에 의해서 그 맥이 계속 이어져 갔으며, 이수사가(二水四家) 등은 크게 주목되는 화엄가들이다.

제33강

한국 화엄사상의 태동

1. 화엄경의 한국 전래

《화엄경》과 화엄사상은 일찍부터 우리나라에 전래되어 그 어떤 사상이나 신앙보다 중요시되면서 면면히 이어져 왔다. 그러나 우리나라에 《화엄경》이 언제 전래되었는지 정확하지는 않다.

고구려와 백제가 화엄사상을 수용하여 연구한 사실은 거의 전해지지 않는다. 소수림왕 2년(372년)에 전진(前秦)왕 부견(符堅)이 사신과 순도(順道)를 보낼 때 불상과 불교경전도 함께 보내왔다고 하니, 혹 그때에 《화엄경》의 지분경도 함께 포함되어 오지 않았을까 짐작해 보지만 알 수 없다. 그때는 화엄대경은 아직 번역되기 전이었지만 화엄의 지분경들은 꽤 번역되어 있었다.

고구려에서 화엄과 관련된 최초의 승려는 승랑(勝朗)이다. 승랑은 요동인으로서 특히 삼론과 화엄에 능통하였다고 한다. 그러나 승랑은 중국 신삼론종의 개조가 될 만큼 중국에서 활약한 분이다. 의연(義淵)이 576년(平原王 18년)에 중국에 가서 북제(550~577)의 정국사(定國寺) 법상(法上)에게 《십지론》은 누가 지었는지 물었다고 한다. 그가 중국에 들어간 577년은 《육십화엄》이 번역된 지 156년이나 지난 때이다. 《십지론》도 그때 이미 번역되어 있었다. 의연이 《십지론》을 거론하였고, 또 《십지론》이 주석한 《십지경》의 별행경인 《점비일체지덕경》까지 번역되어 있었던 때이다. 따라서 의연이 귀국할 때 혹 가지고 왔을 수도 있지 않은가 짐작해 보기도 한다.

백제 역시 화엄에 관한 직접적인 기사는 보이지 않는다. 단지 성왕 19년(541)에 양나라에 사신을 보낼 때 《열반경》 등을 요청했다고 하니 혹 그때에 전래되었을 수도 있지 않을까 한다.

신라의 《화엄경》 전래에 대해서는 진흥왕 26년(565)에 명관(明觀)이 진(陳)에서 경론 1700여 권을 가지고 왔다는 기록이 있으므로 그때 함께 전래되었을 것으로 간주되고 있다. 그러나 이상은 모두 다 추정에 불과할 뿐이다.

문헌 기록상으로 우리나라에서 화엄과 관련되는 최초의 인물은 자장(慈藏)법사이다. 그 이전으로 여겨졌던 전설적인 연기(緣起, 혹은 烟起)조사는 8세기 중엽에 화엄사를 창건한 분으로 밝혀졌다. 자장은 선덕여왕 5년(636)에 당으로 건너가 섭론학의 법상으로부터 보살계를 받았으며, 정관 17년(643)에 귀국할 때 경·율·론 삼장 400여 상자를 싣고 돌아왔다고 한다. 귀국해서는 자신의 생가를 절로 만들어 낙성식 때 〈화엄만게〉를 설하였다고 한다. 따라서 삼국시대 《화엄경》의 전래는 늦어도 자장에 의해서는 전래된 것이 확실하다고 인정되고 있다.

2. 자장(慈藏)의 화엄과의 인연

이러한 자장의 전기는 《삼국유사》에 전하고 있다. 자장은 자신이 태어난 집을 고쳐 절로 만들어 원녕사(元寧寺)라 하였고, 그 낙성법회 때 〈화엄만게〉를 강설하여 화엄교의를 천양하였다. 그때 《화엄경》〈입법계품〉의 선지식이 현신한 듯한 52(3)녀가 나타나 들는 신이한 감응이 있었으며, 그 일을 기려서 53그루의 나무를 심고 지식수라 하였다고 한다. 자장이 그때 설한 〈화엄만게〉는 범본 3만 6천게의 번역본인 60권 《화엄경》 가운데 〈입법계품〉이 차지하는 분량과 비슷하다. 그리고 게송을 설하니 52녀의 선지식이 출현하였다고 한다. 그러므로 자장이 귀국할 때 가져온 400상자 가운데는 《육십화엄》은 물론이고 화엄관계 자료들이 많았을 것으로 짐작된다.

자장이 입당하였을 때 청량산(오대산)에 가니 문수보살상이 있었는데 그 나라 사람들이 말하기를 제석천이 공장을 데리고 와서 조각한 것이라고 하였다. 자장이 보살상 앞에 가서 기도명상을 하였다. 꿈에 문수보살상이 머리를 만지며 범게를 주었는데 이튿날 아침에 이상한 스님이 와서 해석해 주었다. 그 게송이 '요지일체법 자성무소유 여시해법성 즉견노사나(了知一切法 自性無所有 如是解法性 卽見盧舍那)'라는 《화엄경》〈수미정상게찬품〉의 게송이다. 비록 만교를 배운다 할지라도 이보다 나은 글이 없다고 하며 가사와 사리 등을 주고 사라졌다.

자장은 신라에서 다시 한 번 문수보살을 친견하고자 하였으나 만나지 못하였다고 한다. 자장은 만년에 경도를 떠나 강릉군 명주

땅에 수다사(水多寺)를 창건하고 살았다. 하루는 오대산의 북대에서 본 바와 같은 한 이승이 꿈에 나타나 이르기를, 명일에 너를 대송정에서 보겠다고 하였다. 놀라 깨어 일찍이 송정에 이르니 과연 문수가 감응하여 와서 법요를 물음에 태백산 갈번지에서 다시 만나자 하고 숨어 보이지 않았다. 자장이 태백산에 가서 찾으니 큰 구렁이가 나무 밑에 서리고 있는 것을 보았다. 시자에게 이곳이 갈번지라 하고 석남원(일연 당시 정명사)을 세우고 성인이 강림하기를 기다렸다.

그러던 중 한 노거사가 남루한 옷을 입고 삼태기에 죽은 강아지를 넣어가지고 와서 시자에게 이르기를 자장을 보고자 왔다고 하였다. 시자가 스님을 뫼신 이래 우리 스승의 이름을 부르는 자는 아직 보지 못하였는데 너는 어떤 사람인데 미치광이 말을 하느냐고 하니, 거사가 다만 너의 스승에게 고하기만 하라고 하였다. 들어가 말씀드리니 자장이 깨닫지 못하고 미치광이가 아닌가 하였다. 시자가 나가 꾸짖어 쫓으니, 거사가 "돌아가겠다 돌아가겠다. 아상을 가진 자가 어찌 나를 알아보리요" 하고 삼태기를 거꾸로 터니 개가 변하여 사자보좌가 됨에 거기 올라가 앉아 방광을 하고 가버렸다. 자장이 듣고 그제야 위의를 갖추고 빛을 찾아 남쪽 고개에 올라갔으나 이미 묘연하여 만나지 못하고 마침내 쓰러져 돌아가니 화장하고 그 뼈를 돌구멍 속에 안치하였다고 한다.

이 설화는 자장이 신라에 돌아온 후 왕실과 가까이 지내면서 정치적으로도 관계하다 보니 아상이 높아져 문수보살을 만나지 못했다고 평면적으로 해석하고 있다. 그러나 이는 자장이 당대에 이미 화엄과 인연이 멀어졌음을 상징하는 것이 아닌가 한다. 전에 중국에서 만났던 문수보살은 분명 화엄문수이기 때문이다.

이상과 같이 자장은 우리나라에서 문헌 기록상 최초로 화엄과 관련 있는 분이며, 그의 행적에도 화엄과 관련되는 부분이 많다. 그래서 우리나라 화엄종의 초조로 모시려는 학자도 있다. 그러나 종파의 형성 및 초조와 화엄과 관련이 있다는 것과는 다른 문제이다. 이 점에 대해서는 다른 기회에 언급하기로 한다.

자장이 이처럼 화엄을 좋아했고 화엄과 깊은 관계가 있으나 아무래도 스님은 율사의 면모가 더 큰 것 같다. 스님의 화엄관계 자료도 《삼국유사》의 '자장정율조'에 보이고 있는 것이다. '자장정율조'에 보면, 자장이 출가시에 고골관을 닦으면서 움직이기만 하면 가시가 찔리도록 하고 공부하고 있을 때 조정에 대신자리가 비어 누차 불렀으나 가지 아니하니, 왕이 소칙을 내려 취임하지 않으면 목을 베리라 하였다. 자장이 듣고 이르기를, "내 차라리 하루라도 계를 굳게 지니고 죽을지언정 백년을 파계하고 살기를 원치 않는다"고 하였다. 이 말이 상달되어 왕은 드디어 그의 출가를 허락하였다고 한다. 그후 꿈에 천인에게서 오계를 받고 비로소 산곡을 나오니 동네 남녀가 다투어 와서 계를 받았다 한다.

자장이 입당했을 때도 문수보살의 가피를 입은 줄 알고 이어 북대로 내려와 태화지에 다달아 경도로 들어갔다. 태종이 칙사를 보내어 승광별원에 있게 하였으나, 자장은 그 번거로움을 싫어하였다. 청에 의하여 자장이 종남산 운제사의 동악에 들어가 3년간 거주하는 사이에, 사람들과 천신들이 계를 받아 영험함이 날로 더하였다.

귀국 후 황룡사에서 칠일칠야 동안 보살계본을 강설하니, 하늘에서 단비가 내리고 운무가 자욱하여 강당을 덮어 대중들이 모두 그 이적에 감탄하였다. 자장이 대국통으로 있을 때도 반월에 계를 설하고 시험하여 지계와 범계를 알게 하였다. 그리하여 사람들이 계를 받고 부처님을 받드는 자가 열 가운데 여덟, 아홉이었다. 삭발하고 승려가 되기를 청하는 자가 세월을 따라 더하니 통도사를 창건하고 계단을 쌓고 사방에서 오는 자를 받았다고 한다.

이처럼 자장이 목숨과 맞바꿀 정도로 계율을 지니고, 뭇사람들에게 계를 설하며, 계율을 강의하고 공부시켰던 일이 수없이 보인다. 그리하여 지금도 자장은 화엄법사라기 보다, 자장율사로 불리며, 통도사의 개산조로 모셔지고 있는 것이다.

제34강

원효元曉의 화엄경관 ①

1. 원효의 화엄과의 인연

통일신라시대로 접어들면서 화엄사상에 대한 이해는 매우 창의적이고 체계적이었다. 주로 원효와 의상에 의해 그 기틀이 마련되었다.

우리나라에서 불교가 공인된 해는 고구려가 372년, 백제가 384년, 그리고 신라는 527년으로 알려져 있다. 이것은 지배적 관념형태가 전통적 무교에서 불교로 전환됨을 뜻하며, 불교전래는 정신사적 견지에서 정신의 재생을 의미한다. 삼국불교는 승려의 적극적 교화활동으로 국가적으로 전개되었다. 그리고 대승교학이 연구되었으니, 고구려 불교의 특징은 삼론으로 승랑이 대표된다. 백제불교는 대승율학이다. 그리고 신라불교는 처음에는 유식으로 원측(612~696)이 대표되며, 통일신라를 전후로 화엄이 우세하게 된다. 삼론의 중관과 유식은 인도 대승불교의 거대한 사상적 흐름의 두 측면이었다. 이 중관과 유식의 대립이라는 두 문제점을 아울러 극복하여 이론과 실천운동을 펼친 분이 원효와 의상이다. 《기신론》

의 재발견과 화엄적 실천으로 대립을 극복하고, 아울러 화엄이 널리 유통되게 하였다.

원효의 저술활동과 의상의 실천적 교단운동을 통해 화엄사상은 빠른 속도로 파급된다. 신라왕실에서도 대승교학의 사상문제를 극복한 그러한 사상을 크게 지원하게 되어 화엄은 통일기 신라교학을 주도하는 위치에 오르게 된다. 당시의 통일신라라는 시대적 상황이 새로운 종교적 이념을 요청한 것으로 생각되고, 그러한 요청에 지평을 열어준 것이 화엄이다. 모든 대립과 투쟁이 지양된 융통무애한 세계질서를, 불교의 궁극적인 경계로 화엄이 논증해 주었던 것이다. 화엄은 그후 한국불교의 특징인 통불교사상, 즉 원융·화쟁·화합·겸수사상 등의 기저가 되고 있다.

원효(617~686)의 생애를 언급하고 있는 사료는 《삼국유사》와 《양고승전》, 〈서당화상비〉 등을 비롯하여 상당수 있다. 원효는 진평왕 39년에 압량군 남불지촌에서 탄생하여 신문왕 6년에 입적하였다. 원효의 속성은 설, 어릴 때의 이름은 서당이다. 그는 관세의 나이, 즉 15세 전후에 출가하였다. 원효 역시 자장처럼 속가집을 절로 만들어 초개사(初開寺)라 하였다. 태어난 밤나무 옆에도 절을 두어 사라사라고 하였다.

원효는 의상과 함께 입당 유학을 시도하였다가, 도중에서 일체가 오직 마음에 의한 것임을 깨닫고 입당을 단념하였다. 이때의 이야기는 너무나 널리 알려져 있다. 원효가 의상과 함께 시도한 1차 유학의 길은 고구려 순라꾼에게 들켜 실패하고, 그후 백제가 멸망한 까닭에 해로로 2차 입당 유학을 시도하였다. 1차에 실패한 지 11년 후인 661년이었다. 배를 타기 위해 여러 날 가다가 장마비를 만나 헤매다가 땅막[土龕]이 있음을 발견하고 잤는데 이튿날 깨어보니 그곳은 땅막이 아니라 오래 된 무덤 속이었다. 그날도 비가 멎지 않으므로 하룻밤을 더 자게 되었는데 귀신이 나타나서 잠을 이룰 수가 없었다. 여기서 원효는 간밤에는 땅막이라 생각하여 잠을 잘 잤는데 그곳이 무덤인 줄 알아버린 지금은 귀신이 나타나서 잠을 잘 수 없음에 생각이 이르자, 문득 마음이 일어나면 갖가지 법이 일어나고 마음이 멸하면 땅막과 무덤이 둘이 아님을 깨달았다 [心生則種種法生 心滅則龕墳不二]. 이는 해골바가지의 물을 마셨다는 설화로도 전해진다. 마음이 일어나면 갖가지 법이 일어나고 마음이 멸하면 갖가지 법이 멸한다는 구절은 《기신론》에 그대로 나오는 말이다.

그리하여 원효는 그 자리에서 유학길을 포기하였다. 이 시점을 기준으로 원효의 생애는 크게 달라지게 된다. 원효는 입당 유학을 포기하고 돌아온 후 광범위한 저술을 하게 된다. 원효의 저술은 100여 부 240여 권이라고 전해지는데 중관·유식·여래장·천태·정토·계율 등 불교학 전반에 걸쳐 있다. 또 그 저술에는 수많은 경론 장소들이 인용되고 있어 그들을 합한다면, 원효는 불교학 거의 모든 부문에 걸쳐 연구하였다고 하겠다.

화엄관계 전적으로는 《화엄경소》 8권(후에 종요를 합하여 10권으로 만듦)·《종요》 1권·《입법계품초》 2권·《강목》 1권·《보법기》·《일도장》 1권·《대승관행》 1권 등 7부 15권이 있었음이 전해진다. 그 중에서 《화엄경소》의 일부인 서분과 〈광명각품소〉 만 남아 있다. 이 외에 화엄교학과 관련되는 것으로 《기신론》 8부 14권도 주목된다.

원효의 불교사상 형성에 이론을 제공한 것은 《대승기신론》이고, 그런 이론에 입각한 실천원리는 《금강삼매경론》에 가장 체계적으로 제시되고 있다고 한다. 그런데 원효의 《기신론》 사상 역시 그의 화엄적 실천행을 뒷받침 해줌을 볼 수 있다. 원효가 입당을 결심하였던 것은 당시 널리 알려진 현장의 유식에 관심을 가졌기 때문으로 여겨진다. 그러나 기신론적 일심설에 깨달음을 얻어 입당을 포기하였고, 후에는 화엄적 유심에 입각하여 그의 대중교화의 전 생애가 이어짐을 볼 수 있다. 원효의 관심이 망식의 유식에서 출발하여 진망화합의 일심으로 바뀌었다가 화엄의 청정진심설로 그의 유심사상이 정해진 것이라 말할 수 있다.

원효는 《화엄경》을 〈십회향품〉까지 주석하자 절필하고 바로 중생교화의 현장으로 뛰어들었다고 한다. 원효가 보았을 《육십화엄》에는 〈십회향품〉이 〈금강장보살십회향품〉이라 하여 품명에 설주보살의 명호가 함께 표기되어 있다. 원효는 "일체무애인 일도출생사(一切無碍人 一道出生死)"라는 선언을 하고 무애인으로 자처하면서, 무애박을 두드리고 무애가를 부르며 대중교화에 앞장섰다. 그 〈무애송〉은 바로 《화엄경》 〈보살문명품〉의 게송임은 이미 본 바 있다. 〈보살문명품〉은 《육십화엄》에서는 〈보살명란품〉으로 번역되어 있다.

원효에 관한 현전하는 설화에서도 원효와 화엄의 관계가 보인다. 우리나라에는 원효의 이름을 붙였거나 관련이 있는 사암이 알려진 것만 해도 70여 곳이나 된다고 한다. 따라서 얽혀 있는 설화도 단연 많을 것으로 짐작된다. 이 중에 척판암(擲板庵)에 얽힌 척판구중(擲板救衆) 설화나 천성산(千聖山) 화엄벌 설화는 원효의 화엄가로서의 면모를 잘 담고 있다. 《송고승전》에 '소반을 던져 대중을 구하다'라는 구절이 있는데 이에 관련된, 우리나라에서 전하는 설화는 여러 가지가 있다.

경남 양산군 불광산(佛光山)에 있는 척판암에 원효스님이 머물고 계셨는데, 어느 날 저녁 공양을 하려고 할 때 그의 혜안에 중국의 한 고찰이 허물어지려는 위험이 비쳤다. 그 절에는 마침 천 명의 대중이 저녁 공양중이어서 그대로 둔다면 그 대중들이 모두 압사하게 되어 있었다. 그 위기를 직감한 원효는 곧 밥상 위에 놓인 그릇을 내려놓고 급히 그 판을 중국을 향해 던졌다.

그 중국 절에서는 공중에서 이상한 소리를 내면서 빙빙 돌고 있는 물체가 있다는 공양주의 말을 들은 천 명 대중이 모두 괴상한 광경에 이끌려 몰려 나왔다. 그러자 공중에 맴돌던 괴물체는 땅에 떨어질 듯하다가 공중에 치솟고 하기를 되풀이하면서 대중을 밖으로 유인해 나갔다. 대중들이 절에서 좀 떨어진 초원에 이르렀을 때 크게 진동하는 소리가 났다. 돌아보니 절 건물이 내려앉아 허물어진 것이었다. 하마터면 죽을 뻔한 고비를 넘긴 대중들이 땅에 내려 앉은 물체를 들어보니 그것은 나무 밥상이었으며, 거기에는 신라의 원효가 판을 던져 대중을 구한다고 씌어 있었다.

대중들이 그제야 사실을 알고 신라쪽을 향해 무수히 절하고 또 감사하였다. 그러는 사이에 판은 다시 공중으로 떠올라 서서히 동쪽으로 향해 되돌아갔고, 그 천 명 대중들도 판이 가는 길을 따라, 결국 원효가 사는 신라땅까지 오게 되었다.

이와 유사한 다른 설화에서는 중국 고사찰이 태화사라 한 것도 있고, 담운사라는 이야기도 있다. 또 불광산 척판암이 아니라 묘향산 척반대의 전설도 있다.

아무튼 판에다 '원효가 판을 던져 대중을 구한다'는 글을 써서 던짐으로써 중국 고찰의 천 명 대중을 위기에서 구했다는 이 설화는 원효의 글(《해동소》 또는 《금강삼매경론》 등)이 당으로 전해져서 당시 중국불교계에 활력을 불어넣었다는 고사를 암시한 것으로 보고 있다.

그런데 우리는 여기서 이 설화가 원효의 화엄가적 모습을 시사하는 것으로도 이해할 수 있다. 판을 던져 중국에 닿았다 함은《화엄경》의 설처가 보리수나무 아래를 떠나지 아니하시고 칠처를 법계에 펴신 일과 유사하며, 또 하나의 판으로 천명이 위기에서 벗어남은 일즉다의 화엄세계를 상징하는 것이 아닌가 한다.

이 추정은 위의 척판의 설화에 이어서 나오는 '화엄벌 설화'에서 확실시해 준다.《동사열전》에는 동래 금정산에 원효암과 화엄벌이 있다고 기록되어 있다. 이와 비슷한 전설이 천성산 화엄벌에 얽힌 이야기이다. 천성산 내원사 유래에는 척판 설화에 이어서 다음 이야기가 계속 전개되고 있다.

그후 구출된 대중들이 신라국으로 찾아오자 원효성사는 천 명 대중의 수도처를 찾던 중 현 양산군 하북면 용연리에서 원적산 신령이 마중 나온 것을 만나 천 명이 수도할 곳을 찾았다. 성사께서는 그 주변에 대둔사와 내원암, 그리고 89암자를 창건하시어 천 명의 대중을 가르쳐 수도케 하셨다. 그리고 스님은 그 대중을 산 상봉에 집합시켜《화엄경》을 강설하였으므로 현재도 그곳을 화엄벌이라 한다.

이처럼 원효가《화엄경》을 강설하고 또한 그 천 명 대중이 거의 도를 깨달았으므로 그 산을 천성산이라 한다고 하였다. 여기서도 원효와 화엄과의 인연을 깊이 헤아려 볼 수 있다.

뿐만 아니라《삼국유사》의〈원효불기조〉에는 "송사가 있었을 때 그 몸을 백 그루의 소나무에 나누었다. 그래서 모두들 그의 위계를 초지보살이라고 하였다"고 한다. 그 당시 원효를 보살로 일컬었고,

화엄의 초지보살로 생각했던 것임을 알 수 있다. 이 경우 초지가 꼭 《화엄경》에만 나오는 계위는 아니겠으나 이 초지가 화엄보살의 초지임을 다른 설화에서 알 수 있는 것이다. 즉 〈천축산 불영사기〉에 "원효법사는 현재 화엄지에 머무는 대권보살이다"라고 하여 화엄보살로 지칭하고 있는 것이다. 이처럼 원효는 《화엄경》을 강의한 화엄십지보살로 널리 알려져 있었음을 전해 주고 있다.

제35강

원효의 화엄경관 ②

원효의 화엄경관은 원효의 교판에서 화엄이 자리하는 위상과, 현존하는 《화엄경소》에 보이는 원효의 화엄사상, 및 원효의 기신론관 등을 중심으로 살펴볼 수 있을 것이다.

2. 사종교판(四種敎判)

원효는 모든 경을 동등히 보는 폭넓은 입장을 취하고도 있으나, 그들의 종취를 판별하는 입장도 있다. 그런 원효의 차별적인 교판에서 가장 잘 알려진 것이 사교판이다. 원효는 스스로 승(乘)문에 의해 사종을 약설한다고 하였다.

① 삼승별교이니, 사제와 연기법이 이에 속한다.

② 삼승통교이니, 반야교·《해심밀경》 등이다.

③ 일승분교이니, 《영락경》·《범망경》 등이다.

④ 일승만교이니, 《화엄경》·보현교 등이다.

이 사교판은 우선 부처님 교설을 일승과 삼승으로 나누어, 일승은 삼승과 다름을 보이고 있다. 삼승에도 별교(別教)와 통교(通教)가 있으니, 그것은 소승과 대승의 차이로 보이며 법공(法空)을 설한 것인가 아닌가로 분류하고 있다. 일승도 분교와 만교로 나누니, 분교에 넣은 《영락경》이나 《범망경》 등도 화엄부 경전에 속한다. 그러나 원효는 이들을 《화엄경》과 분리해서 일승의 만교가 아니라 분교라고 한 것이다. 이러한 분(分)·만(滿) 이교를 구별하는 결정적인 기준은 바로 보법(普法)이다.

3. 원효의 화엄사상

원효의 보법설은 표원이 《화엄경문의요결문답》에서 인용한 내용을 통해서도 엿볼 수 있다. 보(普)는 넓고 두루한다는 뜻이고, 법(法)은 자체나 궤칙을 뜻한다. 이 보법은 일체 법이 상입(相入)·상시(相是)하는 것을 뜻한다고 한다. 일체 법이 크고 작은 것, 빠르고 더딘 것, 움직이고 고요한 것, 하나와 많은 것 등의 범주에서 서로 들어가고 서로 하나인, 넓고 탕탕한 《화엄경》의 세계를 보법이라고 부른 것이다.

그렇다면 일체 법이 그렇게 상입·상즉(상시)하여 무애할 수 있는 이유는 무엇인가? 원효는 이에 대해 열 가지 인(因)을 들고 있다.

① 하나와 일체가 서로 비추고 비추어지니, 제석천 궁전의 보배 그물망과 같은 까닭이다.

② 하나와 일체가 서로 연(緣)하여 모임이 되니, 동전수와 같은 까닭이다.

③ 모든 것이 유식이니 꿈과 같기 때문이다.

④모든 것이 실유가 아니니 환과 같기 때문이다.

⑤동상·이상(異相)이 일체에 통하기 때문이다.

⑥지극히 큰 것과 지극히 작은 것이 같은 양이기 때문이다.

⑦법성연기는 성(性)을 여의기 때문이다.

⑧일심 법체는 하나도 다른 것도 아니기 때문이다.

⑨무애법계는 가도 없고 가운데도 없기 때문이다.

⑩법계는 으레 그러하여 장애가 없는 까닭이다.

이러한 10가지 이유 중에 제⑥의 지대지소(至大至小)가 양이 같다는 내용은 특히 주목되고 있다. 《화엄경》〈십주품〉에서 교설하고 있는 "지극히 큰 것에 작은 상이 있음을 알고자 하여, 보살은 이를 인하여 발보리심한다"라는 구절을 원효는 제6인으로 들고 있는 것이다.

지극히 큰 것[至大]은 밖이 없는 것[無外]을 이름이니, 밖이 있다면 큰 것일 수 없기 때문이다. 지극히 작은 것[至小] 또한 안이 없는 것[無內]이니, 안이 있다면 지극히 작은 것일 수 없기 때문이다.

무외의 대(大)는 큰 허공[大虛]을 이름이요, 무내의 소(小)는 작은 미진을 이름이다. 무내이므로 무외이니, 안과 밖은 서로 대하기 때문이다. 따라서 지소는 지대와 같다.

이같이 대소가 같은 양인 줄 안다면 모든 대소에 걸림이 없으리니, 이것이 불가사의한 해탈이다. 그러므로 이를 인하여 초발심한다고 한다.

그런데 이 내용은 《화엄경소》에 있는 서문과 같다. 《화엄경소》에는 화엄경계를 다음과 같이 설하고 있다.

무장애법계법문이란 법이 없되 법 없음이 없고,

문이 아니되, 문 아님도 없다.

이에 비대비소 비촉비사 부동부정 불일부다이다.

비대(非大)이므로 극미가 되어도 남음이 없고,

비소(非小)이므로 대허가 되어도 남음이 있다.

비촉(非促)이므로 능히 삼세겁을 머금고,

비사(非奢)이므로 온통 체 그대로 일찰나에 들어간다.

부동부정(不動不淨)이므로

생사가 열반이고 열반이 생사이다.

하나도 아니고 많음도 아니므로[不一不多],

일법이 일체 법이고, 일체 법이 일법이다.

이러한 무장무애의 법은 법계법문의 묘술을 지으니,

모든 보살이 들어갈 바이고 삼세제불이 나오시는 바이다.

이는 또한 《기신론》의 일심을 설명하는 내용과도 유사하다. 그리고 원효는 《기신론》에 대한 이해를, 중국화엄가와는 달리하고 있는 부분이 많다. 《기신론》은 일심(一心)·이문(二門)·삼대(三大)·사신(四信)·오행(五行)·육자법문(六字法門)으로 요약된다. 일은 대승인 중생심이며, 이문은 일심의 진여와 생멸이다. 삼대는 체·상·용, 사신은 신삼보(信三寶)와 신진여(信眞如)이며, 오행은 보시·지계·인욕·정진 그리고 선정·지혜를 합한 지관이다. 육자법문은 나무아미타불이다. 이 여섯 가지로 《기신론》의 내용을 묶을 수 있다.

그런데 법장은 《현수소》에서 일심·이문·삼대의 해석을 원효의 《해동소》에 보이는 해석과 달리하였다. 법장은 《해동소》를 참조하였으나 원효와 다른 해석이 자주 보인다. 법장은 마음의 체대는 진

여문이고 체·상·용이 생멸문이라 함에 비해, 원효는 체대는 진여
문에 있고 상·용 이대는 생멸문에 있다고 풀이한다.
　그 원문내용과 원효 및 법장의 해석은 다음과 같다.

　　是心眞如相이　卽示摩訶衍體故며
　　是心生滅因緣相이　能示摩訶衍自體相用故니라

　　원효의 역 : 이 마음의 진여상이 곧 마하연의 체를 보이는 까닭이
　　　며, 이 마음의 생멸인연상이 능히 마하연 자체의 상과 용을 보
　　　이는 까닭이다.
　　법장의 역 : 이 마음의 진여상이 곧 마하연의 체를 보이는 까닭이
　　　며, 이 마음의 생멸인연상이 능히 마하연 자체와 상과 용을 보
　　　이는 까닭이다.

　이처럼 원효와 법장 양사는 일심의 이해에 있어서 진여문은 동
일하나 생멸문의 해석을 달리하고 있는 것이다. 즉, 법장은 진여문
은 불기문(不起門)이고 생멸문은 기동문(起動門)이므로, 기는 반드
시 불기를 의지하고 불기를 포함하는 까닭에 기 속에 삼대를 갖추
어 보인다고 하여, 삼대가 모두 생멸문에 속한다고 보고 있다. 그
래서 《기신론》은 전체적으로 생멸문의 진여수연설에 입각한 이사
무애를 설하는 곳에 종취가 있다고 보아 기신론을 삼승종교에 판
석하고 있는 것이다.
　그런데 원효는 진여·생멸 이문의 어느 하나에 편중하지 않고
이문이 화합하여 전개되는 대승의 진정한 뜻, 즉 삼대에 중점을 둔
것이다. 그리하여 일심법에 의해서 진여·생멸의 이문이 있어 서로
다르지 않듯, 진여·생멸에 대응한 중관·유식의 대립을 화해시키

고 있음을 볼 수 있다. 즉,《기신론》은 중관(진여문)과 유식(생멸문)이 대립한다고 하더라도 인간의 마음을 대상으로 하는 점에서는 다를 수가 없으니, 일심에 의해 이문이 있어서 이문이 화합된 일심은 궁극적인 본원에서 두 문의 상호작용(立·破)을 통해 커다란 체·상·용을 발생한다고 본 것이다. 그래서 원효는 중관이 파하기만 하고, 유식은 세우기만 하는데,《기신론》의 여래장은 세우고 파함이 자재하다고 평한다.

원효의《화엄경》제목에 대한 해석 역시 원효의 화엄경관을 잘 나타내고 있다.《화엄경소》의 서문에 보면, '대방광불화엄경'이란 법계가 무한함이 대방광이고, 행덕이 무변함이 불화엄이라 한다. 대방광을 증득할 법으로 보고, 불화엄을 증득하는 주체로 보고 있다. 그런데 이어서 대방이 아니면 불화를 널리 두루하게 할 수 없고, 불화가 아니면 대방을 장엄할 수 없다고 하여, 대방과 불화를 쌍으로 들어서 광(廣)과 엄(嚴)의 종을 표현하고 있는 것이다.

이처럼 원효는 화엄과 인연이 깊으며 원효사상은 화엄사상이라 해도 무방하다. 그런데 원효는 어느 일종에 국한시킬 수 없을 만큼 그의 불교사상은 불교 전반에 걸치고 있으며, 언제나 대립을 화해

시키는 입장에 서 있었으므로 후에 화쟁국사(和諍國師)로 존숭받았다. 그리고 한국 화엄종이 전개되는 화엄초조는 의상에게 돌아갔다. 그러나 해동초조가 의상이 된 것은 그 까닭만은 아니라고 본다. 누가 더 화엄이 교단적 발전을 이루어가는데 크게 노력하고 기여했는가 하는 문제를 간과해서는 안 될 것이다.

제36강

의상義湘의 생애 [1]

1. 해동화엄초조 의상

의상은 해동화엄초조로 일컬어져 왔으니, 한국 화엄은 의상과 의상의 법계로 그 주류를 이루고 있다는 말로 해석될 수 있다. 한국 화엄에 대해서는 의상의 화엄교학을 이해하지 않고는 말할 수 없는 것이다.

의상을 해동화엄초조라고 한 문헌의 효시로는 최치원이 지은 〈해동화엄초조기신원문(海東華嚴初祖忌晨願文)〉이다. 이 최치원의 설을 참고로 하였을 것으로 보이는 찬녕의 《송고승전》에도 보인다. 체원의 《백화도량발원문약해》에서도 고려조(숙종 6년, 1101)에서 원효를 화쟁국사, 의상을 원교국사(圓敎國師)로 추시하였다고 하고 해동화엄초조라고 일컬으면서 상세한 것은 최치원의 본전에 있다고 하였다.

이처럼 의상은 신라때부터 고려에 이르기까지 해동화엄초조로 전해져 왔으며, 중국에까지 널리 퍼져 있었음을 알 수 있다. 이능화의 《조선불교통사》에도 《화엄현담회현기》를 인용하여 의상이 해동화엄의 초조임을 밝히고 있다. 의상이 한국화엄의 초조가 됨은 의상의 생애를 보더라도 그 이유를 짐작할 수 있다. 그런데 화엄종이 종명으로 보이는 것은 고려말의 일이며, 고려초기나 중엽에는 화엄업이라 일컫고 있다. 그러므로 신라의 화엄종은 국가에서 인정받은 교단인 제도적인 종파가 아니라 하나의 교학으로서 의상으로부터 계승되어 갔다고 할 수 있다.

2. 의상의 본휘

의상의 생애를 알 수 있는 자료로서는 《삼국유사》, 《백화도량발원문약해》, 《송고승전》 등을 비롯해 약 20종이 된다. 이러한 자료에 의거하여 의상의 행적을 살핌에 있어서 먼저 의상의 본휘에 대해서 짚고 넘어가야 할 것이다.

의상에게는 해동화엄초조나 원교국사 외에 부석존자, 의지(義持)라는 별칭도 있다. 이는 한국불교사에서 의상이 차지하는 위치와 비중을 말해 주는 것이기도 하다. 그런데 의상의 표기에 있어서도 의상(義湘)·의상(義相)·의상(義想) 등의 표기예가 나타나고 있다.

의상의 본휘는 의상(義相)이라고 연구된 바 있고 많은 학자들이 의상(義相)이라고 표기하고 있다. 그러나 여기서는 각 문헌에서 사용하고 있는대로 각기 달리 표기할 것이며 종합적으로는 우리 교단에서 최근까지 사용해 왔던 대로 의상(義湘)이라고 표기를 하겠다. 그 이유는 의상(義相)의 표기를 주장하는 설은 의상이라는 본휘가 스승인 지엄에게서 지어진 것이라 하는데, 그렇다면 의상이 지엄과 만나기 전까지는 어떤 법명을 사용하였는지 알 수 없기 때문이다. 따라서 그 법휘가 증명될 때까지 최근까지 교단에서 유통되어 왔던 대로 따르기로 한다.

3. 의상의 출가 수학

의상의 전기자료는 서로 전하는 내용이 많이 다르다. 특히 의상의 생몰 연대, 출신, 출가시기 및 입당구법 등은 그 연대가 상치되고 있다. 이점들은 그 전문이 다 전해지지는 않지만, 최치원이 지은 〈부석본비〉가 가장 오래된 자료로서 거의 명확함을 볼 수 있다.

이 자료에 의하면 의상(625~702)의 속성은 김씨, 부는 한신이다. 진평왕 47년에 탄생하여 성덕왕 원년에 입적하였다. 관세(15세 전후)에 황복사에서 출가하였다. 의상은 출가후 얼마 안 되어(25세, 650) 8세 위인 원효(617~686)와 함께 당나라 유학을 시도하였다. 제2차 시도(36세, 661) 때 원효가 도중에서 발길을 돌린 것은 이미 언급한 바 있다. 입당구법의 내용은 《삼국유사》의 〈의상전교〉나 《송고승전》에 비교적 자세히 묘사되어 있다.

의상은 당 사신의 배를 타고 중국으로 들어갔다. 처음 양주의 관아에서 머무는 동안 주장(州將) 유지인의 딸 선묘(善妙)와도 알게 된 것으로 여겨진다. 선묘는 의상의 귀국시 용이 되어 따라와 부석사(浮石寺)의 부석이 되었다는 전설이 있다. 의상은 이듬해 종남산 지상사의 지엄(602~668)을 찾아갔다. 지엄은 전날 밤 꿈에 의상이 올 징조를 보았다면서 특별한 예로 맞았다고 한다. 꿈인즉 해동에 큰 나무가 나서 중국을 덮었는데 그 위에 봉의 집이 있어 지엄이 올라가 보니 한 개의 마니보주가 있어서 그 광명이 멀리 비치고 있었다는 것이다. 이어서 의상은 화엄의 오묘한 이치를 깊은 데까지 분석해 내니 지엄은 영특한 재질을 만난 것을 기뻐하였다고 한다. 또한 의상은 더욱 새로운 이치를 발현하여 깊은 것을 끌어내고 숨은 것을 찾아내니 스승보다도 나았다고 전해지고 있다.

그후 지엄이 668년, 67세로 입적할 때까지 지엄 문하에서 화엄교학의 진수를 전수하였다. 지엄의 입적 3개월 전에는 《화엄경》의 핵심사상을 간명하게 드러낸 《화엄일승법계도》를 지어 인가를 받았다.

수학 당시 화엄행자로서의 의상의 면모를 보여 주는 것에 당시 남산율종의 개조인 도선율사와 교유한 일화가 《삼국유사》의 〈전후소장사리조〉에 전해진다. 의상이 지상사에서 공부할 때, 같은 종남산에 도선율사가 있어 항상 천공을 받으니 재를 올릴 때마다 하늘에서 음식을 보내왔다. 하루는 도선율사가 의상을 청하여 재를 하였으나 의상이 가서 좌정한 지 오래도록 천공이 도착하지 아니했다. 의상이 빈 발우로 돌아가자 그때야 천사가 내려왔다. 도선율사가 어째서 늦었느냐고 물으니 온 동네에 신병이 가로막고 있었기에 들어오지 못했다고 하였다. 이에 도선율사가 의상에게 신중의 호위가 있는 것을 알고 그 도의 수승함에 탄복하고 천공을 그대로 두었다가 이튿날 다시 지엄과 의상을 재에 청하고 자세히 그 사유를 말하였다. 도선은 의상보다 29세 위로서 의상이 입당하였을 때 66세였다. 도선은 천공을 받을 정도로 학덕이 높고 계행이 청정한 대율사였다. 이 청정율사 도선을 옹호하고 있는 천신의 위력이 화엄대교를 체득한 의상을 호위하고 있는 화엄신중의 힘을 감당하지 못하였던 것으로 이 설화에는 서술되고 있다. 화엄신중을 모시는 화엄신중신앙이 한국불교에 있어서 차지하는 비중은 매우 크다. 오늘날도 신중기도가 성대히 행해지고 있는 점으로 보아서도 짐작된다고 하겠다.

동문 수학한 현수법장과의 친교는 귀국후에도 계속되었다. 법장은 지엄의 뒤를 이어 중국 화엄종을 대성시킨 인물로서, 법장이 의상에게 보낸 편지인 '기해동서'가 아직도 전해지고 있다. 지엄에게서 법장은 문지(文持)라는 호를 받고, 의상은 의지(義持)라는 호를 받았다고 한다.

4. 의상의 교화활동

의상은 지엄의 입적후 신라로 돌아와 적극적인 활동을 전개해 나간다. 의상의 귀국에 대해서는 《삼국유사》 〈의상전교조〉의 자료가 신빙된다. 이에 의하면 의상은 당시 볼모로 있었던 김흠순의 권유로 당 고종의 신라 침공을 알리기 위해 귀국하게 된다. 아마도 신라의 급한 사정으로 귀국을 앞당긴 것으로 여겨지니 함형 원년 670년이다.

의상의 우국의 정은 문무왕의 경성 축성을 중지시킨 예(문무왕 20년, 680)에서도 잘 나타나 있다. 문무왕은 즉위초부터 많은 공사를 일으켜 왔다. 오랜 전란으로 국가재정이 피폐해진 상태에서 문무왕의 과중한 토목공사로 인한 민중의 노고와 사회적 불안을 염려한 의상이 서울에 다시 성곽을 쌓으려는 왕에게 서신을 보냈던 것이다. 왕의 정교가 밝으면 비록 풀이 난 땅을 그어서 성이라 해도 백성이 감히 넘지 못하고 재앙을 씻어 복이 될 것이며, 정교에 밝지 못하면 비록 장성이 있더라도 재해를 소멸하지 못할 것이라고 하였다. 그리하여 왕이 이미 내린 명을 거두어 공사를 파하였다는 것이다.

의상은 신라로 돌아온 후 먼저 태백산에 부석사를 창건하였다. 부석사 창건설은 두 종류가 있다. 《삼국유사》와 《삼국사기》에는 의상이 문무왕 16년에 조정의 뜻을 받들어 창건하였다고 한다. 그런데 《송고승전》에는 의상이 입국후 산천을 편력하여 화엄전법의 장소를 구하러 다녔는데, 부석사가 전법도량으로 적격임을 발견하였다. 그런데 그 절에는 권종 이부의 무리 500명이 거주하고 있어서 용이 되어 의상을 따라온 선묘가 커다란 바위로 변해서 절 위를 덮고는 떨어질 듯 말 듯하자 군승들이 흩어져 버리니 의상이 이 절에 들어가 《화엄경》을 강의하였다고 한다. 현재 부석사에는 이 설화와 관련된 석용·선묘정·부석이 남아 있고, 의상이 부석존자로 불리며, 의상으로 비롯된 화엄종이 부석종으로도 불렸으며, 절이름도 부석사이다. 의상이 화엄의 근본도량으로 삼아 교화를 편 부석사는 여러 가지 배려 끝에 그 위치가 결정되었음을 알 수 있다.

최치원의 〈법장화상전〉에는 의상의 교학이 십산(十山)에 퍼졌다고 하여 십여 소를 들고 있다. 이들 사찰은 화엄십찰(華嚴十刹)이라 명명되고 있다.

① 중악 공산 미리사(美理寺)
② 남악 지리산 화엄사(華嚴寺)
③ 북악 태백산 부석사(浮石寺)
④ 강주 가야산 해인사(海印寺)·보광사(普光寺)
⑤ 웅주 가야협 보원사(普願寺)

⑥ 계룡산 갑사(岬寺)·화산사(華山寺)

⑦ 양주 금정산 범어사(梵語寺, 현재는 梵魚寺)

⑧ 비슬산 옥천사(玉泉寺, 현재는 龍泉寺)

⑨ 전주 모산 국신사(國神寺, 현재는 歸信寺)

⑩ 한주 멱아산 청담사(靑潭寺)

　이밖에도 의상 창건으로 되어 있는 사찰들이 인각사를 비롯하여 곳곳에 건립되어 있다. 이러한 화엄십찰은 신라하대에 성립된 것으로 의상의 화엄교학이 신라사회에 널리 유포되었던 사실을 강조하기 위한 것이라 볼 수 있다.

제37강

의상의 생애 ②

화엄십찰(華嚴十刹)이라 불리는 대사찰들이 대를 이어 세워질 수 있었던 것은 의상의 문하에 많은 제자들이 있어서 그의 사상을 계승하였던 것이다. 이는 의상이 제자들의 교육과 교화를 중시하였던 결과이기도 함을 미루어 알 수 있다.

의상이 실제로 제자들에게 《화엄경》을 강의하고 화엄적 실천행을 하도록 격려한 사실이 많이 전해지고 있다. 예를 들면 의상이 출가한 황복사(皇福寺)에서 표훈(表訓)·진정(眞定) 등의 제자들에게 《법계도》를 강의하였음을 비롯하여, 부석사에서 40일간 일승십지(一乘十地)에 대한 문답을 하였으며, 태백산 대로방에서 행경십불을 강의하고, 소백산 추동에서 90일간의 《화엄경》 강의가 있었던 일들이 전해진다. 추동에서 《화엄경》을 강의할 때는 3,000명이나 운집하였다고 한다. 이 추동에서의 강의는 의상이 제자들을 생각하는 마음이 얼마나 깊은가를 말해 주니 그것은 제자인 진정의 어머니를 천도케 하기 위해서 설해진 것이기 때문이다. 이는 《삼국유사》의 효선편에 있는 〈진정효선쌍미조〉에 보인다.

진정스님은 출가전에 홀어머니를 모시고 가난하게 살았다. 의상 법사가 태백산에서 법을 설한다는 말을 듣고 어머니에게 효를 다한 후에 의상스님에게 가서 삭발하고 불도를 배우겠다고 말씀드렸다. 그러자 어머니가 "불법은 만나기 어렵고 인생은 너무나 빠른데 효를 다한 뒤라면 너무 늦지 않겠는가. 주저하지 말고 속히 가라"고 하였다. 진정은 "어머니 만년에 어머니 옆에 오직 내가 있을 뿐인데 어찌 차마 어머니 곁을 떠나 출가할 수 있겠습니까" 하였다. 다시 어머니가 "나를 위하여 출가를 못한다면 그것은 곧 나를 지옥에 빠뜨리는 것이니, 비록 살아서 육고기 등으로 봉양하더라도 어찌 효라고 하겠는가. 나는 의식을 남의 문간에서 얻어서라도 타고난 수명은 누릴 수 있을 것이니, 나에게 효를 하고자 하거든 그런 말을 말라"고 하였다.

그러고는 어머니가 일어나서 집에 있는 얼마 안되는 쌀을 모두 털어서 밥을 짓고 주먹밥을 만들어 주면서, "가는 길에 밥을 지어먹고 가자면 더딜 터이니 내 눈앞에서 그 하나를 먹고 나머지 여섯개는 싸가지고 속히 가라"고 하였다. 진정이 눈물을 머금고 말하기를 "어머니를 버리고 출가하는 것도 아들된 사람의 도리로 차마 하지 못할 일인데, 더구나 장과 수일의 양식을 모두 싸가지고 간다면 천지가 나를 무엇이라고 하겠습니까" 하고 세 번이나 사양하였다. 그래도 어머니가 계속 권해서 어머니 뜻을 어기기 어려워 길을 떠나 밤낮으로 가서 3일 만에 태백산에 이르러 의상스님에게 삭발하고 제자가 되어 법명을 진정이라 하였다.

그후 3년 만에 어머니가 돌아가셨다는 기별이 왔다. 진정은 가부좌를 하고 선정에 들어 7일 만에 일어났다. 그것에 대해서는 진정스님이 슬픔을 견디지 못해서 입정으로 슬픔을 씻었다고도 하고, 혹은 입정으로 어머니가 환생한 곳을 보았다고도 하고, 혹은 명복을 빈 것이라고도 한다. 아무튼 슬픔이 지극했던 진정이 입정후에 그 사실을 의상스님에게 말하니, 스님이 문도를 이끌고 소백산 추동에 가서 초가를 짓고 3,000명의 제자들에게 약 90일간 화엄대전을 강하였다. 그때 지통스님이 강의의 요지를 뽑아 두 권을 만들어 〈추동기(錐洞 記)〉라고 하여 세상에 유통하였다. 강의가 끝난 후 진정의 어머니가 꿈에 나타나서 이미 생천했다고 하였다.

이 이야기는 우리에게 전해 주는 것이 적지 않다고 하겠다. 그 중에서 의상이 제자의 어머니를 천도시키기 위해 《화엄경》을 설한 데서 스승과 제자의 깊은 관계를 볼 수 있으며, 천도를 위해 《화엄 경》을 강설하였다는 점도 주목된다.

평소 의상이 강의한 내용을 기록한 문헌들로서는 〈추동기〉를 위시하여, 〈법융기(法融記)〉·〈진수기(眞秀記)〉·〈대기(大記)〉 등이 있으니 《총수록》에 수록되어 전하고 있다. 표훈과 진정이 《법계 도》를 배울 때 의상이 "부동(不動)한 나의 몸이 곧 법신 자체의 뜻 이다"라고 하였다. 그때 두 스님은 스승의 말씀을 듣고 각각 〈오관 석(五觀釋)〉과 〈삼문석(三門釋)〉을 지었으니 지금 전하고 있다.

또 추동에 3,000명이나 모였다는 데에서 의상의 제자가 수없이 많음을 짐작하게 하는데, 그 중에서 십대제자들은 십성제자(十聖弟 子) 또는 아성(亞聖)으로 칭송받았다. 《삼국유사》의 〈의상전교〉에 는 십대제자들을 오진(悟眞)·지통(智通)·표훈(表訓)·진정(眞定) ·진장(眞藏)·도융(道融)·양원(良圓)·상원(相源)·능인(能仁)·의 적(義寂) 등이라고 한다. 그리고 《법장화상전》에서는 이들 중 진정 ·상원(相圓)·양원(亮元)·표훈을 특히 4영(四英)이라 하고, 《송 고승전》에서는 지통·표훈·범체(梵體)·도신(道身) 등을 등당도 오자(登堂覩奧者)라고 하였다.

의상의 화엄학은 사자상승 계보를 형성하며 후에 화엄종(부석종 또는 의지종)이라는 교단적 발전을 이루어갔다. 이처럼 의상은 제자들을 육성하고 화엄대찰을 건립하는 등 실천수행을 근본으로 삼아 실행을 통한 화엄의 선양에 전념하였던 것이다.

그러한 실천운동을 근본으로 삼은 화엄사상의 특징은 의상이 서민불교적인 미타정토신앙을 중요시하는 데서도 나타난다. 《화엄경》의 주불이 비로자나불이므로 화엄십찰에 비로자나불상을 모신 곳도 있으나, 화엄본찰인 부석사를 비롯하여 화엄십찰 가운데 무량수불을 모신 곳이 많다. 그리고 동해 낙산에 관음진신 주처의 도량을 개설하는 등, 의상은 화엄사상에 미타·관음신앙을 수용하고 있는 것이다. 그것은 발원문에서도 볼 수 있다.

당시 신라인들은 의상을 금산보개여래의 화신으로까지 받들었다. 당시인들이 원효를 보살로 모셨다면, 의상은 여래의 화신으로 모셨던 것이니 두 분의 다른 모습과 영향을 너무나 잘 말해 준다고 하겠다.

5. 의상의 저술

이같이 의상은 실천수행 중심이었으나 그의 저술에 8부가 알려져 있다. 위에서 언급한 《화엄일승법계도》와 《입법계품초기(入法界品鈔記)》·《화엄십문간법관(華嚴十門看法觀)》·《아미타경의기(阿彌陀經義記)》·《제반청문(諸般請文)》·《백화도량발원문(白花道場發願文)》·《화엄일승발원문(華嚴一乘發願文)》·《투사례(投師禮)》 등이다. 이 중에 《일승법계도》를 제하고 현존하는 것은 전부 발원문류이다. 즉《백화도량발원문》중 단간이 현존하고《화엄일승발원문》과《투사례》등도 남아 있다. 백화도량은 관세음보살이 주처하시는 도량이다. 관세음보살이 항상 아미타부처님을 정대해 모시듯이 관세음보살을 받들어 모시겠다는 발원문이다.《백화도량발원문》이 일반 대중을 위한 발원문이라면,《화엄일승발원문》은 일승화엄의 사상이 그대로 배어 있는 화엄행자를 위한 발원문이다.

이들 발원문은 한국에 있어서 발원문의 효시로 보인다. 이러한 발원문과《화엄일승법계도》에 의상의 화엄사상이 압축되어 있으며, 그 사상과 교학은 면면히 이어져 왔다. 이상과 같은 의상의 화엄사상과 실천행을 보여 주는 사례 가운데 몇 가지 점만 앞으로 더 구체적으로 살펴볼까 한다.

일승법계도(一乘法界圖)

먼저 의상의 저술 중《일승법계도》를 통하여 의상의 화엄사상을 살펴보겠다.《삼국유사》의 저자인 일연은《일승법계도》가 일승의 추요를 망라한다고 하며, 솥의 국맛을 맛보는 데는 한 숟가락이면 족하다고 극찬을 하고 있다.

《일승법계도》는 원도인 〈법계도인(法界圖印)〉과 7언 30구의 시인 〈법성게(法性偈)〉와 해석부분인 〈법계도기(法界圖記)〉까지를 통칭하는 말이다. 〈법계도인〉과 〈법성게〉를 합한 것을 〈일승법계도 합시일인〉 또는 〈반시(槃詩)〉라고 부른다.《법계도》는 처음에 서문이 있고, 다음에 〈반시〉가 있으며, 이어서 〈반시〉에 대한 해석이 있고, 발문으로 끝난다.

이 《일승법계도》는 의상의 저술로서 우리나라에 크게 유통되어
왔다. 신라시대에 이루어진 《법계도》에 대한 주석을 모은 《법계도
기총수록(法界圖記叢髓錄)》이 있고, 고려시대에는 균여가 《일승법
계도원통기(一乘法界圖圓通記)》를 지었다. 그리고 조선시대에도 설
잠이 〈법성게〉를 선적으로 해석한 《대화엄일승법계도주(大華嚴一
乘法界圖註)》를 지었으며, 유문이 〈법성게〉에 분과를 하고 주를 단
〈법성게과주(法性偈科註)〉 등이 있다. 신라·고려·조선시대를 통
하여 《법계도》에 대한 주석서가 계속 저술되었던 것이다. 지금도
사찰에서 아침 도량석 때 염송하고 있으며, 재를 지낼 때 도량을
돌면서, 또는 매일 영단을 향해서 〈법성게〉를 외우고 있을 만큼
《법계도》는 우리에게 아주 친숙해 있다.

그런데 《법계도》에는 작자의 이름이 적혀 있지 않다. 그 이유가
발문(跋文)에 언급되어 있다. 발문에는 반시가 《화엄경》과 《십지경
론》에 의해 원교의 종요를 나타내 보인 것으로 총장(總長) 원년(元
年) 7월 15일에 이루어졌다는 말부터 시작된다. 총장 원년은 지엄
이 입적하던 해인 668년이다. 이때는 지엄이 입적한 지 약 3개월
후이다. 이어서 왜 집자(集者)의 이름이 보이지 않는가 묻고 있다.
그것은 인연으로 생기는 법은 주자(主者)가 없기 때문이니, 주반중
중이다. 그런데 연월을 밝힌 것은 일체 제법은 연을 의지하여 생함
을 보이기 때문이라고 한다. 이와 같이 《법계도》에 이름이 없기 때
문에 《법계도》의 저자와 저술 경위에 대한 논란이 일찍부터 있었
던 것이 보인다.

일승법계도 저자 시비

《일승법계도》에는 작자의 이름이 보이지 않는다. 《법계도》에 작자의 이름이 없기 때문에 저자와 저술 경위에 대한 논란이 일찍부터 있었다. 최근에도 《법계도》의 저자에 대한 논란을 다룬 논문이 발표되었다. 따라서 이 점에 대해서 좀더 자세히 언급하고자 한다.

(1) 법계도의 저술 경위

고려시대 균여는 《원통기》에서 《법계도》의 저자 문제에 대하여 언급하고 있으니, 그 당시까지 논란된 내용을 보면 다음과 같다.

첫째, 7언 30구의 시 부분은 지엄이 짓고 도인과 해석부분은 의상찬술이라는 것이다. 이는 균여의 《일승법계도원통기》에서 인용한 《원상록(元常錄)》에서 주장하는 것이다.

내용인즉 의상이 스승 지엄의 처소에서 화엄을 수학할 때 지엄이 7언 30구 시를 지어 의상에게 주었다. 의상이 검은 글자 위에 붉은 줄을 그려 바쳤다. 그러자 지엄은 의상이 법성을 궁극적으로 증득하여 불의지(佛意旨)를 통달했다고 찬탄하면서 그것에다 주를 지으라고 권했다. 그래서 40여지(紙)의 해석을 지었는데, 지엄은 그 해석이 불의(佛意)에 계합하는가 알고자 의상과 함께 그것을 사르니 모두 타버렸다. 다음 60여지의 주석도 타버리고, 다시 80여지의 주석을 지어 소각하니 다 타지 않고 남은 글이 있어 세상에 전해졌다는 것이다.

둘째, 지엄의 73인에 의거하여 의상이 하나의 근본인을 만들었다는 설이다.

《총수록》의 법융기에 언급된 것으로서, 지엄이 73인을 짓고는 그것을 일인(一印)으로 나타내라고 하니 의상이 스승의 뜻을 깊이 헤아려 하나의 근본인을 지었다는 것이다.

셋째, 의상이 《대승장(大乘章)》 10권을 짓고, 다시 번거로운 것을 고쳐 《입의숭현(立義崇玄)》이라 이름한 후, 불에 태우고 남은 210자로 30구를 지었다는 것이다. 이는 최치원이 지은 의상전의 설로서 《일승법계도원통기》에 인용되어 있다.

의상이 지엄의 처소에서 화엄을 수학하던 때, 꿈에 용모가 뛰어난 신인이 나타나 의상에게 이르기를 "스스로 깨달은 것을 저술하여 남에게 베풂이 마땅하다"고 하였다. 또 선재가 총명약을 10여 제 주었고 청의동자가 비결을 주는 꿈을 꾸었다. 지엄이 듣고는 "신이 나에게는 한 번 신령스러움을 내렸는데 너에게는 세 번 하였으니 멀리까지 와서 부지런히 수행한 결과가 나타난 것이다"고 했다. 오묘함을 보아 얻은 것을 엮어보라는 권유를 받고 의상이 《대승장》 10권을 편집해서 하자를 지적해 주기를 청하였다. 그리하여 의리는 매우 합당하나 문장이 옹색하다는 평을 받고, 물러나서 번거로운 곳을 삭제하고 통하게 한 다음 《입의숭현》이라고 이름했다. 지엄이 지은 《수현분제》의 뜻을 숭상하고자 함에서다. 지엄이 의상과 함께 불전에 나아가 "언사(言詞)가 성지(聖旨)에 맞으면 타 없어지지 마소서" 하고 태우니 210자가 남았다. 의상이 주워서 다시 불속에 던졌으나 타지 않았으므로 그 210자를 게송으로 엮도록 하였다. 의상이 방문을 잠그고 수일 만에 30구를 이루니 삼관의 오묘한 지취를 포괄하고 10현의 아름다움을 드날렸다.

넷째, 의상이 《법계도》를 짓고 다시 지엄의 권유로 해석을 지어 합해서 1권을 만들었다는 것이다.

체원의 《백화도량발원문약해》 첫머리에서 최치원이 지은 본전에 의해 언급한 것이다. 의상이 오묘한 이치를 요달하여 《법계도》를 지어서 지엄에게 바쳤다. 지엄이 보고는 법성을 궁극적으로 통달하고 부처님의 의지를 요달하였다고 찬탄하면서 의상에게 해석을 지으라고 권했다. 의상이 해석을 지어 합해서 1권을 만든 것이 지금 세상에 유행하고 있는 것이라고 한다.

이상의 여러 설을 도시해 보면 다음 〈표〉와 같다.

출처＼일승법계도	법성게	도인	해석
원상록	지엄	의상	의상
총수록 법융기	?	의상	
최치원 의상전 / 원통기	의상		
최치원본전 / 약해 / 원통기	의상	의상	의상

이상에서 현재 유통되고 있는 《일승법계도》처럼 법성게 · 도인 · 해석을 다 의상이 지었다고 한 것은 최치원이 지은 《의상본전》에서이다. 이를 《약해》에서 이어받았으며, 균여도 최치원설을 지지하고 있다. 지엄이 지었다고 언급한 곳은 유일하게 《원상록》에서이며 그것도 〈법성게〉만이니 《원상록》에서도 도인과 해석은 의상이

지은 것으로 되어 있는 것이다. 그렇다면 모든 자료에서 도인과 해석이 의상에 의해서 지어졌다는 점에는 이의가 없다.

균여는 《원통기》에서 《원상록》의 말을 인용하면서 최치원의 의상전에 의거하여 《원상록》의 견해에 반론하였다. 〈법성게〉 역시 분명 의상이 지었다는 것이다. 균여는 다시 《법계도》 저자의 자서(自序)에 '의리거교 약제반시(依理據敎 略制槃詩)'라고 서술하고 있으므로 시 또한 《법계도》를 지은 자의 것임이 확단되니 방증할 필요조차 없다고 한다. 균여는 또 지엄의 전기인 《지상행장(至相行狀)》에 이 시를 지었다는 기록이 없는 점만 보아도 《법계도》는 의상찬술임을 알 수 있다고 한다. 그리하여 균여 이후로는 《법계도》 전체가 의상작임에 전혀 의심이 없게 되었다. 이 《법계도》에 보이는 화엄사상은 한국 화엄사상의 백미로 귀중히 여겨져 왔으며 한국불교 의례에도 깊숙이 들어와 〈법성게〉가 즐겨 독송되었고, 도인을 따라 도는 대장경의 정대불사도 해인사에서 해마다 열려왔던 것이다.

(2) 방산석경과 법계도 저자

그런데 중국 방산(房山) 운거사(雲居寺)의 석경인 방산석경(요금각경) 중 〈법계도기〉의 일부인 서문과 〈일승법계도합시일인〉이 '엄법사조(儼法師造)'라고 함께 각인된 것이 발견되었다. 그래서 2년전 중국학자에 의해 지금까지 《법계도》를 의상이 지었다는 것은 수정해야 한다고 강력히 주장한 논문이 《중국불교석경의 연구》라는 책에 수록되어 일본에서 출판되었다. 지난해에도 〈법성게〉는 지엄이 지은 것이 확실하지 않느냐는 논문이 외국 학자에 의해 우리나라에서 발표되었다.

방산석경은 정완(靜琬)의 발원에 의해 정관 2년 628년부터 조각되기 시작하였다. 그후 금나라(12세기 초 건국~13세기 초 멸망)때 중국화엄조사의 저작을 각인하였다. 즉 〈선복게(漩澓偈)〉라는 짤막한 게송이 '두순법사작'으로, 그리고 〈일승법계도합시일인〉이 '엄법사조'로, 그리고 〈건나표하일승수행자비밀의기(健拏標訶一乘修行者秘密義記)〉가 '대향산은사석법장술(大香山隱士釋法藏述)'로 조각되었다. 중국화엄종의 초조, 제2조, 제3조의 저술로서 이들이 각인되었던 것이다.

그런데 방산석경의 화엄전적을 연구한 중국학자의 논문에는 반시 외에 방산석경에 수록된 다른 화엄전적에 대해서는 진찬자에 대한 의견을 달리하고 있다. 즉 두순법사작이라고 한 〈선복게(漩澓偈)〉는 두순의 작으로 보기는 어렵다는 것이다. 왜냐하면 이 〈선복게〉는 의천의 《신편제종교장총록》에 의하면, 처음 《법계관문》의 부록으로 유행하였다는데, 이 〈선복게〉를 인용하여 선복송이라고 한 《종경록》에는 찬자가 명시되어 있지 않다고 한다. 그리고 이 선복이라는 명칭은 《팔십화엄》에 나오므로 《팔십화엄》이 번역되기 전에 돌아가신 두순이 지은 것이라고는 보기 어렵다 하여 방산석경에 각인되어 있는 저자 두순은 믿기 어렵다고 한다. 또한 건나표하는 Ganda-vyuha의 음역으로서 화엄을 말하는데, 대향산은사법장 역시 제3조 법장이 아니라 이는 조선(朝鮮)의 선(禪)자인 것 같다고 하였다.

이처럼 그 논문에서 중국화엄초조와 3조의 저작이라 되어 있는 것은 친저가 아님을 확실시 해놓고 있다. 그러면서 〈법성게〉는 엄법사조라고 되어 있으므로 이것은 확실히 2조인 지엄 것이라 하여야 한다고 주장하고 있다. 우리는 여기서 일단 중국화엄전적에 대한 방산석경의 사료적 가치를 의심할 수밖에 없다.

또한 《원상록》에 보이는 이전까지의 논란은 〈법성게〉만 지엄이 지은 것이라 하였는데, 석경에는 〈법성게〉에 도인과 서문까지 포함하여 지엄이 지은 것으로 되어 있고 또 그대로 주장하고 있다. 그리하여 해석과 서문은 구별시켜서 서문을 제외한 해석부분만 의상작이라고 한다.

그러나 〈법계도기〉를 보면 반시의 해석부분과 발문이 있다. 그렇다면 이 해석의 원형은 서문도 있었음을 추정하기에 그리 어렵지 않다. 따라서 서문이 〈법계도기〉에 포함된다면 〈반시〉와 〈법계도기〉인 해석이 동일한 분의 저작임이 명시되어 있으므로, 모두 의상작인 것이 틀림없게 되는 것이다. 〈법계도기〉가 의상작인 것은 모든 자료에서 다 찬성하고 있기 때문이다. 의상은 〈법계도기〉를 지을 때 〈반시〉를 서문 다음에, 그리고 본 내용 해석전에 위치시켜 하나의 《일승법계도》로 완성시킨 것이라 볼 수 있는 것이다.

방산석경에 각인되기 전까지는 중국에서 지엄작으로 유통된 일은 전혀 볼 수 없다. 오히려 《종경록》에 의상이 《화엄경》을 해석하였다는 말이 있다. 그러나 우리나라에서는 의상당시부터 제자들에게 《법계도》를 강의하였다는 기록도 있고, 제자들이 그것에 주석까지 하였던 것이다.

따라서 새로운 다른 자료가 발견되지 않는 한, 지엄의 권유에 의해, 또는 지엄의 지도하에 작성되었다고 볼 수는 있으나 《법계도》는 전체가 분명 의상작임이 변함없는 사실이라 할 것이다.

법계도의 구성과 반시槃詩

(3) 법계도의 구성과 저술목적

《법계도》는 〈표1〉에서처럼 자서와 합시일인인 〈반시〉와 그에
대한 석문 그리고 발문으로 되어 있다. 의상은 자서에서 《법계
도》를 저술한 목적과 시를 읽어가는 법을 소개하고 있다. 〈반시〉
에서 시인 〈법성게〉는 중간의 법자에서 시작하여 구불구불 돌아서
불자에서 끝나니, 그리하면 도인은 끊이지 않고 일자로 이어진다.

〈표 1〉 일승법계도(一乘法界圖)

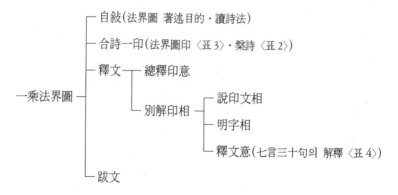

의상은 〈반시〉를 저술하는 목적을 다음과 같이 밝히고 있다.

무릇 대성의 선교는 일정한 처방이 없고 근기에 응하고 병을 따르는 것이 동일하지 않다. 미혹한 자는 자취에 집착하여 본체를 잃는 줄 모르므로 부지런히 닦고 정진하여도 종(宗)에 돌아갈 기약이 없다.
그리하여 이(理)에 의지하고 교(敎)에 근거하여 간략히 〈반시〉를 지어서 이름에만 집착하는 무리들로 하여금 이름없는 참 근원으로 환귀케 하고자 한다.

이 저술동기에서 볼 때도 《법계도》의 저자를 밝히지 않은 것이 당연한 귀결인 것 같다. 이름이나 자취 등 현상계에 걸리지 말고 근원인 본체를 깨닫도록 하고 있다.

(4) 반시의 의미
〈표 2〉의 〈반시〉는 〈표 3〉의 〈법계도인〉과 〈표 4〉의 〈법성게〉로 되어 있다. 그리고 석문은 〈표 1〉에서처럼 다시 도인(圖印)을 총괄적으로 해석한 총석인의와 도인의 내용을 구체적으로 해석한 별해인상으로 나누어지고 있다.
도인은 3종세간이 해인삼매에 의해서 나타나기 때문이라고 총석하고 있다. 〈반시〉에서 보면 〈법성게〉는 법성원융무이상의 '법'자로부터 구래부동명위불의 '불'자로 끝나는데, 거기에 중생수기득이익의 '중'자를 넣어 불·법·승 삼보가 구족되게 하였다. 화엄의 일승교해에 법계장엄상이 일시에 가지런히 나타나는 해인삼매경을 여실히 그려내고 있다. 삼종세간은 지정각세간(智正覺世間)·중생

〈표 2〉 반시(槃詩)

一—微—塵—中—含—十　初—發—心—時—便—正—覺—生—死
一　量—無—是—即　方　成　益—寶—雨—議　思—不—意　涅
即　劫—遠—劫　念　一　生　佛—普—賢—大—人　如　出　槃—常—共
多　九　量　即　一　切　海—入—能　境　中—繁　和
切　世　無　念　塵　亂　印—三　昧　冥　事—理　是
一　十　是　如　亦　中　分　無　然　冥　得—利—益
即　世　互—相—即　仍　衆—生—隨—器　得　者　故
相　二　無　融　圓　性　叵　際　本　還　是　行　界
諸—智　所　知　非　餘　息　妄　北　戲　法　意　實
中　法　證　甚　性　眞　境　費　無　隨　家　歸　如　寶
多　不　切—深—極—微—妙　想　分　得—資　捉　殿
切—動　一—絶—相—無—不　必　尼—羅—陀—以—糧　著　窮
一—本—來—寂—無—名　守　不　不—得—無—緣—善—巧　坐
中—一—成—緣—隨—性—自　來　舊—床—道—中—際—實—坐

〈표 3〉 법계도인(法界圖印)

세간(象生世間)・기세간(器世間)이다. 이 3세간이 일체 제법을 다 포섭하고 있다는 것이다. 도인에서 기세간은 흰 바탕이고, 중생세간은 210자의 검은 글자이며, 지정각세간은 한 길의 붉은 줄로 그어져 있다. 그러면 법자나 불자 등의 자리를 보자. 법자는 흰 바탕에 붉은 줄 위의 검은 글자이다. 그러면 이 세 가지 색깔을 합하면 무슨 색이 되는가? 바꾸어 말하면 기세간과 지정각세간과 중생세간은 한 자리인 것이니, 이는 바로 융삼세간을 뜻한다고 할 수 있다. 융삼세간 자체의 의미는 이미 살핀 바 있다.

의상은 화엄세계를 융삼세간으로 나타내고 있으니, 이로 볼 때 의상 역시 융삼세간불의 해경십불도 인정하고 있다. 중생이 곧 부처라 할 수 있다. 그런데 의상은 〈법성게〉에서는 행경십불을 드러내고 있다. 우리는 거기서 의상의 불신관은 과연 어떠한 것인가를 보게 될 것이다.

다음 별해인상에서는 이를 구체적으로 설명하고 있다. 즉, 도인이 한 길로 이어지는 것은 여래의 일음인 선교방편을 나타내며, 번거롭게 굴곡함은 중생의 근기가 같지 아니함을 나타낸다. 그리고 한 길에 처음과 끝이 없는 것은 선교가 자재함을 뜻한다. 반시는 크게 보아 네모 반듯하다는 의미에서 이름지어진 것인데 이처럼 크게 네 면, 네 각이 있는 것은 사섭법(四攝法)과 사무량심(四無量心)을 각각 의미한다. 그래서 이 도인의 모습은 삼승을 의지해서 일승을 나타내는 뜻으로 의상이 직접 해석하고 있다. 사섭법은 보살이 중생을 이롭게 하는 대표적인 방편으로서 보시섭・애어섭・이행섭・동사섭이며, 사무량심 역시 보살이 가지는 한량없는 네 가지 마음인 자비희사(慈悲喜捨)임을 우리는 《화엄경》에서 만난 일이 있다. 여기서 대자대비 대희대사의 사무량심은 극락세계의 주불인 아미타부처님을 좌우에서 모시고 있다는 관세음보살과 대세지보살의 특징적인 묘한 덕이기도 하다. 그것은 우리가 극락으로 가기 위해서도 이 관음·세지보살이 하는 대로 자비희사의 한량없는 마음을 일으켜야 한다는 의미로 해석될 수도 있다. 자비희사의 대자는 다른 이에게 즐거움을 주는 것이고, 대비는 다른 이의 고통을 없애주는 의미로 본다. 그리고 대희는 다른 이의 기쁨을 따라 기뻐하는 것이며, 대사는 다른 이에게 전혀 원망하는 마음이 없으며 내지 평정심으로 평온한 것을 이른다. 이러한 네 가지 큰 마음을 일으킬 때 우리 모두 즐거움뿐인 극락을 이루게 되니 이 또한 화엄정토로 의상은 간주한 것이라고 하겠다.

이어서 글자에 처음과 끝이 있는 것은 수행의 방편을, 글자에 굴곡이 많은 것은 삼승의 근기가 차별하여 같지 아니함을 나타낸다. 그리고 처음과 끝의 법과 불, 두 글자를 한가운데 둔 것은 인과의 2위가 법성가(法性家)내의 진실한 덕용으로서 그 성이 중도(中道)에 있음을 보이기 위해서라고 한다.

의상은 이 도인의 상이 갖는 의미를 더 상세히 드러내기 위하여 육상(六相)으로 설명하고 있다. 특히 문자 중에 처음과 끝이 있고, 처음과 끝의 두 글자를 한가운데에 둔 까닭을 밝히기 위해 육상설을 시설하고 있다. 그러면 의상은 어떻게 도인과 육상을 연결시키고 있는가?

> 육상이란 총상·별상·동상·이상·성상·괴상이다.
> 총상은 근본인이다.
> 별상은 나머지 굴곡들이니, 별이 인에 의지하여 그 인을 원만케 하기 때문다.

동상은 인인 까닭이니, 굴곡은 다르나 하나의 같은 인이기 때문
이다.
이상은 늘어나는 상이니, 첫째 둘째 등 굴곡이 따로 늘어나기 때
문이다.
성상이란 간략히 설하는 까닭이니, 인을 이루기 때문이다.
괴상이란 광범하게 설하기 때문이니, 번거롭게 도는 굴곡들이 각
각 자체가 달라서 본래 짓지 아니하기 때문이다. 모든 연생법
이 육상으로 이루어지지 않음이 없다.

의상은 일체 연생법이 육상으로 되어 있지 않음이 없다고 하며,
육상은 연기의 도리를 나타내려 한 것임을 재차 강조하여 육상설
을 연기법으로서 중시하고 있는 것이다. 그런데 이는 세친의 육상
이론을 따른 것임을 밝히고, 세친이 설명한 근본입과 나머지 9입의
설명과 함께 그 전문을 게재하고 있다.

이처럼 의상은 근본인은 총상이요, 나머지 굴곡들은 별상이니 별
이 인(印)에 의지하여 인을 원만케 하기 때문이라고 하였다. 4면 4
각 54각 등의 굴곡들이 근본인에 의지하여 있고, 그 굴곡들에 의하
여 인이 원만히 이루어진 것이다.

의상이 도인에서 근본인을 총상, 굴곡을 별상이라 하였는데, 그
러면 굴곡과 상반되는 듯한 일도(一道)는 어디에 속하는가? 일도
는 여래의 일음(一音)이고 굴곡은 중생의 근욕에 따른 삼승교라 하
였다. 이미 근욕에 따라서 굴곡을 이룬다면 무슨 까닭에 일도라고
하는가? 만약 일체 중생이 일음을 다 요달한다면 근욕에 따라 각
각 안 것이 아니며, 만약 차별중생이 각각 알아듣는다면 일음을 다
요달한 것이 아니다. 이러한 굴곡과 일도의 관계가 총과 별의 두

상으로 회통되고 있다.

말하자면 굴곡을 무너뜨리지 않고 능히 평등하게 두루 미치는 까닭에 일음이다. 동하지 않고 평등하게 두루 미치지만 음에 차이가 있는 까닭에 굴곡을 이룬다. 이중에 능히 평등하게 미침은 총상이고, 음(音)이 차이나는 것은 별상이다. 총이 곧 별이기 때문에 비록 일음이지만 각각 알아듣는 것이며, 별은 곧 총이기 때문에 비록 중생이 각각 이해하지만 일음을 요달하는 것이다. 일체 중생의 갖가지 차별 음성 등이 곧 여래의 일음일 따름이니 여래일음은 총상음이다. 이와 같이 될 수 있는 경증(經證)으로는 수호야신 선지식이 일음을 증득하고 법계의 일성과 여래의 일음과 일체 중생을 요달하지 못함이 없다고 말한 〈입법계품〉설을 들고 있다.

의상은 다음으로, 동상이란 인(印)이기 때문이며 이상이란 늘어나는 상이기 때문이라 하였다. 동상이 인이기 때문이라 한 것은, 54각과 모든 굴곡 등이 낱낱이 다르나 한 가지로 인을 원만하게 하기 때문이다. 이상이 늘어나는 상이기 때문이라 한 것은, 처음 굴곡과 다음 굴곡이 각각 달라서 늘어나는 수이며, 제2각 제3각 등으로 늘어나 인(印)을 이루기 때문이다.

다음 성괴는 모든 굴곡이 합하여 하나의 인을 이루는 까닭에 성상이고, 모든 굴곡이 각각 본(本)에 머물러 지음이 없는 까닭에 괴상이다. 마치 백억사천하가 합하여 한 사바세계가 되듯이, 54각이 합하여 하나의 인을 이루어 연이 이루어져 화합하므로 약설이 성상이다. 그리고 백억사천하가 낱낱이 차별하여 연이 흩어져 지음이 없어서 한 사바세계가 의지하여 머무는 바가 없듯이, 54각이 각각 자법(自法)에 머물러 널리 인연을 분별하여 본래 부작(不作)인 까닭에 광설을 괴상이라 표현한 것이라고 균여는 이를 해설하고 있다.

또 약설을 성상이라 한 것은, 비유하면 어떤 사람이 집 앞에서 한마디 말로써 집안의 대중을 부름에 대중들이 모두 대답하는 것과 같다. 간략히 인(印)이라는 한마디 말로써 인을 부를 때 54각이 다 인이기 때문이다. 광설을 괴상이라 한 것은 광범하게 54각을 변별하여 차례로 따져 물음에 한 각도 원만한 인이라는 이름을 받음이 없는 것이다.

제40강

법성게의 내용과 사상 ①

《일승법계도》에서 도인을 육상으로 나타낸 의미를 조금 더 살펴고 넘어갈까 한다. 이미 본바와 같이 도인 중에서 인(印)이 원만한 것은 총상이다. 원만한 인의 여러 각과 굴곡은 별상이다. 모든 각과 굴곡이 한 가지로 인(印)인 것은 동상이다. 한 가지로 인(印)이나 부동하여 각각 다른 것은 이상이다. 부동하여 다르면서도 한편에 치우치는 바 없이 곧 바른 인인 것은 성상이다. 곧 바른 인이면서도 각각 제자리에 머물러 짓지 아니하는 것은 괴상이다.

의상은 이러한 육상설을 펴면서 총상은 일승원교에 해당하고 별상은 그 뜻이 삼승에 해당한다고 하였다. 일승은 삼승을 총괄적으로 포함하는 것이므로 주(主)가 되고, 삼승은 반(伴)이나 일승으로 말미암아 삼승이 있고 삼승으로 말미암아 일승이 있기 때문에 주반상성(主伴相成)이 되는 것이다.

이처럼 일승·삼승도 육상처럼 주·반이 서로 도와 부즉불리(不卽不離) 불일불이(不一不異) 하여 항상 중도에 있다고 하였다. 그런데 이는 일승원교 가운데서도 동교에 해당한다. 인이 원만한 것은 원교라 하고 54각은 삼승이라 하였으니, 인이 원만함[印圓]을 떠나

면 54각이 없고 54각을 떠나면 도인이 완만하지 못하므로 동교인
것이다. 따라서 일승별교와 삼승별교도 뜻에 준하여 알 수 있다.
육상의 뜻에 의하면 동교문이므로 일승별교는 제외되나, 그러나 이
에 준하면 다시 일승별교는 주이고 삼승별교는 권속인 반이 된다.
그러므로 육상설은 동교일승원교에 그치는 것이 아니라 별교일승
원교인 화엄의 연기설이 된다고 한다.

　우리는 이에서 의상의 교판관도 찾아볼 수 있다. 《법계도》 전체
에서 보이는 의상의 교판설은 아주 다양하고 포괄적이다. 그런데
이 육상설에서 의상은 일승원교에 동교와 별교를 나누고 화엄을
별교일승원교로 보고 있는 것이다. 이는 스승인 지엄의 교판설보다
한 걸음 더 나아간 것이라 하겠으니, 지엄은 화엄을 돈교에도 포섭
시키고 있음을 우리는 이미 살핀 바 있다.

　의상은 이어서 도인을 육상으로 설명하게 된 동기를 다음과 같
이 요약하고 있다.

　　첫번째 굴곡은 인(因)과 같고, 내지 맨 나중의 굴곡은 과(果)와
　같은 것이다. 처음과 끝이 같지 아니하나 오직 한가운데에 있는 것
　과 같이, 비록 인과의 뜻은 다르나 오직 스스로 여여한 데 머무르는
　것이다. 그러므로 비록 인과인 신·해·행·회향·지(地)·불(佛)
　이 각자의 지위를 움직이지 아니하되 전후가 없으니, 왜냐하면 제법
　이 각각 달라서 스스로 여여한 데에 머무르기 때문이며, 하나가 여
　여하고 많은 것이 여여함에 그 여여한 상을 얻을 수 없기 때문이다.
　　그러므로 경에서 이르기를 "어떤 것이 불법을 깊이 믿는 것인
　가?" 답하기를, "일체 제법은 오직 불(佛)만이 알 바이고 나의 경계
　가 아니니, 만약 이와 같다면 이를 이름하여 불법을 깊이 믿는 것
　이다."

즉, 육상은 연기무분별의 도리를 나타내려는 것이라고 결론짓고 있다. 삼승의 방편수행에 의하면 처음과 끝이 같지 아니하듯이 인과의 뜻이 다르나, 일승의 실다운 도리에 의한다면 인과가 원융하여 법성의 덕용이 오직 중도에 있게 되어 전후가 없다. 체와 상이 다같이 원융해서 무분별하여 스스로 여여한 데 머무르는 것이다.

《총수록》에서는 의상의 〈법계도인〉이 항포와 원융의 원융으로 이해되고 있다. 즉, 높고 낮음이 같지 않은 삼승의 방편수행은 항포이고, 전후가 없이 여여한 일승원교는 원융이다. 나아가 일승원교에서도 본위를 무너뜨리지 않음은 항포이고, 자기 자리를 움직이지 않고 무애함은 원융이다. 삼승은 일승으로 회통되고 총(總) 외에 별(別)이 없으니 항포도 원융에 의해 융섭되어 육상이 원융하여 무애자재하다는 것이다.

의상은 비록 세친의 육상방편설을 의거하고는 있되, 세친이나 다른 이의 육상설과는 현격한 차이가 있음을 주시하지 않을 수 없다. 의상이 세친의 육상방편설을 차용한 것은 법성가의 덕용인 중도를 드러내기 위해서이기 때문이다. 일체 연생법은 육상으로 되지 않음이 없으니 7처 8회 34품의 《화엄경》도 오직 일념에 있다고 파악한 의상은, 육상이 다라니장을 여는 좋은 열쇠이며 법성가에 들어가는 요문이라 한 것이다.

또한 육상은 연기의 무분별한 이치를 나타내는 것이라 하였고, 제법이 스스로 여여한 데 머물러 오직 불경계일 뿐이라고 하였다. 이는 의상이 화엄을 증분법성(證分法性) 성기(性起) 세계로 파악한 것과 같은 맥락이다. 이 점이 법계연기에 초점을 둔 법장의 육상론과도 다른 것이다.

의상이 《화엄경》 전체 내용을 어떻게 파악하였는가는 《일승법계도》와 〈법성게〉라는 제목을 통해 알 수 있다. 즉, 법계(法界)와 법성(法性)이 의상화엄의 전체이며, 그 중에서도 핵심은 바로 법성인 것이다. 의상은 그 방대한 《화엄경》의 내용을 법성이라는 한 단어로 다 포섭하고 있으니, 설잠도 의상이 《화엄경》의 핵심내용을 법성으로 드러내었음에 동의하고 있다.

그러면 법성을 노래한 〈법성게〉의 내용은 무엇인가? 〈표 4〉로 표기한 이 게송을 우리말로 먼저 바꾸어 보겠다.

〈표 4〉 법성게

① 法性圓融無二相	법성은 원융하여 두 모습 없고
② 諸法不動本來寂	제법은 부동하여 본래 고요하다.
③ 無名無相絶一切	이름도 없고 형상도 없고 일체가 끊어져
④ 證智所知非餘境	증득한 지혜로 알 바이고 다른 경계가 아니다.
⑤ 眞性甚深極微妙	진성은 매우 깊고 극히 미묘하여
⑥ 不守自性隨緣成	자성을 지키지 않고 연(緣)을 따라 이룬다.
⑦ 一中一切多中一	하나 가운데 일체이고 많은 것 가운데 하나며
⑧ 一卽一切多卽一	하나가 곧 일체이고 많은 것이 곧 하나이다.
⑨ 一微塵中含十方	하나의 미세한 티끌 속에 시방을 포함하고
⑩ 一切塵中亦如是	일체 티끌 중에도 이와 같다.
⑪ 無量遠劫卽一念	한량없는 먼 겁이 곧 일념이고
⑫ 一念卽是無量劫	일념이 곧 무량겁이다.
⑬ 九世十世互相卽	구세와 십세가 서로 상즉하면서도
⑭ 仍不雜亂隔別成	흐트러지지 않고 따로 이룬다.
⑮ 初發心時便正覺	처음 발심할 때가 문득 정각이며
⑯ 生死涅槃常共和	생사와 열반이 항상 함께이다.
⑰ 理事冥然無分別	이와 사가 명연하여 분별이 없으니
⑱ 十佛普賢大人境	십불과 보현의 대인 경계이다.

⑲ 能入海印三昧中　　能히 해인삼매 속에 들어가
⑳ 繁出如意不思議　　번출의 여의함이 불가사의하다.
㉑ 雨寶益生滿虛空　　보배비가 중생을 도와 허공을 채우니
㉒ 衆生隨器得利益　　중생이 근기 따라 이익 얻는다.
㉓ 是故行者還本際　　그러므로 행자는 본제에 돌아가
㉔ 叵息妄想必不得　　망상을 쉬지 않을 수 없고
㉕ 無緣善巧捉如意　　무연의 선교로 여의를 잡아
㉖ 歸家隨分得資糧　　귀가함에 분수 따라 자량 얻는다.
㉗ 以陀羅尼無盡寶　　다라니의 무진한 보배로써
㉘ 莊嚴法界實寶殿　　법계의 진실한 보배궁전을 장엄하여
㉙ 窮坐實際中道床　　마침내 실제의 중도자리에 앉으니
㉚ 舊來不動名爲佛　　예로부터 부동함을 부처라 한다.

이렇게 번역되는 〈법성게〉에서 무엇을 담아냈는지 의상은 직접
설명하고 있으니, 〈법성게〉는 바로 자리행·이타행·수행을 노래
한 것이라고 그 내용을 분과하고 있는 것이다. 〈표 5〉에서처럼 〈법
성게〉의 처음 18구절은 자리행을 보인 것이니, 그것을 증분 4구,
연기분 14구로 서술하고 있다. 연기분 역시 연기의 체 등 6가지로
그 내용을 나누고 있다. 다음 19구부터 22구까지 4구는 이타행을
말한 것이고, 다음 나머지 8구는 수행을 가리키니 수행자의 방편과
이익 얻음을 각각 4구씩 노래하고 있다. 이처럼 의상은 법성이라고
이름붙인 《화엄경》 전체를 행(行)으로 드러내니, 의상을 화엄행자
로 부르는 이유로 볼 수도 있겠다.

〈표 5〉 의상(義湘)의 법성게 과문(法性偈科門)

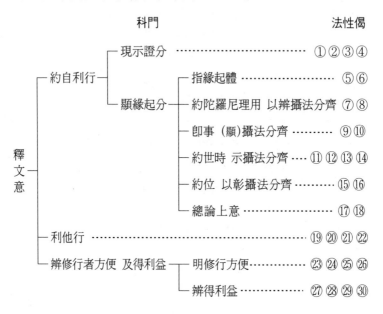

科門   法性偈

現示證分 …………………… ①②③④

約自利行

顯緣起分 ┬ 指緣起體 ……………… ⑤⑥

約陀羅尼理用 以辨攝法分齊 ⑦⑧

卽事 (顯)攝法分齊 ……… ⑨⑩

約世時 示攝法分齊 …… ⑪⑫⑬⑭

約位 以彰攝法分齊 ……… ⑮⑯

總論上意 ………………… ⑰⑱

釋文意

利他行 …………………………… ⑲⑳㉑㉒

辨修行者方便 及得利益 ┬ 明修行方便 …………… ㉓㉔㉕㉖

辨得利益 …………… ㉗㉘㉙㉚

제41강

법성게의 내용과 사상 ②

1. 자리행(自利行)

(1) 증분(證分)

《법계도》의 중추를 이루는 〈법성게〉는 초구 첫머리부터 '법성원
융무이상'이라 하여 '법성'으로 시작되고 있다. 그러면 의상은 법
성을 어떻게 설명하고 있는가? 이 법성세계는 처음 4구인 증분에
서 잘 드러난다.

이 법성의 의미에 대해서 의상은 법이란 범부의 5척 되는 몸과
마음이며, 성은 범부 오척신의 부동인 무주(無住)라고 한다. 그리
고 이 부동인 범부의 몸은 곧 법신 자체인 것으로 설명하고 있다.
다시 말해서 법성이란 우리 범부의 몸과 마음이 부동이고 무주여
서 곧 법신 자체인 것을 법성이라 한 것이다. 그런데 범부의 몸을
5척 정도라 하였으나, 미진이나 수미산 등이 자기자리를 움직이지
않고 이 오척과 같은 것이다. 제법은 큰 것과 작은 것이 서로 걸림
없고 체성이 하나이기 때문이다.

이러한 뜻을 의상은 문답을 통해 다시 설명하고 있다.

법성은 무엇으로써 상을 삼는가? 무분별을 상으로 한다. 그러므로 모든, 중도에 있는 것은 무분별 아님이 없다.

무슨 까닭에 처음과 끝의 두 글자가 가운데에 위치하는가? 인과 양위가 법성가내의 진실덕용이며, 성이 중도임을 나타내는 것이다.

이처럼 의상은 법성의 성과 상을 중도 무분별로 해석하고 있다. 그러면 중도 무분별은 다시 어떻게 설명되는가?

일체 연생법은 한 법도 일정한 상과 성이 있는 것은 아니다. 자성이 없으므로 자재하지 아니하니, 즉 생하나 불생(不生)의 생(生)이다. 불생의 생은 부주(不住)의 뜻이며, 부주는 곧 중도이다. ……
중도의 뜻은 무분별이며, 무분별법은 자성을 고수하지 않으므로 연을 따름이 무진하니 또한 부주이다.

의상은 중도·무분별·부주를 동일 의미로 보고, 법성과 연결짓고 있는 것이다. 그리고 이 부주는 곧 성기(性起)의 다른 표현이다. 이처럼 의상은 법성성기를 우리 범부의 몸과 마음에 바탕하여 설하고 있다. 온 우주법계가 곧 범부중생의 한 몸임을 말하고 있다.

〈법성게〉 증분 4구에서는 이러한 법성을 원융한 것으로 설명하고 있다. 그러면 법성이 원융하다는 것은 무엇인가? 두 상이 없는 것이다. 무이상이라고 하면 둘이 없어서 두 상이 없는가? 둘이면서 두 상이 없는가? 이는 분명히 둘이면서 두 상이 없는 것이라고 한다.

이러한 법성원융무이상(法性圓融無二相)의 의미가 쉽지 않으니, 의상은 이를 다시 한 번 강조하여 제법부동본래적(諸法不動本來寂)으로 풀이하고 있다. 법성이란 제법이 부동한 것이다. 제법부동이란 무엇인가? 본래 고요한 것이니, 불기이기(不起而起)의 의미이다. 본래적이라 함은 현재는 시끄럽고 움직이는 것이며, 두 상인 세계로 보는 것이 전제되어 있다. 우리는 일체 존재에 대해서 분별심을 일으키고 집착하여 이 세상 저 세상으로 돌아다닌다. 그런데 본래 모습은 고요하고 무분별한 세계라는 것이다.

이러한 여여부동(如如不動)인 법성이 우리 중생의 본래모습이다. 연기의 근본체는 바로 법성성기인 것이다. 이러한 제법이기에 모든 존재는 무명무상절일체(無明無相絶一切)이다. 이름도 없고 상도 없고 일체가 끊어졌다. 선에서 흔히 쓰는 언어도단, 심행처멸의 경계와 다르지 않다.

예로부터 이러한 존재로 현재해 있으나 그러나 그것은 또 눈을 떠야 보이며 자각을 통해 구현되는 세계이다. 그래서 증지소지비여경(證智所知非餘境)이라고 한다.

(2) 연기분(緣起分)

그러면 법성세계는 어떻게 들어가는가? 어떻게 지혜를 얻어 깨닫게 되는가? 바로 연기문을 통해서이다. 그래서 의상은 증분도 자리행으로 규정하면서 그 자리행 속에 연기문을 시설하고 있다. 육상 등 연기의 관문을 시설한 것도, 여기서 연기의 다른 모습을 보이는 것도, 그것으로써 일체 무분별한 성기의 체, 즉 법성을 알게 하기 위한 것이다. 연기관을 통해서 법성을 증득하게 하니 불가설의 법성에 이르기 위해 가설의 진성으로 대치시키고 있다.

그러면 진성이라는 말로 표현되는 연기세계는 어떤 것인가? 의상은 이를 여섯 부면으로 나누어 14구를 설정하였다.

우선, 이 진성은 아주 미묘해서 진성이라는 그 자성을 국집하지 않고 여러 연을 따른다는 것이다. 의상은 연기의 체를 이러한 진성 2구로 보이고 있다. 진성이, 자성이라는 것이 아예 없는 것이 아니라 자기 자성자리를 고집하지 않는 것이 무자성이다. 그래서 온갖 경계가 나타나는 것이다. 그리하여 전개되는 제법은 일중다다중일(一中多多中一), 일즉다다즉일(一卽多多卽一)로 요약되는 경계이다. 하나 가운데 일체가 있고 하나도 일체 가운데 하나이니 이는 중문(中門)으로서 상입·상용 경계이다. 또 일즉일체라 하니 즉문(卽門), 즉 상즉경계이다. 의상 역시 화엄의 연기세계를 상입 상즉의 중문과 즉문으로 나타낸 것이다.

이 하나와 일체, 많은 것과 하나가 서로 들어가고 하나인 모습을 동전 10개의 비유로 설명하고 있다. 이를 십전유 또는 수십전유(數十錢喩)라고 부른다. 의상은 〈법계도기〉에서 지엄의 십현연기설을 계승한 십현문을 소개하고 있는데 단지 지엄의 유심회전선성문 대신 수심회전선성문(隨心廻轉善成門)으로 한 것이 다르다. 의상은 이러한 십현으로 설명할 수 있는 법계연기의 제법을 다라니법이라 부르며, 그 연기실상 다라니법을 보고자 한다면 수십전유를 깨쳐야 함을 역설하였다. 수십전유 역시 지엄이 갖추지 못한 체계적인 연기법의 설명방식 중 하나이다.

이 수십전법의 설명 내용을 먼저 〈표〉로 도시해 본다.

의상은 수십전법을 중문과 즉문의 2문으로 나누어 설명하고 있는데, 먼저 중문에 또 두 가지 법을 보이고 있으니 1에서 10으로 헤아리는 향상래와, 10에서 1로 헤아리는 향하거이다. 즉문에도 두 가지 법을 보이고 있으니, 1에서 10으로 헤어가는 향상거와, 10에서 1로 헤어오는 향하래의 두 경우이다.

향상래 중의 10문은 첫째는 1이니 연기된 1이며, 1은 분수이다.

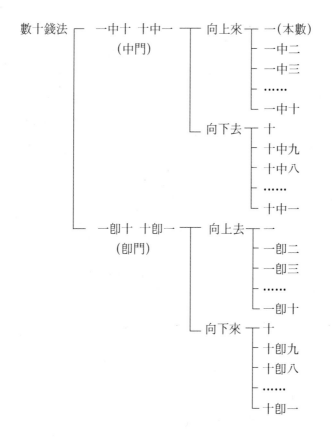

둘째는 1중2이니 1이 없으면 2가 이루어지지 않기 때문이다. 그러나 2는 1이 아니기 때문에 제2문에 해당한다. 내지 열째는 1중10이니 만약 1이 없으면 10도 이루어지지 않으며, 또 10은 1이 아닌 까닭이다. 향하거중에도 10문이 있으니 첫째는 10이니 연성인 까닭이다. 내지 열째는 10중1이니, 만약 10이 없으면 1은 이루어지지 않으며 또 1은 10이 아닌 까닭이다. 나머지도 이와 같다.

즉문의 향상거는 첫째 1이니 역시 연성인 까닭이다. 내지 열째는

1즉10이니 만약 1이 없으면 10이 이루어지지 않기 때문이며, 연성인 까닭이다. 향하래의 10문 중 첫째는 10이니 연성인 까닭이며 내지 열째는 10즉1이니 만약 10이 없으면 1이 이루어지지 않기 때문이다. 나머지도 예에 준하니 이처럼 1전중에 10문이 구족해 있다.

이 수십전법은 지엄의 《수현기》에 간단히 언급한 것을, 의상이 처음으로 다라니법을 깨치기 위한 법문으로 크게 발전시켰으며, 법장은 더 나아가 동체이체문으로 다시 구별하여 이를 설명하고 있다.

수십전의 비유는 1도 내지 10도 연성이기 때문에 성립된다. 그런데 의상은 이 수십전 역시 성기와의 관계 속에서 결론짓고 있다.

모든 연생법은 그 어느 하나도 일정한 상으로서 실재적인 것이 없다. 자성이 없기 때문에 자재하지 않으니, 생하나 불생의 생이다. 불생의 생은 생하나 생하지 않은 것이므로 또한 머무르지 않는 부주의 뜻이다. 그러므로 이 부주는 중도라는 의미이며, 중도는 무분별의 뜻이다

이처럼 십전유에 의한 연기법을 부주·중도·법성가의 무분별 세계로까지 확대 해석하고 있는 것이다. 의상은 성기세계를 드러내기 위하여 설한 상입 상즉의 연기법을, 공간적인 사법과 시간에 응용하여 각각 2구와 4구로 설명하고 있다. 즉, 하나의 미세한 티끌 속에 시방세계를 다 포함하며, 모든 티끌에도 시방을 다 포함한다는 것이다. 이는 십현상으로는 미세상용안립문·광협자재무애문·일다상용부동문 등에 해당한다. 또 가장 긴 세월과 가장 짧은 순간이 다르지 아니하며, 9세와 10세가 상즉한다. 이는 십현 중 십세격법이성문에 해당한다. 이에 대해서는 이미 언급하였다.

이 경계를 수행계위상에서 볼 때, '초발심시변정각 생사열반상공화(初發心時便正覺 生死涅槃常共和)'이며, 이상의 연기문을 통틀어서 법성게에서는 '이사명연무분별 십불보현대인경(理事冥然無分別 十佛普賢大人境)'이라고 읊고 있다.

제42강

법성게의 내용과 사상 ③

의상 역시 《화엄경》의 부처님을 십불(十佛)로 이해한다. 이 십불에 대하여 의상은 직접 자세한 설명을 가하고 있다. 의상이 태백산 대로방에 머물 때, 제자인 진정과 지통 등에게 "십불을 보고자 한다면 먼저 《화엄경》으로 안목을 지으라"고 하였다. 《화엄경》의 문문구구(文文句句)가 다 십불이니 이외에 달리 부처를 보고자 한다면 마침내 보지 못하리라고 하면서 십불의 구체적 내용을 일러주고 있다.

① 무착불(無着佛)이니, 세간에 안주하여 정각을 이루는 까닭이라고 한다. 금일 나의 오척신이 세간이고, 이 몸이 허공 법계에 두루하여 이르지 못함이 없는 것이 정각이다. 세간에 안주하므로 열반에 집착하지 않고 정각을 이루므로 생사에 집착하지 않는다. 삼종세간이 원명 자재하므로 무착불이라 한다.

② 원불(願佛)이니, 출생인 까닭이다. 원에 의해서 부처가 출생하니, 140원 · 10회향원 · 초지원 · 성기원 등이 다 원불인 것이다.

③ 업보불(業報佛)이니, 신(信)인 까닭이다. 위로는 묘각에서 아

래로 지옥에 이르기까지 다 불사(佛事)이니, 사람이 이 일을 믿는다면 업보불이라 한다.

④ 지불(持佛)이니, 수순하는 까닭이다. 법계의 삼라제법이 무진이라도 만약 해인으로 포섭한다면 다 유일한 해인정법이다. 그래서 제법이 서로 지니므로 수순이라 하니, 세계가 부처를 지(持)하고 부처가 세계를 지(持)함을 지불이라 한다.

⑤ 화불(化佛) 또는 열반불(涅槃佛)이니, 길이 제도하는 까닭이다. 생사열반이 본래 평등함을 증득한 까닭에 영도(永度)라 한다. 생사가 시끄러운 것이 아니며, 열반이 고요한 것이 아님을 뜻한다.

⑥ 법계불(法界佛)이니, 무처부지(無處不至)인 까닭이다. 미세한 티끌, 소나무, 밤나무, 내지 시방삼세 허공법계가 다 불신(佛身)이다. 진여가 과거에 없어진 것도 아니고 미래에 생겨나는 것도 아니며, 현재에 움직이는 것도 아니다. 그처럼 여래도 과거는 불멸이고 미래는 불생이며 현재는 부동이다. 형상이 없어서 허공과 같아 헤아릴 수 없다.

⑦ 심불(心佛)이니, 안주하는 까닭이다. 마음을 쉬면 곧 부처이고, 마음을 일으키면 부처가 아니다. 물이 맑으면 그림자가 밝고 물이 흐리면 그림자가 어두운 것처럼, 심법도 그러하여 마음을 쉬면 법계가 원명하고 마음을 일으키면 법계가 차별하다. 따라서 마음이 안주하면 법계제법이 우리의 이 오척신에 나타난다.

⑧ 삼매불(三昧佛)이니, 무량무착인 까닭이다. 해인삼매의 법이 집착함이 없으므로 무량무착을 삼매불이라 한다.

⑨ 성불(性佛)이니, 결정인 까닭이다. 법성에 대성(大性)과 소성(小性)이 있다. 만약 한 법이 일어나면 내외가 없음이 대성이고, 한 법의 지위가 일체중에 두루하여 이루어짐이 소성이다.

⑩ 여의불(如意佛)이니, 널리 덮는 까닭이다. 용왕에게 대보주가 있어서 널리 만물을 성숙시키는 것과 같이 여의불의 은덕도 그러하다는 것이다.

이 십불은 다시 구래불(舊來佛)로 나타나고 있다.

2. 이타행(利他行)

다음 4구는 이타행을 펼치는 내용이다. 이타행은 해인삼매의 묘용으로 설명한 것이다. 의상은 위에서 말한 십불의 출현이 이 해인삼매에 의지한 것이며, 해인삼매 또한 법성을 증득함에 의한 것임도 밝히고 있다. 이 법성게를 포함한 도인의 형식 자체가 해인삼매로 말해짐은 이미 보았다. 부처님께서 가르치신 말씀이 삼세간에 다 들어 있는데, 그 삼세간이 해인삼매에 의하여 드러난다는 것이다.

의상 역시 이 해인삼매의 정의를 바다의 비유로 짓고 있다. 대해는 지극히 깊고 맑아서 밑바닥까지 다 드러나 보여서 천제가 아수라와 싸울 때에 모든 병사들과 일체 무기들이 그 가운데 분명히 비치는 것이, 마치 도장에 문자가 나타나는 것과 같으므로 해인이라 이름한다는 것이다. 이러한 천제석과 아수라의 관계에 의해 해인을 설명한 것은 《화엄경》〈현수품〉에도 교설되고 있다. 정수(淨水) 중에 천제가 아수라와 싸우는 형상이 다 나타나지만, 물이 사병을 비추어 증애(憎愛)가 없으니 이를 대선정자재(大禪定自在)라 한다고 교설하고 있다.

그런데 의상은 이를 다시 자신의 독특한 화엄사상인 법성성기와 연결시켜 설명하고 있다. 즉, "법성을 궁극적으로 증득해 깨달으니,

구경청정해서 삼세간이 그 속에 나타나므로 해인이라고 이름붙인 것이다"고 한다. 이 해인의 설명 역시 법성과 3종세간의 관계 속에서 이루어지고 있으며, 법성을 깨달음이 해인삼매의 묘용과 같은 경지로 설명된 것이다. 이러한 해인삼매에 의해 일체 몸, 일체 존재로 출현하여 중생을 이롭게 하니, 중생은 근기 따라 이익을 얻는 것이다. 이를 허공에 가득한 비를 존재들이 그릇 따라 받아들이는 예에 비유한 것이다.

그런데 화엄세계를 해인삼매로 총괄한 것에 명효(明皛)의 《해인삼매론》이 있다. 명효가 어떤 분인지에 대해서는 잘 알 수 없다. 명효는 원효의 다른 이름이라는 설도 있으나, 《해인삼매론》의 내용으로 보아 원효는 아닌 것 같다. 《해인삼매론》은 《법계도》가 저술된 이후 이를 참고하고, 또 《법계도》를 대단히 의식해서 지은 것으로 추정된다. 예를 들면 《법계도》가 우만(右卍)의 형태로 돈다면, 《해인삼매론》은 좌만(左卍)의 형태로 도인이 그려져 있다.

3. 수행

〈법성게〉 말미의 8구는 직접 수행하는 방편과 그로 인해 얻는 이익에 대해서 강조하고 있다. 화엄행자의 수행이란 다른 것이 아니라 본제에 돌아가는 것이니 본제는 망상이 본래 없는 경계이다. 그러한 세계에서는 선교방편이 자재하게 미치지 않은 곳이 없다. 자기 분상만큼 법성가에서 자량을 얻는다.

이러한 본제, 법성가는 법계 실보전으로도 표현되고, 중도로 말해지고도 있다. 법계장엄행이 중도로 집약되는 경계를 다시 한 번

구래불로 명시하고 있다. 행자가 궁극적으로 도달한 자리가 예로부터 부처인 본래자리, 즉 중도자리이다. 이것이 법성원융의 증분세계로서 그 중도세계는 의상의 뒤를 이은 균여의 핵심사상이 되기도 하였다. 의상은 이처럼 망상을 다 쉬어마친 자리를 구래성불, 구래불이라 하니 구래성불이 번뇌에 얽혀 있는 중생을 말하는 것이 아니라는 것이다. 이것은 의상 성기설의 설명이기도 하다. 의상은 "번뇌가 아직 끊어지지 않으면 성불이라고 하지 않는다. 번뇌를 다 끊고 복지를 이루어마쳐야 그때부터 구래성불이다"라고 한다.

그러면 어떻게 번뇌를 끊는가? 의상은 허공과 같이 끊는다고 한다. 마치 잠잘 때와 깨어 있을 때가 같지 않아서 단(斷), 부단(不斷)을 건립하나 그 실도리는 제법실상으로서 부증불감이요, 본래부동이다. 경에서 "번뇌법 중에 한 법도 줄어드는 일을 볼 수 없고, 한 법도 느는 일을 볼 수 없다"고 한 말씀을 의상은 경증(經證)으로 삼고 있다. 그래서 번뇌를 끊어마쳐야 한다면서 또 부단이단의 구래단을 말하며 초발심시변정각이라고 하면서 구래불이라고 한다. 예로부터 부처인데 다시 부처된다고 한 것은, 정각을 이루어야 본래 부처인 줄을 알기 때문이니, 구래불의 성기세계에 깨달아 들어가는 데는 발심이 근본이 된다. 그리하여 초발심에 성불하나 그대로 구래불인 것이다. 의상은 이 점을 꿈비유로 설명하고 있다. 어떤 이가 꿈에 30역을 돌아다녔는데 깨어보니 자기 자리에서 한 발자국도 움직이지 아니함과 같다는 것이다.

이처럼 실천수행을 통한 증득의 세계가 본래부동인 구래불의 세계이며 십불의 세계이다. 이는 곧 여래현현의 성기세계임을 의상은 '가도 가도 본래 그 자리, 이르고 이르러도 떠난 그 자리〔行行本處至至發處〕'라고 단적으로 설파하고 있다.

제43강

화엄종의 성립

1. 발원과 신앙

의상은 《법계도》에서 나타낸 그러한 화엄사상이 일반 대중들의 일상생활에서 어떻게 구체적으로 실천되어 나타나게 하였는가? 당시 오랜 전란으로 인해 피폐해지고 투쟁과 갈등으로 점철된 사회를 어떻게 화해시키고 풍요롭게 하였는가? 우리는 〈법성게〉에서 보이는 법성성기가 어떠한 구체적인 연으로 의상 주변에서부터 사회 전반에 구현될 수 있었는지, 〈법성게〉만으로는 이해하기 쉽지 않을 것이다.

그것을 보여 주는 것에 의상의 발원문이 있다. 부석사 무량수전에 모셔져 있는 주불이 아미타불인 데서도, 의상이 실천수행을 화엄정토 신앙과도 동일시한 방편을 엿볼 수 있다고 하겠다.

의상의 발원문은 화엄일승의 내용이 그대로 담겨진 《일승발원문》과 관세음보살을 모시고 닮아가는 《백화도량발원문》이 있다. 《화엄경》에 출현하는 대표적인 보살은 문수보살과 보현보살임은 널리 알려져 있다. 그런데 의상은 그 두 보살이 아니라 선재의 선

지식으로서 대비행문을 일러주신 관세음보살을 모시고 있다. 백화
도량은 관세음보살의 도량인 것이다. 의상은 통일신라 직후 대립의
화해와 질서의 수립에 있어 신앙과 발원의 힘이 절실하다고 본 것
이라 하겠다. 그 당시는 특히 일반 대중들이 문수·보현이 되어 직
접 실천하는 보살로서보다 관세음보살의 대자대비에 매달려 구제
받아야 하는 상황이었다고 보인다. 그래서 의상은 다른 색깔을 띤
두 가지 발원문을 유포시켰다고 하겠다.

2. 의상 이후 화엄의 동향

(1) 의상의 법손

의상의 화엄교학은 그의 십대제자를 위시해서 수많은 법손들에
의하여 전승되었다. 그 중에서 앞에서 말씀드린 십대제자나 4대제
자 외에도 의상의 화엄사상을 전수하여 후학들에게 계승한 분들이
많았다.

《총수록》에는 상원(相元)의 제자인 신림(神琳)과 신림의 제자인
법융(法融)·숭업(崇業)·융수(融秀)·질응(質應)·대운법사 군(大
雲法師 君)이 보인다. 그외에 진수(眞秀)·사유(思惟)·순범(順梵)
·행득(行得)·윤현(潤玄)·융질(融質) 등의 신라 화엄학승도 등장
하고 있다.

(2) 비의상계 화엄승

이와 같이 한국화엄의 주류를 이루는 의상계 법손 외에 비의상
계 신라 화엄승들의 활약도 간과할 수 없다. 이들을 크게 다섯 부

류로 나누어 보겠다.

첫째는 이미 살피고 넘어온 바와 같이, 의상 이전의 원효·자장 등 화엄법사를 들 수 있다.

둘째는 중국 유학승으로서 법장의 제자들이니, 승전(勝詮)·가귀(可歸, 승전의 제자)·심상(審祥)·효충(孝忠) 등이다. 그 중 의상계로 간주되기도 하는 심상은 일본으로 건너가 일본 화엄종의 초조가 되었다.

셋째는 화엄관계 저술이 남아 있는 화엄학승들이다. 즉, 명효의 《해인삼매론》 1권과 견등(지)의 《화엄일승성불요의》·《대승기신론동이약집》과 표원의 《화엄경문의요결문답》 4권 등이 현존하고 있다.

넷째는 오대산 및 천관산의 화엄승으로서 보천·효명·통영·홍진 등이다.

다섯째는 위의 어디에도 속하지 않는다고 보이는 화엄승들이니, 법해·원표·범여·지해·범수·주종 등이다. 이 중에 범수(梵修)는 799년에 《청량소》를 처음 신라에 전하였다. 그리고 법해(法海)는 경덕왕 13년에 황룡사에서 《화엄경》을 강설하여 신이를 보인 것이 《삼국유사》에 전하고 있다.

끝으로 통일신라 말기부터 개산된 구산선문의 개산조들도 대부분 입당 전에 화엄을 수학하고 화엄과 인연이 깊었음을 알 수 있다.

(3) 남악(南岳)과 북악(北岳)의 분열

신라말 선종이 크게 유행하는 분위기 속에서 화엄은 남악과 북악으로 분열하여 대립의 일면을 보이게 되었다. 《균여전》에 의하면, "신라말 가야산 해인사에 관혜(觀惠)와 희랑(希朗)이라는 두 분의 화엄대가가 있었다. 관혜는 후백제 견훤의 복전이고, 희랑은 고려 왕건의 복전이다. 그런데 그 문도들에 이르러서는 더욱 그 법미가 달라져서 마치 물과 불처럼 되어 폐단이 많았다. 그때 세인들이 관혜공의 법문을 남악(南岳)이라 하고, 희랑공의 법문을 북악(北岳)이라 일컬었다. 북악의 법손인 균여는 언제나 남·북악을 회통시켜 한 길로 돌리고자 하였다"는 언급이 있다.

남·북악은 오악에 속하는데, 남악은 화엄사가 있는 지리산을 말하며, 북악은 부석사가 있는 태백산을 지칭한다. 부석사에는 의상의 법손들이 주석하였으며, 화엄사는 연기가 창건한 이래 하대로 내려오면서 그 일대 화엄의 중심역할을 한 것으로 보인다. 이 남·북악은 가시적으로 정치적 문제와 연관이 있는 것 외에는, 그들의 분열 이유와 주장하는 사상의 다른 점이 무엇인지 자세히 전하지 않는다. 아마 북악은 의상의 성기사상을 중시하였으며, 남악은 비의상계 그 중에서도 법장계의 연기사상을 중시한 것이 아닌가 짐작될 뿐이다. 관혜와 희랑은 모두 당시 해인사에 주석하고 있었고, 화엄사와 해인사도 부석사와 함께 의상이 전교한 화엄십찰로 명명되었으며, 남·북악의 교학에 있어서 뚜렷한 차이점도 구체적으로 드러나 있지 않으므로, 남·북악파의 대립이 얼마만큼 중대한 문제였는지 정확히 알 수는 없다.

아무튼 균여에 의해 이들이 회통되어 화엄교학이 고려시대에도 면면히 이어지고 크게 유통되었음을 알 수 있다.

고려시대의 화엄

화엄종의 성립

고려시대 화엄의 특징적인 점을 몇 가지 들어본다면, 첫째 화엄종의 성립, 둘째 성상융회사상, 셋째 선엄일치적 화엄 등을 들 수 있다.

먼저 화엄종의 성립에 대해서 살펴보면, 신라의 화엄종은 국가에서 인정을 받은 교단이나 제도적인 종파가 아니라, 하나의 교학으로서 의상으로부터 계승되어 왔음은 앞에서 언급한 바이다. 신라 이래 전승되어온 화엄교학은 고려에 들어와서 종파의 형성에 이르게 된다. 현존자료를 통해 볼 때 화엄종의 성립은 그 정확한 때를 알기는 힘들다. 고승들의 행적이나 비문에 화엄종이 종명으로 보이는 것은 고려말의 일이다. 고려말 진각국사(眞覺國師) 천희(千熙, 1307~1382)의 비문인 수원(水原) 창성사(彰聖寺) 〈진각국사비〉에 '고려국사대화엄종사'라고 되어 있다.

고려초기나 중엽에는 화엄종 대신 화엄업(華嚴業)이라 일컬은 사례를 볼 수 있다. 고려 인종 10년(1132)에 경북 칠곡군 북삼면 숭오동(崇烏洞)의 선봉사지(僊鳳寺址)에 세운 〈대각국사비명음기〉에 화엄업이라는 말이 나온다. 대각이 이룬 천태가 앞서 고려초에 크게 행했던 조계·화엄·유가와 더불어 궤범이 가지런하니 세상에서 이를 일러 4대업이라 하였다는 글이 있는 것이다. 고려중엽(仁宗 3년, 1125)에는 합천 반야사 〈원경왕사비(元景王師碑)〉에 '고려국대화엄업'이라 하였고, 《동문선》에는 〈화엄업승통 도행교서(華嚴業僧統 都行敎書)〉라고 되어 있다. 이 〈승통교서〉는 이규보(李奎報, 1168~1241)의 글로 되어 있다.

이로 미루어 볼 때, 고려초 적어도 고려중엽인 인종에서 고종, 즉 12세기에서 13세기에 이르는 동안 화엄업이라 하였던 것으로 간주된다. 그러다가 고려말까지는 화엄업이 화엄종으로 바뀐 것을 알 수 있다.

이러한 화엄종(또는 화엄업)의 최초 등장은 고려초 화엄의 대가로 손꼽히는 법인국사 탄문(坦文)과 원통수좌 균여(均如) 당시가 아닌가 추정하고 있다. 제4대 광종 때 비롯된 과거제도의 일환으로 행해졌던 승려 국가고시인 승과제도 실시를 전후하여 종파[業]의 이름이 비로소 보이기 시작한다. 화엄종도 그 무렵에 국가의 인정을 받은 종파로 등장한 것이 아니었을까 하는 것이다.

탄문은 고려 광종의 왕사와 국사를 지냈고 《화엄경》을 강의하여 영험이 있었다. 탄문은 화엄사상 내에 선종의 사상을 융회하려는 입장에 있었음이 전해진다. 탄문은 화엄십찰의 하나인 가야협 보원사에 주석하였음을 보아 의상의 교학을 이었음이 추정된다. 보원사지에는 탄문대사의 탑비 등 스님의 여러 자취가 남아 있다.

균여 역시 광종의 귀의를 받아 귀법사·개태사·법수사 등에서 화엄종풍을 크게 천명하였다. 앞에서 언급한 것처럼, 균여는 신라말부터 나누어진 남·북악 가운데 의상을 이은 북악파로서 남북악을 하나로 회통시켰다. 그리고 의상의 《법계도》에 주석을 하여 《법계도원통기》를 남겼다.

따라서 화엄종이 고려초에 이르러 하나의 종파(업)로 등장하였다고 하더라도, 그 교학의 계통은 물론 신라 의상으로부터 이어져 온 것이다. 〈해동화엄초조기신원문(海東華嚴初祖忌晨願文)〉에서도 이를 나타내고 있으니 해동화엄초조는 의상임이 당연시되어 왔다.

제44강

균여均如의 화엄사상

(1) 균여의 저술

균여의 속성은 변씨이다. 아버지는 환성이라 하나, 이는 이름이
아니며 부명은 알 수 없다고 하고, 어머니는 점명이다. 황해도 황
주에서 923년에 태어나 광종 24년인 973년에 입적하였다.

균여는 강보에 싸여 있을 적부터 그의 아버지가 말로 전수하는
《화엄경》의 원만게를 하나도 잊어버리는 일이 없었다고 한다. 아
버지를 여읜 후 15세에 종형인 선균을 따라 부흥사(復興寺)의 식현
(識賢)에게 출가하였다. 후에는 영통사(靈通寺)의 의순(義順)에게
가서 화엄을 배웠다고 한다. 균여는 많은 저술을 남겼고, 제자교육
과 포교에도 뛰어났으며 신이한 자취를 남겼다.

균여의 저술로는 《법계도원통기》 2권 등을 비롯하여 《석화엄교
분기원통초》 10권 · 《석화엄지귀장원통초》 2권 · 《화엄삼보장원통
기》 2권 · 《십구장원통기》 2권 등 5부 18권이 고려대장경 보판으로
남아 있어서 그의 화엄세계를 알 수 있다. 그리고 혁련정이 지은
《균여전》에 〈보현십원가(普賢十願歌)〉 11수가 전해진다. 균여는 《화
엄경》〈보현행원품〉의 보현행원에 의해 〈보현십원가〉라는 향가를

지어 민간에 널리 유포시켰다. 화엄교학의 대중화에 노력을 기울였던 것이다.

(2) 성상융회

그러한 균여의 화엄사상은 성상융회(性相融會)로 특징지을 수 있다. 균여는 남·북 양악을 융회하고 법상종의 세력까지 흡수하기 위하여 성상융회사상을 폈다. 화엄사상 속에 법상종의 사상을 융합하여 교종내의 대립을 해소시키기 위하여 주창한 통합사상이다. 균여가 원통대사로 불렸고, 그의 저술에 원통이라는 명칭이 붙여졌던 것도 이러한 융회적 성격 때문이다.

(3) 원교·법계관

균여는 《법계도원통기》에서 《법계도》가 원교의 종요를 나타낸 것을 매우 중시하였다. 《법계도》에서 의상은 원교에 대하여 '선교무방 응칭법계 십세상응 원융만족고 [善巧無方應稱法界十世相應圓融滿足故]'라고 설명한다. 균여는 이를 성기(性起)로 해석하고 있다. 여기서 선교무방은 여래의 일음을 나타내는 것으로 설명되어 있는데, 균여는 이를 부처님의 말씀에 의한 여래출현인 어업성기(語業性起)로 해석하였다. 법계도인이 한 줄로 이어진 것에 비유된 여래일음을 〈보왕여래성기품〉, 즉 〈여래출현품〉의 어업성기에 비유하고, 구체적으로 10종 음성을 갖추고 있는 것까지도 설명하고 있다. 균여 역시 《법계도》가 성기와 밀접한 관계에 있음을 우선 드러내고 있는 것이다.

또한 《원통기》에서는 원교의 종요를 법계로 본다. 법계는 십불의 증득세계이며 보현보살이 행하는 경계로서 범부가 헤아리지 못하나, 이치와 교에 의거하여 《법계도》를 지어 미혹한 자를 무명진원에 환귀케 한다고 하였는데, 그 무명진원은 법성원융의 증분으로서 내증을 뜻한다고 법계와 법성의 관계를 밝히고 있다. 여기서 법성은 본래 진과 속, 염과 정 등 일체 상대적인 상을 떠났다고 하며 원융을 강조함으로써 법성과 진성의 무차별을 주장하고도 있다. 이처럼 균여는 법성 증분의 내증에 근거를 둔 원융사상을 주창하고 있는데, 이는 법계의 설명에서도 나타난다.

앞에서 언급한 원교의 의미 중 선교무방 다음의 '응칭법계 십세상응 원융만족'을 균여는 다음과 같이 해석하고 있는 것이다.

> 응칭법계란 횡으로 법계에 다하고
> 십세상응이란 수로 겁해에 다함이며
> 원융만족이란 횡수에 통함이니
> 그런 까닭에 원교라 한다.

원교의 선교방편이 공간적·시간적으로 원융하여 횡수에 통한다는 것이니, 이는 횡진법계(橫盡法界)와 수진법계(竪盡法界)의 원융을 뜻한다. 《원통기》에서 횡진법계를 의상의 법계설로 이해하고, 수진법계를 법장의 법계설로 보아서 그 원융인 주측(周側)을 설하고 있다. 이 주측론은 균여의 원융사상을 그대로 반영한 균여의 법계관이라 할 수 있다. 이는 《법계도원통기》뿐 아니라 《십구장원통기》에서도 설명하고 있다.

한 이름을 부를 때 일체가 답하는 데는 두 가지가 있다. 의상이 일명(一名)을 부를 때는 일체가 모두 같은 이름을 대며, 법장이 일명을 부를 때는 일체는 각기 자기 이름으로 대답한다는 것이다. 비유로 말하자면, 의상의 뜻은 10층 10탑을 세우는 것과 같아서 초탑의 제1층을 부를 때, 다른 9탑의 제1층이 모두 따라 말하기를 나도 제1층 나도 제1층이라고 하는 의미이므로, 이는 횡진법계의 의미이다. 법장이 의미하는 바는 10층 1탑을 세우는 것과 같아서, 제1층을 부를 때 뒤의 9층이 말하기를 나는 제2층 나는 제3층 내지 나는 제10층이라고 하는 의미이므로, 이는 수진법계의 의미라는 것이다.

10지를 들어서 법계를 설명한다면 횡진법계는 낱낱 지가 모두 10지를 갖추는, 10지의 10지를 설정하게 된다. 이를테면 첫 10지의 환희지를 부를 때, 나머지 9지의 환희지는 모두 같은 것으로 되어 그 속에 포함된다. 이같이 하여 첫 10지의 법운지 속에 나머지 9지의 법운지가 같은 것으로 포함되게 된다. 수진법계에서는 일왕십지(一往十地)와 같아서, 첫 환희지를 부를 때 뒤의 9지가 모두 환희지로 파악되는 것이 아니라, 각각 그 자체로 파악되어 이구지 내지 법운지 등으로 불리게 되는 것이다.

그런데 《십지론》에 의거하여 의상의 횡진법계를 다시 일왕십지 또는 10층 1탑의 비유로 설명함으로써, 균여는 횡진·수진법계를 회통하였다. 바꾸어 말하면 10층 10탑뿐 아니라 10층 1탑의 비유에서도 횡진법계를 설명한 것이다. 앞에서는 초 환희지를 부를 때 후 9지가 모두 따라 말하기를, 나도 환희지 나도 역시 환희지라고 하는 것은 의상이 의미하는 바이고, 초 환희지를 부를 때 뒤의 9지가 나는 이구지 내지 나는 법운지라는 것은 법장이 의미하는 것이다.

그런데 만약 비유를 달리한다면, 10층 1탑을 들 수 있다. 10층 1탑에서 초층을 부를 때 나도 역시 초층 나도 역시 초층이라고 하는 것은 의상이 의미하는 것이고, 초층을 부를 때 후 9층이 말하기를 나는 제2층 나는 제10층이라고 하는 것은 법장이 의미하는 것이라고 한다.

이처럼 10층 1탑의 비유로 수진법계는 물론 횡진법계까지 설명하고 있다. 따라서 의상과 법장의 법계관을 횡수로 나누지 않고 원칙적으로 같은 것으로 파악되게 하였다. 의상이나 법장의 법계관이 수위인 10지에서 볼 때 모두 수판이며, 횡열인 10전에서 볼 때 모두 횡판이다. 또 10지의 비유를 들 경우라도 환희지 내지 법운지 등 수위가 아닌 제1지 내지 제10지 등으로 설명될 때 그것은 횡판이다.

그리하여 십전의 비유를 들 때라도, 제1전·제2전 내지 제10전 등 횡열이 아닌, 금·은·동전으로 설명될 때 그것은 모두 다른 이름이므로 수판이 된다. 그래서 이 둘은 같은 것인데 단지 법을 논하는 바에 달리 나타났을 뿐이라는 것이다. 의상과 법장이 만약 똑같이 10개의 금전을 잡았을 때는 모두 한 이름으로 말하고, 두 스님이 함께 만약 금·은·철 등 잡전을 잡아 말했을 때는 모두 각각 다른 자기 이름을 말하게 된다는 것이다. 이처럼 횡진법계내에 수진법계와 통할 수 있는 면이 있기 때문에 그러한 면에서 두 법계가 같다고 한다.

그러면 균여는 무엇을 근거로 의상과 법장의 법계를 횡진과 수진법계에 배대하였는가? 이와 같은 두 법계설은 《법계도》의 수십전유를 통한 연기다라니의 설명에서 나온 것이다. 수십전법에서 중문의 설명 중, 1문 가운데 10문을 포섭하기도 하고 안하기도 한다는 진(盡)·부진(不盡)의 문항에서 의상과 법장의 뜻을 헤아려 횡진과 수진으로 명명한 것이다. 이 연계부분은 생략하기로 한다.

균여는 횡진법계와 수진법계를 회통하여 시방삼세의 원융무이를 주장하고 있으나, 그것은 어디까지나 의상의 법계관을 근간으로 하고 법장의 법계관을 융합하여, 원교의 원융설을 강조하여 주장하고 있는 것이다.

(4) 칠중중도와 성기

《원통기》에서 보이는 법계관과 원교의 원융사상은 균여가 중시하는 중도에서도 드러난다. 〈법성게〉가 '궁좌실제중도상 구래부동 명위불'로 끝나고 있으니, 이는 구래불이 법계의 궁극의 자리인 중도에 안좌함을 보인 것이라 하겠다. 균여는 이에 주목하고 《법계도》에 나타난 중도에 7중이 있음을 찾아내어 해석하고 있다.

제1중은 인과양위가 성이 중도에 있다는 것이다.

제2중은 일승·삼승이 둘이 없는 중도이다.

제3중은 증분과 연기분이 무분별이라 옛부터 중도이다.

제4중은 일체 법이 본래 중도이다.

제5중은 이·사가 무분별한 중도이다.

제6중은 인연으로 생겨난 법은 자성이 없어서 불생의 생인 중도 이다.

제7중은 법성 무분별의 중도이다.

이상의 7중 중도를 설함에 있어서 균여는 일관되게 무분별을 중시하면서 이를 무주법성중도로 통일하고 있다. 이러한 무주법성중도에 안좌하면 그때가 바로 구래부동불이라는 것이다. 이 구래불을 《원통기》에서는 다시 본래불로 해석하였다. 이러한 증분법성내증의 성기사상은 보조선으로 접맥되고 있다.

그런데 균여는 순수교리적 화엄사상가인 정수(正秀)와 화엄사상 내에 선종의 사상을 융회하려는 탄문 등과 귀법사에 같이 머물면서 마찰이 없지 않았다고 한다. 그리고 후에는 의천 등에 의해 배척을 받았으니, 《신편제종교장총록》에 균여의 저술은 하나도 보이지 않는다. 후에 조판된 고려대장경 보판에 균여의 저술이 포함될 수 있었으니, 균여의 화엄저술은 무신난 이후 조계선종에 의해 다시 주목을 받았음이 추정된다.

제45강

구산선九山禪과 화엄

(1) 화엄과 선

우리나라의 화엄과 선은 긴밀하게 연계되어 있다. 처음부터 한국
적 화엄은 선과, 한국적 선은 화엄과 떨어질 수 없는 관계에 있기
때문이다. 화엄은 통일신라로 접어들면서 특히 전성하였음을 보았
다. 그러다가 신라 하대로 내려오면서 교학을 부정하는 파격적인
조사선이 중국으로부터 전해져 선문이 형성되었다.

한국에서의 화엄과 선의 교섭은 이러한 선이 전래됨과 동시에
이루어지고 있다. 그것은 선을 전래하여 선문을 형성한 개산조들
가운데 중국에 들어가기 전에, 혹은 들어가서도 처음에는 화엄을
배우고 공부했던 이들이 많은 데서도 짐작된다.

그로부터 화엄과 선은 서로 영향을 주고 받으면서 불가분리의
관계를 맺어오게 된다. 고려시대 형성된 지눌의 돈오점수는 화엄선
으로 불리고 있다. 조선시대로 접어들면 아예 화엄이 선적으로 해
석되기도 하였고, 선은 화엄과 염불의 삼문수업의 형태로 수행되었
다. 따라서 화엄과 선의 이해 없이는 온전히 한국불교를 이해한다
고 할 수 없을 것이다.

(2) 신행(信行)의 선법

한국에서의 화엄과 선의 만남은 신라 최초의 선승이라 할 수 있
는 법랑의 제자 신행(704~779)에서부터 시작된다. 당시 8세기 때
는 이미 신라에 화엄이 널리 퍼져 있던 때이다.

신행은 법랑의 입적후 입당하여 지공화상에게서 심인을 전해 받
았다. 이러한 신행의 모습이 비문에는 "작은 티끌을 이그러뜨리지
않고 대천경권을 거두어 모았으며, 한치도 펴지 않고 두루 백억의
불토에 노닐었다"고 표현하고 있다. 이는 《화엄경》〈여래출현품〉
에 보이는 미진경권의 비유 그대로이며 '일미진중함시방'이라는 화
엄경계이다. 따라서 신행은 선과 화엄이 만나는 경지에 넘나들었다
고 하겠다.

이 같은 화엄과 선의 교섭관계는 중국에 가서 선법을 배워와 선
문을 형성한 구산선문의 거의 모든 조사들에게서도 보이며, 그 법
손에까지 계속 이어지고 있다. 다시 말해서 신라말 고려초 선법이
전래되어 구산선문이 형성되던 처음부터, 선은 화엄과의 인연 속에
있었다. 양자는 서로 갈등관계에 있으면서 교섭하기도 하고 상호
영향을 주고 받았다.

(3) 구산문 개산조와 그 법손

신라에 최초로 남종선의 조사선을 전한 선사는 도의(道義)이다.
도의는 가지산문의 개산조이다. 법손인 체징(804~880)이 전남 장흥
에 보림사를 창건하고 도의의 종풍을 떨쳐 가지산파를 이루게 된
것이다.

선이 교, 특히 화엄과 부딪혀 갈등을 빚어내고 있음은 남돈선(南
頓禪)의 초전자로 일컬어지는 도의에서부터 두드러지고 있다. 즉,

도의가 서당지장에게서 심인을 전수받고 821년에 귀국하여 선리(禪理)를 설하였으나, 당시의 사람들이 받아들이지 아니하여 선법을 펴지 못하고 산림에 은거하였다고 한다. 이는 처음 들어오는 조사선을 교가 배척한 점을 잘 말해 주는 것이다.

반면에 고려시대 천책(天頣)에 의해 저술된《선문보장록(禪門寶藏錄)》에는, 선의 입장에서 선이 교를 배척하는 양상을 역시 도의를 통해 크게 부각시켜 묘사하고 있다. 이는 도의와 화엄승통 지원(智遠)의 문답에서 볼 수 있다.

지원승통이 도의국사에게, "화엄의 사종법계 외에 다시 어떤 법계가 있으며 55선지식의 항포법문 외에 다시 어떤 법문이 있습니까? 즉 이 교 외에 달리 조사선의 도라는 것이 있습니까?"라고 질문하였다.

이에 대해 도의는 법계상(法界相)도 불가득이며, 선재가 만난 첫번째 선지식인 문수로부터 마지막 보현에 이르기까지 선지식의 상도 불가견이며, 55선지식의 항포법문도 물거품 같다고 일축해 버리고 있다. 조사심선(祖師心禪)에서는 정당한 이체(理體)를 바로 들어서 일체의 생각을 없애며, 행(行)과 지(智)가 본래 없기 때문이라는 것이다.

그렇다면 교리행과(敎理行果)와 닦아가는 차제인 신해행증(信解行證)은 무엇이며, 그를 통해서 성취하는 불과는 또 무엇인지를 지원은 재차 묻고 있다. 이에 도의는 무념 무수의 이성(理性)이 바로 신해행증이니 따로 신해행증할 것이 없으며, 따라서 부처와 중생도 없다고 한다. 단지 조사의 바른 이치를 알지 못하는 근기들을 위하여 방편으로 부처의 형상을 나타내 보이는 것이니, 오교 이외에 따로 전하는 심인법(心印法)을 경을 읽는 것으로서는 얻기 어렵다고 못박고 있다.

이 문답에서 지원은 서당지장에게서 법을 전해받은 도의의 심인법을 들어보지 못하였고, 평소 화엄의 사종법계관을 닦았으며, 선지식의 차제법문대로 신해수증하는 항포 수행을 해온 것을 알 수 있다. 반면 도의는 무념무수의 수행관과 범부도 부처도 본래 없고 단지 방편신일 뿐이라는 불신관에 의해 수행하였다. 그리고 지원이 도의에게 승복하고 절하는 것으로 끝나니, 이는 새로 들어오는 조사선이 전통적인 교, 즉 화엄과 정면 도전하여 화엄을 누르고 선이 우세함을 보이고 있는 것이다.

이상과 같은 차이점은 단순히 조사선과 화엄의 차이로 돌리고 말 성질이 아님을 주시해야 할 것이다. 그것은 지원의 화엄과 도의의 조사선과의 차이이다. 더 넓게 말한다면 사종법계관법을 통해 항포차제 수행을 화엄수행으로 간주한 나말여초 화엄가와, 도의를 비롯한 선사들이 전래한 조사선과의 차이라 할 것이다. 도의를 비롯하여 구산문 중 여덟산문의 개산조가 중국에서 배워온 선은 마조도일 즉 홍주종 계통이며, 그 홍주종의 선은 화엄의 성기사상과 통하는 것이다. 종밀은 선과 교를 회통하면서 홍주종을 포함한 직현심성종이 화엄교와 대비되어 같다고 하며, 그것을 《화엄경》의 여래출현 즉 성기사상에서 찾았음은 이미 살펴본 바 있다.

따라서 처음 전래된 선이 당시의 화엄과 갈등을 빚게 되는 것은 어쩌면 화엄의 법계연기와 성기사상간의 차이상 당연한 현상이라고도 하겠다. 지원에게서 보이는 그러한 화엄수행은 보조국사 지눌의 시대에도 퍼져 있었고, 그로 인해 화엄과 선이 서로 비판하고 갈등관계가 계속 되었음을 간과할 수 없다고 하겠다. 신라말 남·북악의 대립적인 분열상으로 볼 때도 화엄성기사상이 전면적으로 모든 화엄가들에게 철저하게 수용되지 못했던 것으로 간주된다.

선이 전래된 이후 선과 화엄교의 관계는 무염(無染)의 유설무설토(有舌無舌土)라든지, 순지(順之)의 선교구존론(禪敎俱存論) 등에서도 잘 보여 주고 있다. 그런데 선이 교보다 우위라고 하는 선 우위의 주장은 범일국사의 진귀조사설(眞歸祖師說)에 극명하게 나타나 있으니, 그것은 석가모니불까지도 성도후 진귀조사를 만나서 비로소 현지(玄旨)를 전해 받았다는 것이다. 이러한 진귀조사설은 선교의 대립이 극에 달하였음을 짐작하게 한다.

이 진귀조사설과 같은 극단적인 교외별전설이 주창되었음에도 불구하고, 선이 전통적인 교인 화엄을 완전히 누르지 못하고 선교가 병립되어 갔다. 그러다가 해인사에서 함께 주석하였던 희랑과 관혜에 의해 북악과 남악파로 갈려 있었던 화엄종이, 북악파의 균여에 의해 하나로 통합되면서 의상의 화엄교학이 다시금 되살아나고, 화엄종 승려 탄문 등에 의해 화엄과 선의 일치를 시도하는 기운이 일게 된다. 그러다가 보조지눌에 이르러 선엄일치의 화엄선이 성립하게 됨을 볼 수 있다.

참고로 구산문 조사들의 거의 대부분이 어떤 인연으로든 화엄과 연계되고 있음을 정리해 보면 〈표〉와 같다.

〈표〉 구산문 조사들의 화엄과의 인연

迦智山門	道義	五臺山 文殊菩薩 感應. 盧舍那佛 境界. *智遠僧統과의 문답
	廉居	
	體澄	普願寺에서 具足戒. 迦智山寺 주석. 盧舍那佛 境界.
	逈微	華嚴寺에서 比丘戒
實相山門	洪陟	

	惠哲	浮石寺에서 華嚴공부.
桐裏山門	道詵. 如	
	允多	伽耶岬新藪(普願寺)에서 具足戒. 十智. 四辯
	慶甫	華嚴寺에서 具足戒
鳳林山門	玄昱	
獅子山門	道允	鬼神寺에서 華嚴공부.
	折中	浮石寺에서 華嚴經 배움. 十玄 硏究.
聖住山門	無染	浮石寺의 釋登에게 華嚴공부. 入唐後 至相寺에서 華嚴講義 들음. *無舌土論
	麗嚴	無量壽寺에서 住宗法師에게 華嚴공부. 華嚴經 百千偈頌 외움.
闍堀山門	梵日	*眞歸祖師說
	開淸	華嚴寺에서 華嚴經 硏究
	行寂	海印寺에서 華嚴妙義 通達. 入唐後 五臺山 花嚴寺에서 文殊菩薩 感應.
須彌山門	利嚴	迦耶岬寺에서 經律論 通達
曦陽山門	道憲	浮石寺 梵體에게 出家. 華嚴공부. 普賢菩薩 感應
	楊孚	
	競讓	文殊菩薩 親見感應. 義熙本華嚴經 八帙을 定宗에게 받음

제46강

보조선普照禪 — 화엄선

　　고려시대 화엄의 특징으로서는 선엄일치적 수행법을 빼놓을 수
없다. 앞에서 잠시 언급한 바와 같이 균여 당시는 탄문 등에 의해
서 화엄과 선의 일치를 시도하는 기운이 일게 된다. 화엄종주 탄문
(900~974)은 성상융회에 선종사상을 융화하여 교선일치를 주장하
였다. 탄문과 균여의 뒤를 이은 결응(決凝)은 항상 화엄삼매를 닦
았으며, 결응 이후 화엄가로서 보현사의 탐밀(探密)과 그의 제자
굉확(宏廓)이 있다. 해린(海麟)과 난원(爛圓) 등도 크게 활약하였
으며, 난원의 제자에 대각국사 의천이 있다.

　　의천(義天)은 자신이 엮은 《신편제종교장총록》에 《화엄경》을 맨
앞에 배당하였으며, 그 서문에 자신을 '해동전화엄대교사문(海東
傳華嚴大敎沙門)'이라고 표기하였다. 그리고 그가 편찬한 신집 《원
종문류》의 원종은 화엄종을 말하는 것이다. 의천은 화엄종 관계 장
소의 정리와 강론, 문도의 양성, 종보의 통일 및 교관병수의 주장
등을 통하여 화엄사상의 통일과 화엄종단의 정비에 주력하였다. 그
의 불교개혁은 화엄종에만 국한된 것이 아니라, 화엄종을 중심으로
법상종 선종 등 다른 종을 회통시키고자 함에 있었다. 화엄사상을

기반으로 하여 고려불교의 중흥을 표방하면서 선적 수행을 받아들여 천태종을 개창한 것은 널리 알려져 있다.

그러나 김부식이 지은 〈대각국사탑비문〉에도 의천이 화엄종 승려였음을 기술하고 있다. 의천의 뒤를 이어 화엄을 널리 전파한 승려로는 계응(戒膺)·혜소(惠素)·낙진(樂眞)·징엄(澄儼) 등이 있다.

(1) 지눌의 화엄과의 인연

이러한 화엄과 선의 융회는 보조국사 지눌(知訥, 1158~1210)에 의해 크게 진작되었다. 일반적으로 지눌의 선사상은 그의 성적등지문·원돈신해문·경절문의 삼문수행으로 대표되며, 그 중 원돈신해문은 선과 화엄이 결합된 수행문으로서 《화엄경》과 중국 이통현의 《신화엄경론》의 영향하에 형성된 것이라고 한다. 그렇다면 지눌의 선교융합 이후 전승되어 온 화엄교학은 이통현의 화엄론을 중심으로 한 중국화엄이며, 지눌 이전 그 융성했던 신라화엄·고려화엄은 지눌에 의해 단절되어 버린 것이 된다. 이는 한국화엄에 있어서 매우 중대한 문제가 된다. 과연 그러한가?

지눌의 화엄사상이 천명된 《화엄론절요》와 《원돈성불론》뿐 아니라 지눌의 저서에 보면, 지눌이 신라 의상의 영향을 받았음도 읽을 수 있다. 이 점을 잠시 살펴볼까 한다.

지눌이 화엄과 인연을 맺게 된 것은 그의 28세 이후 하가산(下柯山) 보문사(普門寺)에 머무르고 있을 때였다. 지눌은 하가산에서 《화엄경》을 열람하였는데 그 사연을 그의 〈화엄론절요서〉에서 자술하고 있다. 지눌은 하가산에 은거하기 3년 전인 25세 때 청원사(淸源寺)에서 《육조단경》을 열람하다가 처음 깨달음을 얻었다. 《육조단경》에서 '진여자성이 망념을 일으켜 육근이 비록 보고 듣고 느끼고 알지만 만상에 물들지 않고 진여가 항상 자재하다'라는 구절을 대하고, 지눌은 진여자성의 본바탕을 발견하고 즉심즉불(卽心卽佛)을 깨달았다. 그후 하가산에 은거하면서 항상 선문의 즉심즉불에 의해 수선(修禪)해 왔다.

그러나 화엄교의 오입문(悟入門)은 과연 어떠한가 의심이 나서 화엄을 강설하는 강자에게 가서 물으니, 사사무애를 관하라고 함을 들었다. 또 그 강자는 '만약 다만 자심만 관하고 사사무애를 관하지 아니하면 곧 불과의 원만한 덕을 잃을 것이다'라고 지눌에게 경계하였다.

그러나 지눌은 대답하지 않고 잠자코 생각하기를 '마음을 가지고 사(事)를 관하면 사가 걸림이 있어서 한갓 자심만 어지럽게 할 것이니 어찌 끝날 때가 있겠는가. 다만 마음이 밝고 지혜가 맑으면 모찰(작은 터럭과 큰 세계)이 서로 융합할 것이니, 그것은 반드시 외경이 아닐 것이다'고 하였다. 사사무애관은 낱낱 사법을 관하는 것이므로 한갓 외경만 관하는 것은 자심만 어지럽힐 뿐이라고 생각한 것이다.

그리고는 스스로 대장경을 열람하기 시작하였다. 부처님 말씀이 심종(心宗)에 계합함을 찾기를 3년 동안 계속하였다. 드디어《화엄경》의〈여래출현품〉에 '하나의 미세한 티끌이 대천경권을 포함하고 있다'는 미진경권유와, '여래지혜도 또한 이 같아서 중생신 중에 구족해 있으나 다만 어리석은 범부들이 알지 못하고 깨닫지 못한다'는 구절을 보았다. 그리하여 불어(佛語)가 불심(佛心)과 계합하여 선교가 일치함을 보고, 너무나 기뻐서 경권을 머리에 이고 자신도 모르게 눈물을 흘렸다고 한다.

그런데 다시 깨달아 들어가는 오입문이 어디인가 궁금하였다. 말하자면 미진 속의 경권을 어떻게 꺼내는가 하는 문제이다. 그러다 가 《화엄경》을 주석한 이통현의 《신화엄경론》 중 각수보살의 각에 대한 설명에서 화엄교의 신입문(信入門)을 발견하고 두 번째의 깨 달음의 전기를 맞이하였다. 《통현론》에서는 《화엄경》에서 신심을 보이고 있는 제2회 법문에 나오는 각수보살의 각에 대하여 세 가 지로 설명하고 있다. 신심의 초에 첫째, 자기의 몸과 마음이 본래 법계의 청정한 본바탕이며 둘째, 자기의 몸과 마음의 분별성이 본 래 부동지불이며 셋째, 자기 마음이 간택하는 묘한 지혜가 곧 문수 사리보살인 것을 깨달았으므로 각수보살이라 한다. 또 범부의 지위 에서 신(信)에 들어가기 어려운 것은 스스로 범부임을 인정하고 자심이 바로 부동지불(不動智佛)임을 인정하지 않기 때문이라고 한 다. 여기서 《화엄경》의 신심은 자신이 곧 부처임을 철저히 믿는 마 음임을 알 수 있다.

지눌은 이 구절에서 "부처가 입으로 설한 것이 교이고, 조사가 마음으로 전한 것이 선이다. 부처와 조사의 마음과 입이 서로 어긋 나지 않으니, 어찌 그 근원을 보지 않고 각기 제가 익힌 데에 집착 하여 논쟁을 일으켜 헛되이 세월을 보내겠는가"라고 길이 탄식하 였다고 한다.

당시는 선교가 대립되어 서로 반목하고 있던 때였다. 지눌은 선 학자의 병을 치선(癡禪), 교학자의 병을 광혜(狂慧)라고 규정하고 정혜쌍수의 필요를 절감하고 정혜결사도 맺었던 것이다. 선교일치 의 원리를 《화엄경》〈여래출현품〉에서 발견한 직후였다.

이처럼 사사무애의 근원으로서 자심부동지불을 발견하고, 선교 일원임을 더욱 확신한 지눌은 또 한 번의 사상적 전환을 이루었으 니 이를 기반으로 원돈신해문(圓頓信解門)을 설정하고 《원돈성불론

(圓頓成佛論)》을 지었다. 《원돈성불론》에서 지눌은 자신이 이해했
던 화엄론의 사상을 성기문(性起門)이라 밝히고 있다. 지눌의 화엄
과의 인연은 곧 〈여래출현품〉의 성기세계와 화엄론의 성기관임을
알 수 있다. 이 성기사상이 선교일치의 보조선에 무르녹아 있음을
짐작하게 한다.

그후 41세 때 지리산 상무주암에서 《대혜어록》을 열람하고 세
번째 깨달음의 전기를 맞으며, 경절문을 시설하고 《간화결의론》을
지었다. 지눌은 세 번의 깨달음에 의해 차례로 정혜쌍수·돈오원수
·활구증입의 수행지표를 마련하여 제자들을 지도하였던 것이다.

(2) 돈오점수의 화엄선

이상과 같이 삼문을 시설하였으나 지눌이 일관되게 강조한 것은
돈오점수(頓悟漸修)의 수행이었다. 지눌은 도에 들어가는 문은 많
으나 요약하면 돈오와 점수 두 문에 지나지 않는다고 한다. 그리고
보조선의 특징인 돈오점수 역시, 바로 화엄성기관에 의해 확립될
수 있었다고 할 만큼 성기관과 밀접한 관계가 있다.

지눌은 돈오점수를 다음과 같이 정의하고 있다.

돈오란 범부가 자기의 본성이 원래 번뇌가 없고 무루자성이 본래
스스로 구족하여, 제불과 털끝만큼도 다르지 않음을 아니 이를 돈오
라 한다.
점수란 비록 본성이 부처와 다르지 않음을 깨달았으나 오랜 습기
는 갑자기 버리기 어려우므로, 깨달음에 의해 닦아 차츰 익혀 공이
이루어져서 성태를 길러 오래 되면 성인이 되는 것이므로 점수라
한다.

지눌은 이 돈오후의 점수문을 재삼 권장하고 있다. 당시의 참선하는 자는 다만 불성만 밝게 보면 이타행원은 저절로 원만히 이루어진다고 하나, 목우자 자신은 그렇게 생각하지 않는다고 하였다. 밝게 불성을 본즉, 다만 중생과 부처가 평등하며 나와 남이 차별이 없는지라, 만약 자비와 서원의 마음을 내지 않으면 한갓 적정에만 머물러 있을까 두렵다고 하였다. 또 일체 제불의 근원을 알고자 한다면, 자기의 무명이 본래 부처인 줄 깨닫도록 하라며 본래성불의 도 밝히고 있다.

지눌은 이러한 자신의 선사상을 펴기 위해 의상의 《일승법계도》를 5회 인용하고 거기에 해석을 가하고 있다. 지눌 역시 《법계도》 전체를 성기로 파악하고 의상의 성기사상을 그대로 수용하고 있다.

지눌은 《법계도》의 법성을 성기체로 보고 성기현현의 세계가 해인삼매라 한다. 그리고 법성 증분을 전간문(전체부정)이라 하고, 진성 연기분을 전수문(전체긍정)으로 보며, 진성연기가 전수(全收)가 되는 것은 연기가 곧 성기이기 때문이다. 전간(全揀)과 전수, 증분과 연기분, 성기와 연기가 별개의 것이 아니라, 모두 성기인 것으로서 증지소지(證智所知)의 불세계라는 것이다. 뿐만 아니라 그의 성불관이나 단혹관에서도 《법계도》의 성기사상을 수용하였으며, 지눌이 직접 인용한 것 외에도 지눌이 돈오점수를 주장하기 위하여 수용한 성기설과 부합되는 점이 많다. 꿈의 비유라든지 발심과 이타행을 강조한 점 등이다.

이와 같이 보조는 화엄성기관에서 돈오원수(頓悟圓修)의 원리를 발견하고, 돈오점수의 수행법을 구축하는 데 있어서 의상화엄의 영향도 받고 있음을 알 수 있다. 선과 화엄을 회통시켜 돈오점수라는 독특한 선엄일치(禪嚴一致)적인 보조선(普照禪)을 형성하게 된 것이다.

　그후 한국화엄은 선과의 결합 속에 새로운 방향으로 전환하게 된다. 지눌의 뒤를 이은 혜심(慧諶)도 화엄사상을 기본으로 한 선교일치사상을 천명하였다. 충지(沖止)·혜영(惠永) 등도 화엄과 연관이 있다.

제47강

일연一然의 화엄사상

　고려말의 대표적인 화엄승으로는 14세기 때의 체원(體元)을 들수 있다. 체원이 20세를 전후하여 출가하였을 당시의 화엄종단은 기층사회 속에서 실천신앙을 강조하는 입장에 있었다. 따라서 체원은 해인사를 중심으로 하여 인근의 법수사・반룡사・동천사 등지에서 활동하였으며, 경주지방의 토호들과 유대를 맺으며 저작활동을 하였다. 체원은 《백화도량발원문》에 약해를 하여 의상화엄을 계승하고 있다. 그리고 〈화엄경관자재보살소설법문별행소〉・〈화엄경관음지식품〉・〈삼십팔분공덕소경〉의 발문 등을 남겼다. 《화엄경》의 관음신앙에 바탕을 둔 실천신앙을 강조한 것을 볼 수 있다.

　고려말 공민왕의 신임을 받은 우운(友雲)은 화엄교관에 통하였고, 그 제자 의침(義砧)은 판화엄종사(判華嚴宗事)를 역임하였다. 그러나 이들의 화엄사상은 자세히 전하지 않는다.

　그런데 고려화엄을 살핌에 있어서 빼놓을 수 없는 분에 일연(一然)이 있다. 일연은 지눌이 입적하기 4년 전인 1206년에 태어나서 1289년에 입적하였다. 일연은 가지산계 선사로 알려져 있으나 일연의 생애와 그가 저술한 《삼국유사》를 보면, 일연을 단지 선승이라고만 할 수 없는 많은 면이 보인다. 일연 역시 선과 교를 겸하고 있으며 목우자의 보조선을 원승(遠承)하였고 화엄사상에도 많은 영향을 받았음을 알 수 있다. 《삼국유사》는 삼국·통일신라시대의 불교를 알 수 있는 보고로 간주되는데, 일연 자신의 불교관을 알 수 있게도 한다. 여기서는 고려시대까지 전해진 삼국시대의 화엄교에 관한 이야기를 전하면서 일연 자신의 화엄관도 표명하고 있는 부분에 초점을 맞추어 일연의 화엄사상을 살펴볼까 한다.

먼저 일연의 행적 중 화엄과의 인연을 잠깐 살펴보기로 한다. 선사의 생애를 알 수 있는 기본자료로서는 〈고려국 의흥 화산 조계종 인각사 가지산하 보각국존 비명병서〉를 들 수 있다. 〈인각사지〉와 《삼국유사》의 해제에서도 일연의 전기가 보인다.

일연은 9세에 무량사에 가서 취학하였다가 14세에 진전 장로 대웅(大雄)에게 삭발하고 구족계를 받았다. 일연은 31세 되던 1236년 가을에 몽고병란이 일어나자, 문수의 오자(五字) 주문을 생각하며 감응을 기대하였더니, 문득 벽간에서 문수가 현신하여 일러주기를 '무주'에 거하라 하였다고 한다. 다음해 여름에 다시 그 산 묘문암에 거주하였는데, 그 암자의 북쪽에 있는 난야가 바로 무주임을 알았다. 일연은 문수보살의 말씀을 깨닫고 무주암에 찾아가서 주석하면서 항상 '중생계가 감하지도 아니하고 불계가 더하지도 않는다 [生界不減 佛界不增]'라는 말로써 참구하였다. 그러던 어느 날 활연히 깨달아 다른 이에게 일러 말하기를 "내가 오늘에야 삼계가 환몽 같음을 알고, 대지를 봄에 가는 터럭만큼도 걸림이 없다"고 하였다. 이 같은 일연의 기도감응이나 참구방법, 그리고 깨달음의 내용이 화엄의 세계와 무관하지 않음을 알 수 있다. 이와 아울러 일연의 행적 중 화엄과의 인연관계를 간략히 몇 가지만 요약해 보자.

첫째, 일연의 깨달음은 선적이라기보다 오히려 화엄적 색채가 강함을 볼 수 있다.

둘째, 일연은 개당하여 목우자의 법을 잇겠다고 스스로 천명하였다. 목우자 지눌의 선사상은 의상화엄과도 관계가 있음은 앞에서 살핀 바 있다.

셋째, 일연은 용천사를 중수하고 거기서 불일결사를 맺고 있다. 용천사는 의상의 화엄교학이 펼쳐진 화엄십찰의 하나인 옥천사를 말한다.

넷째, 일연은 선교에 이름난 승려들이 모인 낙성회의 지도자였으며, 경교와 선종에 두루 막힘이 없고 그 깊이도 경탄할 만하다고 한다. 이는 일연의 선교겸수의 모습을 말해 준다.

다섯째, 일연이 화엄신앙을 하였음을 일깨워 주는 이적을 남기고 있다. 예를 들면 일연은 당시 《화엄경》에 출현하는 담무갈보살로 여겨진 설화가 있는 것이다.

일연의 저술은 백여 권이 있었다고 하나 현존하는 것은 《중편조동오위》 2권과 《삼국유사》뿐이다. 《삼국유사》에 보이는 화엄관계 자료는 20여 가지가 있다. 그 자료에 의거하여 일연 자신의 화엄신앙과 사상을 찾아볼 수 있다.

먼저 일연의 화엄경 신앙을 보자. 《화엄경》에 대한 신앙은 대승경전의 일반적인 신앙형태이기도 한, 경의 수지독송·찬탄 서사 등의 모습이 《유사》에도 보인다. 그런데 여기서는 단지 《화엄경》을 독송하는 공덕보다 《화엄경》을 강의하는 강경의 공덕이 더 강조되고 있다. 일연은 《화엄경》에 대한 주석이나 경설의 인용을 통한 사상의 천양에도 상당히 노력하고 있음이 보인다.

일연은 또 《화엄경》의 불가사의한 공덕과 위신력에 대한 깊은 신앙을 보이고 있다. 그런데 일연이 의거했던 《화엄경》은 《팔십화엄》임을 알 수 있다. 그것은 자장이 문수보살에게서 받은 범게의 해석[了知一切法 自性無所有 如是解法性 卽見廬舍那]이 《팔십화엄》에 나오는 데서도 알 수 있다. 자장이 범게를 받을 그 당시는 《팔십화엄》이 아직 번역되기 전이었다. 당시 이미 유통되고 있었던 《육십화엄》에는 그 게송이 나오지 않고 단지 비슷한 게송만 보일 뿐이다. 그런데 일연은 《팔십화엄》에 의거하여 이 게송을 소개하고 있는 것이다.

일연의 화엄사상이 《팔십화엄》에 바탕한 것임을 추정케 하는 자료는 또 있으니, 〈낙산이대성관음정취조〉이다. 의상이 관음진신을 친견한 낙산에 대하여 일연이 해석한 것을 보면,

옛적에 의상법사가 처음 당에서 돌아와서 대비진신이 이 해변굴 안에 머문다는 말을 듣고 낙산이라 이름하였다. 대개 서역의 보타낙가산은 '번역하면 소백화이니 백의대사 진신의 주처이므로 이것을 빌려 이름지은 것이다.

라고 설명하고 있다. 그런데 일연이 설명하고 있는 보타낙가산 역시 《육십화엄》에는 보이지 않고 《팔십화엄》에 나오는 관음보살의 주처이다. 의상이 낙산에서 관음진신을 친견한 시기 또한 《팔십화엄》은 아직 역출되지 않은 때이다. 그럼에도 일연은 《육십화엄》이 아닌 《팔십화엄》의 내용을 인용하고 있는 것이다. 그런데 의상이 만난 이 관음보살을 원효는 친견하지 못하였음도 전하고 있다.

일연 당시에 《팔십화엄》이 널리 유통되고 있었음을 뒷받침해 주는 설화로서 〈대산오만진신조〉도 있다. 이 설화에서 노사나불이

아닌 비로자나불을 모시게 한 점이다. 일연은 이 설화에서 화엄결사에 대해서도 소개하고 있으며, 또한 화엄의 연화장찰해를 희구한 화엄불국토신앙과 사상을 전하고도 있다. 연화장세계에 대한 일연의 사상은 〈사복불언조〉에 잘 드러나 있다.

사복이 12세 때 그 어머니가 죽자 고선사의 원효를 청하여 그 유명한 '생사가 고(苦)'라는 법문을 들려주고는, 활리산 동록에서 장사를 지내게 되었다. 사복이 게송으로 "옛날 석가모니부처님께서 사라수 사이에서 열반에 드시니 지금 또한 그 같은 자가 있어 연화장계관에 들어가고자 한다"고 읊고는 풀뿌리를 뽑았다. 그러자 그 아래에 세계가 있는데 밝고 청허하며 난간과 누각이 칠보로 장엄되어 인간세상이 아니었다. 사복이 어머니 시체를 업고 함께 그 속으로 들어가니 그 땅이 본래대로 닫혀버렸다.

이에 대해 일연은 "괴로운 생사가 원래 괴로움이 아니니 화장에 떠도는 세계가 넓기도 하다"라고 게찬하고 있다. 이는 일연의 화장세계관을 보여 주는 것이라 하겠다. 생과 사가 다 괴로움이니 생사가 없는 열반의 세계에 들어간 사복설화에 대하여 일연은 생사가 본래 괴로움이 아닌 세계를 연화장세계로 본 것이다. 화엄의 화장찰해는 인간계와는 다른 멀리 떨어진 곳이 아니라, 사바세계가 곧 화장세계로서 생사가 본래 없는 그 자리임을 설파한 것이다. 이는 일연이 참구한 '생계불감 불계부증(生界不感 佛界不增)'의 자리요, 일연이 깨달은 경계라 하겠다.

일연의 연화장신앙은 〈남백월이성 노힐부득 달달박박 조〉에서도 찾아 볼 수 있다. 그 설화는 부득과 박박이 평소 수행할 때, 연지화장세계에 노닐기를 원했다고 한다. 낭자로 화현한 관음보살의 해산하는 것을 도운 부득이 그 물에 목욕하고 미륵불이 되었으며, 박박에게도 남은 물에 목욕토록 하여 무량수불이 되게 했다는 성도이야기이다.

이에 대해 일연은 논평에서, 관음보살은 《화엄경》의 마야부인 선지식이라고 한다. 일연은 관음의 화신인 낭자가 해산한 뜻을, 불모인 마야부인 선지식이 선재로 하여금 십지를 지나서 등각 위에 오르게 한 것에 비유한 것이다. 일연은 또 부득이 수순중생하는 자비보살행을 찬탄하고 있다. 따라서 부득과 박박이 성취한 미륵불과 무량수불은, 두 스님이 평소에 노닐고자 한 연지화장세계의 부처님이신 비로자나불과 다른 불이 아니라 할 것이다.

《삼국유사》에는 이처럼 일연의 연화장불국토신앙이나 화엄보살 신앙뿐 아니라 신중신앙도 전하고 있다. 그리고 일반적으로 《삼국유사》는 단군을 조상으로 하는 한민족의 주체의식이 전편에 흐르고 있다고 한다. 그것이 불교, 특히 화엄사상을 통하여 천양되고 있다고 볼 수 있다. 일연은 화엄을 우위에 두고 특히 의상화엄을 받들었음을 곳곳에서 발견할 수 있다.

제48강

조선시대와 그후의 화엄교

(1) 조선시대의 화엄가

조선시대에 이르러서는 전체적으로 억불숭유라는 국가적 시책에
의해 전반적으로 화엄교가 쇠퇴한 때이다. 그러나 때때로 화엄가들
의 연찬에 의해 화엄교학이 다시 일어나고 그 맥이 이어짐을 볼 수
있다.

15세기 때의 설잠(雪岑)은 《화엄일승법계도주(華嚴一乘法界圖
註)》와 《화엄석제(華嚴釋題)》 등을 통하여 의상화엄을 선엄일치
(禪嚴一致)적 화엄으로 다시 한 번 부각시키고 있다.

또 명종 때는 보우(普雨)에 의해 불교가 전반적으로 확장되는
기미를 보였다. 선교 양종을 중심으로 한 승과제도가 부활되었는
데, 그 중에서 교종의 시험은 화엄사상에 중점을 두었으니 이는 교
중에 화엄이 으뜸이 됨을 보여 주는 것이다. 서산의 제자 사명유정
도 화엄을 가까이 하였음을 볼 수 있으니, 사명이 〈화엄경발(華嚴
經跋)〉을 남기고 있는 것이다. 부휴선수(浮休善修)의 제자들 중에
서 화엄학을 연구한 승려가 많았으니, 취미수초(翠微守初)와 백암
성총(柏菴性聰, 1631~1700)은 물론이고, 의심(義諶)·도안(道安)·

지안(志安)·정혜(定慧)·새봉 등 많은 분들이 화엄에 통달하고 화엄을 강설하였다.

조선후기 18세기의 화엄종사로서는 설파상언(雪坡尙彦, 1707~1791)과 그 제자 인악의첨(仁岳義沾, 1746~1796)·연담유일(蓮潭有一, 1720~1799) 등이 유명하다. 이들 강백은 화엄 사기 등을 지어서, 후학들에게 화엄을 이해하는 지침이 되게 하였다. 또 당시의 도봉유문(道峰有聞)은 의상의 〈법성게〉에 과주를 남겨서 의상화엄을 전승한 모습이 보인다. 그후의 한국불교는 화엄과 선과 염불을 함께 체득하는 삼문수업(三門修業)의 전통이 이루어졌다. 그리하여 선사들도 다 화엄종주(華嚴宗主)로 불렸다.

(2) 조선시대 화엄관계 찬술문헌

조선시대에 편찬된 화엄관계 찬술문헌의 대강은 아래 〈표〉와 같다.

〈표〉 조선시대 화엄관계 찬술문헌

저 자	문 헌 명	권 수	현존여부
雪 岑	華嚴一乘法界圖註 華嚴釋題	1	存
性 聰	華嚴經持驗記	3	存
定 慧	華嚴經疏隱科	未詳	失?
尙 彦	淸凉鈔摘抉隱科 鉤玄記	1 1	存? 存?
最 訥	華嚴科圖 華嚴品目 華嚴品目會要	1 1 34면	失? 存 存
有 一	華嚴玄談私記 玄談畵足	2 1책	存 存

有 一	華嚴解題玄談	1책	存	
	華嚴玄談重玄記		存	
	重玄記	30	存(零落本)	
	玄談遺忘記	1책	存	
	華嚴疏抄遺忘記	1책	存	
	華嚴遺忘記	5	存	
有 聞	法性偈科註	1	存	
義 沾	三寶私記	1	存	
	三賢記	1	存	
	十地記	1	存	
	雜華柄	1	存	
	華嚴經私記	1	存	
	華嚴記	1	存	
	華嚴柄鉢	2	存	
	會玄記	1	存	
天 昕	華嚴法華略纂摠持	1	存	
李長者	大方廣佛華嚴經禮懺文	1	存	
鼎 奭	華嚴大禮文	1	存	
未 詳	光明記	3	存	
	大寶鏡	1	存	
	玄談重玄記	1	存	

(3) 화엄전적의 전래와 간판

여기서 잠깐 조선시대까지 우리나라에 화엄전적이 전래되고, 《화엄경》이 간판된 것을 다시 한 번 정리해 보기로 하자. 《화엄경》의 전래는 자장 이전이거나, 적어도 자장이 당에 갔다가 귀국할 때 《화엄경》이 들어온 것이 아닌가 추정됨은 이미 소개하였다. 화엄관계의 다른 전적들 역시 경과 함께 들어왔을 수도 있겠으나, 기록으로는 승전이 692년경에 법장의 저술을 전하였으며 범수(梵修)는 799년에 《팔십화엄》의 주석서인 《청량소》를 처음 전하였다. 고려 의천은 1,000여 권을 송과 일본에서 갖고 와서 1086년에 입각하였으며, 《원종문류》에도 많은 화엄전적을 수록하였다. 조선시대에는 숙종 7년(1681)에 청량의 《화엄경수초연의초》 80권이 임자도에 표착한 것을 백암성총이 발견하였다.

《화엄경》의 유통 상황으로는 《화엄경》의 사경본 가운데 신라 경덕왕13년(754) 8월부터 이듬해 2월까지, 화엄사 연기조사가 사경한 것 중 제47권이 근천에서 발견되었다. 석경으로는 신라 문무왕 17년(677)에 각경한 화엄사 각황전 석벽이 일부 깨어진 단편 조각으로 남아 있다.

판각으로는 ① 고려초 부석사에 3본 화엄을 새겼다는 기록이 있다. ② 고려 수창 4년(1098) 해인사 성간(成幹)이 국가보위를 위해서 진화엄을 새긴 것이 해인사 사간장경 속에 남아 있다. ③ 고려대장경에도 《화엄경》이 각인되어 있다. ④ 조선시대로 들어와서 효령대군과 정경공주가 《화엄경》을 새겨 안양 청계사에 모신 일이 전해진다. ⑤ 숙종 15년(1689)에는 임자도에서 발견했던 《청량소초》를 성총이 판각한 징광사(澄光寺)판이 있었으나, 1770년 불타버렸다. ⑥ 영조(1774) 때 설파가 판각한 영각사(靈覺寺)판이 있었으나 역시 6·25 때 불타버렸다. 그러나 영각사판본은 남아 있다. ⑦ 철종(1855~1856) 때 영기(永奇)가 각인한 봉은사판이 있다. 이는 영각사판을 복각한 것으로서 중간에 45장을 보충한 이 봉은사판이 그동안 강원의 교재로 쓰여왔던 유일한 현존판이다.

이상과 같이 《화엄경》과 화엄전적이 전래 유통되고 연찬되어, 화엄교학이 무르익고 화엄종이 성립 발전되었음을 살펴보았다. 이러한 한국화엄의 모습은 조선시대에 이루어진 불교전문강원(현 지방승가대학)의 이력과정 중 마지막 대교과에서 《화엄경》을 공부하고 있는 데서도 그 맥이 이어짐을 알 수 있다. 또한 한국불교 교단의 제반의식 속에 화엄사상이 무르녹아 있다.

(4) 경허의 화엄경 이해

최근세 화엄사상의 세계에 대해서는 경허스님이 《화엄경》 제목을 풀이한 말씀에서 잠깐 짐작해 보기로 한다. 스님은 오대산 월정사 방장 유인명 스님의 청에 의하여 3개월간 《화엄경》 법회를 하였다. 당시 청법대중이 승속 합해 1,000여 인이나 되었다고 한다. 그때 스님은 법좌에 올라 '대방광불화엄경'이라 제목을 읊고는 그 뜻을 풀이하였다.

먼저 대에 대하여, '대들보도 대요, 댓돌도 대요, 대가사도 대요, 세숫대도 대요, 담배대도 대니라' 하였다.

곧 이어서 방에 대하여, '큰방도 방이요, 지대방도 방이요, 절방도 방이요, 동서남북 사방도 방이니라' 하며 법문을 이어 나갔다.

광이란, '쌀광도 광이요, 찬광도 광이요, 연장광도 광이요, 광장도 광이니라.'

불이란, '등잔불도 불이요, 모닥불도 불이요, 촛불도 불이요, 화롯불도 불이요, 번갯불도 불이요, 이불도 불이요, 횃불도 불이니라'

화란, '매화도 화요, 국화도 화요, 탱화도 화요, 화병도 화요, 화살도 화요, 화엄경도 화니라.'

엄이란, '엄마도 엄이요, 엄살도 엄이요, 엄정함도 엄이요, 화엄도 엄이니라.'

경이란, '명경도 경이요, 구경도 경이요, 풍경도 경이요, 인경도 경이요, 안경도 경이니라' 하면서 흥겹게 자유가를 읊은 후에 다시 《화엄경》의 심오한 진수를 설했다고 한다.

'우리 모두 다함께'라는 자리이타의 기치를 들고 소승을 비판하고 일어난 대승불교가, 소승까지 포섭하여 원숙한 일승보살도를 펼친 내용이 잡화엄식의 화엄이다. 보살만행화로 부처님 세계가 장엄되고, 두두물물이 비로자나진법신이라 하니, 일체가 화엄세계 아님이 없다고 할 수 있을 것이다.

(5) 맺음말

우리는 그동안 시공의 인연 따라 화엄의 방대한 세계가 달리 펼쳐져 왔음을 보았다. 앞으로도 《화엄경》의 재해석은 계속 이루어질 것이다. 지금 이 시점 이후로도 우리 주변에 함께 또는 개별적으로 직면하는 많은 문제들이 있을 것이다. 인생에 있어서 근원적인 불안뿐 아니라 우리가 만드는 많은 차별적인 불평등 문제, 지나친 경쟁에 의한 대립 갈등, 조급하게 성취하고자 하는 초조함, 상대적으로 느끼는 우월감에서 오는 교만, 열등감에서 오는 적대감이나 살고 싶지 않은 패배감, 무언가 하지 않고는 못배기는 행업의 연속에서 중생들이 스스로 일으키는 위협적인 요소들 등등—그것은 과학기술을 위시해서 정치·사회·경제·종교 등 모든 분야에 걸쳐 일어날 수 있다. 이러한 많은 문제를 해결하는데, 경의 말씀이 지침이 되면서 새로운 언어문자로 체계화되고, 《화엄경》교설 중에서 새롭게 인식되는 실천행이 부각되어질 것이다.

현재 직면하고 있는 정보사회의 제문제, 인간복제, 기타 무수한 일들도 자세히 보면 화엄과 다 관련성이 있다. 물은 담기는 대로 그 그릇모양으로 나타나 보인다. 화엄의 원융사상도 활용하기 나름이라 할 것이다.

아무튼 화엄의 세계는 부처님의 평등세계이고 우리 모두가 본래 부처존재인 세계이다. 생겨나는 모든 존재는 자성이 없는 것이니 문제될 것이 본래 없는데 만들고 있다. 우리 존재는 본래 부처임을 철저히 관찰하여, 우리 모두가 부처로서 살아서 다함께 행복하기를 기원드린다. 그러기 위해서 나날의 생활이 보리심의 선근에 물주는 보살도로 이어지도록, 각자 지닌 원의 힘이 계속 증장되기 바란다.

이상과 같이 총 48회에 걸쳐 《화엄경》의 내용과 중국과 한국에서 크게 융성한 화엄사상의 세계를 대강만 살펴보았다. 시간관계상 전혀 다루지 못하고 넘어온 점이나, 살펴보았다고 하여도 대강 줄거리만 소개드린 점을 아쉽게 생각하면서 다음 기회를 기약하기로 한다.

참고문헌

1. 原 典

《大方廣佛華嚴經》60卷, 高麗大藏經 8 : 大正藏 9.
《大方廣佛華嚴經》80卷, 高麗大藏經 8 : 大正藏 10.
《大方廣佛華嚴經》40卷,　　　　　　　大正藏 10.
《兜沙經》　　　　　　　　　　　　　　大正藏 10.
《如來興顯經》　　　　　　　　　　　　大正藏 10.
《圓覺經》　　　　　　　　　　　　　　大正藏 17.
《大智度論》　　　　　　　　　　　　　大正藏 25.
《十住毘婆沙論》　　　　　　　　　　　大正藏 26.
《十地經論》　　　　　　　　　　　　　大正藏 26.
《攝大乘論》　　　　　　　　　　　　　大正藏 31.
《大乘起信論》　　　　　　　　　　　　大正藏 32.
元曉,《起信論疏》《別記》　　　　　　韓佛全 1.
元曉,《華嚴經疏》　　　　　　　　　　韓佛全 1.
義湘,《一乘法界圖》　　　　　　　　　韓佛全 2.
義湘,《白花道場發願文》　　　　　　　韓佛全 2.
義相,《一乘發願文》　　　　　　　　　韓佛全 11.
義湘,《投師禮》　　　　　　　　　　　韓佛全 11.
明晶,《海印三昧論》　　　　　　　　　韓佛全 2.
表員,《華嚴經文義要決問答》　　　　　韓佛全 2.
見登,《華嚴一乘成佛妙義》　　　　　　韓佛全 3.
均如,《釋華嚴教分記圓通鈔》　　　　　韓佛全 4.
均如,《釋華嚴旨歸章圓通鈔》　　　　　韓佛全 4.
均如,《十句章圓通記》　　　　　　　　韓佛全 4.

均如,《一乘法界圖圓通記》　　　　　韓佛全 4.

均如,《華嚴三寶章圓通記》　　　　　韓佛全 4.

知訥,《華嚴論節要》　　　　　　　　韓佛全 4.

雪岑,《大華嚴一乘法界圖註》　　　　韓佛全 7.

諦觀,《天台四教儀》　　　　　　　　韓佛全 4.

體元,《白華道場發願略解》　　　　　韓佛全 6.

體元,《三十八分功德疏經跋文》　　　韓佛全 6.

體元,《華嚴經觀音知識品》　　　　　韓佛全 6.

體元,《華嚴經觀自在菩薩所說法門別行疏》韓佛全 6.

未詳,《法界圖記叢髓錄》　　　　　　韓佛全 6.

金時習,《華嚴釋題》　　　　　　　　韓佛全 7.

金時習,《大華嚴乘法界圖註并序》　　韓佛全 7.

有聞,《法性偈科註》　　　　　　　　韓佛全 10.

賢陟,《法性偈序》　　　　　　　　　韓佛全 10.

最訥,《華嚴品目》.

最訥,《華嚴品目會要》.

天旿,《華嚴法華略纂摠持》.

有一,《玄談史記》.

有一,《華嚴遺忘記》.

義沾,《華嚴經私記》.

慧遠,《大乘義章》　　　　　　　　　大正藏 44.

智儼,《搜玄記》　　　　　　　　　　大正藏 35.

智儼,《孔目章》　　　　　　　　　　大正藏 45.

智儼,《五十要問答》　　　　　　　　大正藏 45.

智儼,《一乘十玄門》　　　　　　　　大正藏 45.

法藏,《文義綱目》　　　　　　　　　大正藏 35.

法藏,《探玄記》　　　　　　　　　　大正藏 35.

法藏,《梵網經疏》　　　　　　　　　大正藏 40.

法藏,《起信論義記》　　　　　　　　大正藏 44.

法藏,《遊心法界記》　　　　　　　　大正藏 45.

法藏,《妄盡還源觀》　　　　　　　　大正藏 45.

法藏,《華嚴經旨歸》　　　　　　　　大正藏 45.

法藏,《華嚴五教章》　　　　　　　　大正藏 45.

慧苑,《刊定記》　　　　　　　　　　卍續藏 5.

李通玄,《決疑論》　　　　　　　　　大正藏 36.

李通玄,《新華嚴經論》　　　　　　　大正藏 36.

澄觀,《法界玄鏡》　　　　　　　　　大正藏 45.

澄觀,《華嚴經疏》　　　　　　　　　大正藏 36.

澄觀,《隨疏演義鈔》　　　　　　　　大正藏 36.

澄觀,《三聖圓融觀門》　　　　　　　大正藏 45.

澄觀,《行願品疏》　　　　　　　　　卍續藏 7.

宗密,《原人論》　　　　　　　　　　大正藏 45.

宗密,《註華嚴法界觀門》　　　　　　大正藏 45.

宗密,《禪源諸詮集都序》　　　　　　大正藏 48.

宗密,《行願品疏鈔》　　　　　　　　卍續藏 7.

宗密,《圓覺經大疏》　　　　　　　　卍續藏 14.

宗密,《圓覺經大疏鈔》　　　　　　　卍續藏 14.

宗密,《圓覺經略疏》　　　　　　　　卍續藏 15.

宗密,《圓覺經略疏鈔》　　　　　　　卍續藏 15.

宗密,《華嚴心要法門註》　　　　　　卍續藏 103.

宗密,《禪門師資承襲圖》　　　　　　卍續藏 110.

普瑞,《華嚴懸談會玄記》　　　　　　卍續藏 12.

Daśabhūmiśvaro nāma Mahāyāna Sūtram, by R. Kondo, Tokyo, 1936.

The Gandavyuha Sūtrâ　ed　by Suzuki and H. Idzumi, 4 Vols, Kyoto,
　　　　　1934~1936.

2. 史傳 및 史料

《高麗史》.

金富軾,《三國史記》.

道宣,《續高僧傳》, 大正藏 50.

法藏,《華嚴經傳記》, 大正藏 51.

法輯,《法界宗五祖略記》, 卍續藏 134.

費長房,《歷代三寶記》, 大正藏 49.

義天,《新編諸宗敎藏總錄》, 韓佛全 4.

義天,《圓宗文類》, 韓佛全 4.

一然,《三國遺事》.

《朝鮮金石總覽》.

《朝鮮佛敎通史》.

贊寧,《宋高僧傳》, 大正藏 50.

崔致遠,《法藏和尙傳》, 韓佛全 3.

赫連挺,《大華嚴首座 圓通兩重大師 均如傳竝序》, 韓佛全 4.

慧皎,《梁高僧傳》, 大正藏 50.

3. 著 書

경허선사법어,《진흙소의 울음》, 홍법원, 1990.

高翊晉,《韓國古代佛敎思想史》, 東國大出版部, 1989.

광덕,《보현행원품강의》, 불광, 1989.

金杜珍,《均如華嚴思想硏究》, 一潮閣, 1983.

金福順,《新羅華嚴學硏究》, 民族社, 1990.

金相鉉,《新羅華嚴思想史硏究》, 民族社, 1991.

金煐泰,《佛敎思想史論》, 民族社, 1992.

金煐泰,《新羅佛敎硏究》, 民族文化社, 1986.

金煐泰,《韓國佛敎史正論》, 佛地社, 1997.

金芿石,《華嚴學槪論》, 東大出版部, 1960.

金知見,《均如大師華嚴學全書》, 大韓傳統佛敎硏究院, 1977.

金知見,《一乘法界圖合詩一印》, 초롱, 1997.

金知見·蔡印幻 공저,《新羅佛敎硏究》, 山喜房, 1973.

金知見 강의,《大華嚴一乘法界圖註幷序》, 大韓傳統佛敎硏 究院, 1983.

金忠烈,《東洋思想散稿》, 汎學圖書, 1977.

金呑虛 編,《懸吐譯解 新華嚴經合論》, 敎林, 1981.

大韓傳統佛敎硏究院,《亞細亞에 있어서 華嚴의 位相》, 東邦苑, 1991.

불교교재편찬위원회,《佛敎思想의 理解》, 동국대 불교문화대학, 1997.

불교문화연구소 編,《韓國華嚴思想硏究》, 東國大出版部, 1982.

佛敎史學會 編,《韓國華嚴思想史硏究》, 民族社, 1988.

불전국역연구원 공역,《華嚴經懸談 1》, 中央僧伽大學敎 出版部, 1997,

역경위원회 편,《한글大藏經 화엄부》, 동국역경원.

李箕永,《韓國佛敎硏究》, 한국불교연구원, 1982.

李丙燾 譯註,《三國遺事》, 廣曺出版社, 1977.

張戒環,《中國華嚴思想史硏究》, 불광출판부, 1996.

張忠植 編,《高麗華嚴版畵의 世界》, 아세아문화사, 1982.

趙明起,《신라불교의 이념과 역사》, 新太陽社, 1962.

海住,《불교교리강좌》, 불광출판부, 1993.

海住,《義湘華嚴思想史硏究》, 民族社, 1993.

海住 譯註,《圓覺經》, 民族社, 1996.

海住 초역,《지송한글화엄경》, 불광출판부, 1993.

海住,《華嚴學槪論》, 뉴욕국제불교통신대학 2-1, 1997.

賢首法藏·空緣無得 譯,《華嚴學體系》, 우리출판사, 1988.

洪庭植 편역,《華嚴經》, 三星美術文化財團, 1982.

鎌田茂雄·한형조 역,《華嚴의 思想》, 高麗苑, 1987.

鎌田茂雄,《宗密敎學の思想史的硏究》, 東京大學出版會, 1975.

鎌田茂雄,《中國佛敎思想史硏究》, 春秋社, 1968.

鎌田茂雄,《中國華嚴思想の硏究》, 東京大學出版會, 1965.

鎌田茂雄,《華嚴學硏究資料集成》, 東京大學出版會, 1983.

鎌田茂雄博士古稀記念會 編,《華嚴學論集》, 大藏出版, 1997.

高峯了州,《華嚴思想史》, 百華苑, 1942.

氣賀澤保規 編,《中國佛敎石經の硏究》, 京都大學學術出版會, 1996.

吉津宜英,《華嚴禪の思想史的硏究》, 大東出版社, 1984.

吉津宜英,《華嚴一乘思想の硏究》, 大東出版社, 1991.

木村淸孝, 《初期中國華嚴思想の硏究》, 春秋社, 1977.

石井公成, 《華嚴思想の硏究》, 春秋社, 1996.

石井敎道, 《華嚴敎學成立史》, 平樂寺書店, 1964.

鈴木宗忠, 《原始華嚴哲學の硏究》, 大東出版社, 1934.

中村元 編, 《華嚴思想》, 法藏館, 1950.

陳永裕, 《華嚴觀法の基礎的硏究》, 民昌文化社, 1995.

湯次了榮, 《華嚴大系》, 國書刊行會, 1915.

坂本幸男, 《華嚴敎學の硏究》, 平樂寺書店, 1954.

平川彰・梶山雄一・高崎直道 共編, 《華嚴思想》, 講座大乘佛敎 3, 昭和 58.

冉雲華, 《宗密》, 東大圖書公司 印行, 中華民國 77年.

冉雲華, 《中國佛敎文化硏究論集》, 東初出版社, 中華民國 79年.

Chang, Garma C. C., The Buddhist Teaching of Totality, The Pennsylvania 弘
        University, 1971(이찬수 역, 《華嚴哲學》, 經書院, 1990).

Francis H. Cook, Hua-yen Buddhism, The Pennsylvania State University,
        1977(문찬주 譯, 《華嚴佛敎의 世界》, 불교시대사, 1994).

Robert M. Gimello・Peter N. Gregory, Studies in Ch'an and Hua-yen, The
        Kuroda Institute, 1983.

Steveodin, Process Metaphysics and Hua-yen Buddhism, State University of
        New York Press, 1982.

4. 論 文

金英泰, 〈설화를 통해 본 신라의상〉《불교학보》 18, 불교문화연구소, 1981.

金英泰, 〈新羅十聖考〉《韓國學硏究》 2, 일지사, 1977.

金鎔貞, 〈Hardron(强粒子)의 相互作用과 華嚴思想〉《佛敎學報》 13, 불교
        문화연구소, 1976.

金鎔貞, 〈유전공학과 화엄의 세계〉《佛敎思想》 7, 佛敎思想社, 1984.

金仁德, 〈表員의 華嚴學〉,《韓國華嚴思想硏究》, 1982.

金知見, 〈新羅 華嚴學의 系譜와 思想〉《韓國華嚴思想史硏究》, 民族社, 1988.

金知見, 〈新羅華嚴學의 主流考〉《韓國佛敎思想史》, 원광대, 1975.

金知見,〈義相의 法諱考 : 海東華嚴의 歷運과 관련하여〉《趙明基追慕佛敎史學論文集》, 1988.

睦楨培,〈韓國華嚴思想硏究〉《雪岑의 法界圖注考》, 1982.

朴相洙,〈龍樹의 華嚴十地思想 考證〉1,《韓國佛敎學》15, 韓國佛敎學會, 1990.

徐宗梵,〈華嚴思想의 成立史的 考察〉《僧伽》3, 中央僧伽大學, 1985.

申賢淑,〈義湘의 華嚴法界緣起와 空觀〉《如山柳炳德博士華甲紀念韓國哲學宗敎思想史》, 圓光大學校 宗敎問題硏究所, 1990.

李基白,〈新羅 景德王代 華嚴經 寫經 關與者에 대한 考察〉《歷史學報》83, 역사학회, 1979.

李鍾益,〈知訥의 華嚴思想〉《韓國佛敎思想史》3, 圓光大, 1974.

李智冠,〈韓國佛敎에 있어 華嚴經의 位置〉《佛敎學報》20, 佛敎文化硏究所, 1983.

李杏九,〈華嚴經에 나타난 淨土信仰〉《佛敎學報》26, 불교문화연구원, 1989.

張元圭,〈圭峰의 敎學思想과 二水·四家의 華嚴宗 再興〉《佛敎學報》16, 불교문화연구소, 1979.

張元圭,〈中國初期 華嚴敎學思想의 硏究〉《佛敎學報》10, 불교문화연구소, 1973.

張元圭,〈華嚴經의 思想體系와 그 展開〉《佛敎學報》7, 불교문화연구소, 1970.

張元圭,〈華嚴敎學 完成期의 思想硏究〉《佛敎學報》11, 佛敎文化硏究所, 1974.

張元圭,〈華嚴宗의 守成期 敎學史潮〉《佛敎學報》15, 불교문화연구소, 1978.

張元圭,〈華嚴學의 大成者 法藏의 敎學思想(1)〉《佛敎學報》13, 불교문화연구소, 1976.

張元圭,〈華嚴學의 大成者 法藏의 敎學思想(2)〉《佛敎學報》14, 불교문화연구소, 1977.

章輝玉,〈삼국시대의 화엄경 전래시기와 法藏和尙傳에 대한 재고찰〉《韓國佛敎學》14, 韓國佛敎學會.

全海住,〈華嚴禪과 普照禪에 대한 論評〉《普照思想》4, 보조사상연
    구원, 1990.

全海住,〈華嚴經探玄記 해제〉《한글대장경》, 동국역경원, 1994.

全海住,〈大乘佛敎의 自力修行과 他力信仰에 관한 硏究〉《彌天睦楨培
    博士華甲記念論叢》, 藏經閣, 1997.

全海住,〈禪源諸詮集都序에 대한 연구 1〉《불교학보》, 1997.

全海住,〈義相和尙 發願文 硏究〉《佛敎學報》29, 佛敎文化硏究所, 1992.

全海住,〈一乘法界圖와 海印三昧論의 比較 硏究〉《韓國佛敎文化思想
    史》, 가산 이지관 스님 화갑기념논총, 가산불교문화진흥원, 1992.

全海住,〈一然의 華嚴思想 : 그 生涯와 三國遺事를 중심으로〉《亞細亞
    에 있어서 華嚴의 位相》, 東邦苑, 1991.

全海住,〈入法界品의 여성선지식에 대한 고찰〉《한국불교학》, 1997.

全海住,〈諸經典에 보이는 海印三昧 小考〉《白蓮佛敎論集》1, 白蓮佛
    敎文化財團, 1991.

全海住,〈澄觀과 宗密의 頓漸觀 比較〉《깨달음, 돈오돈수인가 돈오점
    수인가》, 民族社, 1992.

全海住,〈韓國華嚴禪의 形成과 展開 1〉《韓國思想史學》7, 한국사상사
    학회, 1995.

全海住,〈華嚴經略纂偈에 대한 고찰〉《釋林論叢》31, 東國大學校 釋林
    會, 1997.

全海住,〈華嚴經의 菩薩道에 대한 考察 : 檀那波羅蜜을 중심으로〉《태공
    월주화갑기념논총》, 1996.

全海住,〈華嚴六相說硏究 2〉《佛敎學報》33, 佛敎文化硏究院, 1996.

全海住,〈華嚴六相說硏究 Ⅰ〉《佛敎學報》31, 佛敎文化硏究所, 1994.

蔡尙植,〈體元의 著述과 華嚴思想〉《韓國華嚴思想硏究》, 불교문화연구
    원, 1982.

崔柄憲,〈高麗時代 華嚴宗團의 展開過程과 그 歷史的 性格〉《韓國史
    論》20, 國史編纂委員會, 1990.

崔柄憲,〈高麗時代 華嚴學의 變遷－均如派와 義天派의 대립을 中心으
    로〉《韓國史硏究》30, 韓國史硏究會, 1980.

崔柄憲, 〈大覺國師 義天의 華嚴思想 硏究〉《韓國史學》11, 韓國精神
　　文化硏究院, 1990.

許興植, 〈高麗中期 華嚴宗派의 繼承〉《高麗中後期佛敎史論》, 民族社, 1986.

洪潤植, 〈新羅時代 華嚴信仰의 性格과 그 影響〉《新羅文化》6, 東國大
　　(慶州), 1989.

黃壽永, 〈新羅寫經의 발견 : 白紙墨書 華嚴經 二軸〉《法輪》120, 法輪
　　社, 1979.

吉津宜英・全海住 譯, 〈華嚴禪과 普照禪〉《普照思想》4, 普照思想硏究
　　院, 1990.

John Jorgensen, The problem of the authorship of the Ilsūngpôpgyedo, 《韓國
　　佛敎思想의 普遍性과 特殊性》, 仁荷大學校 韓國學硏究所, 1997.

5. 학위논문

權坦俊, 〈華嚴의 普賢行願과 觀法에 대한 비교연구〉, 東國大 碩士學位
　　請求論文, 1971.

金炯熙, 〈現存 撰疏를 通해 본 元曉의 華嚴經觀 : 疏序와 光明覺品疏
　　를 中心으로〉, 東國大學校 大學院, 碩士學位請求論文, 1981.

金浩星, 〈禪觀의 大乘的 淵源硏究〉, 東國大學校 大學院, 博士學位論文,
　　1995.

全好蓮(海住), 〈華嚴經의 發菩提心에 對한 硏究〉, 東國大學校 大學院,
　　碩士學位請求論文, 1984.

全好蓮(海住), 〈新羅 義湘의 華嚴敎學 硏究 : 一乘法界圖의 性起思想
　　을 中心으로〉, 東國大學校 大學院, 博士學位論文, 1989.

鄭炳三, 〈義相 華嚴思想 硏究 : 그 思想史的 意義와 社會的 性格〉, 서
　　울大學校 大學院, 博士學位論文, 1991.

鄭舜日, 〈華嚴性起思想史 硏究 : 中國 華嚴宗을 中心으로〉, 圓光大學校
　　大學院, 博士學位論文, 1989.

黃圭燦, 〈新羅表員의 華嚴要義問答 硏究〉, 東國大學校 大學院, 博士學
　　位論文, 1996.